本书系2016年度贵州省研究生教育创新计划项目《法律硕士研究生商法学课程案例库》的最终性研究成果，项目编号为：黔教研合ALK字[2016]013

商事案例研究

——以五个公司法论题为中心

唐　英◎主编

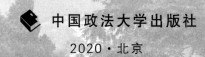

中国政法大学出版社

2020·北京

图书在版编目（ＣＩＰ）数据

商事案例研究：以五个公司法论题为中心/唐英著. —北京：中国政法大学出版社，2020.6
ISBN 978-7-5620-7178-5

Ⅰ.①商… Ⅱ.①唐… Ⅲ.①商法－案例－中国②公司法－研究－中国 Ⅳ.①D923.995
②D922.291.914

中国版本图书馆 CIP 数据核字(2020)第 099185 号

出　版　者	中国政法大学出版社
地　　　址	北京市海淀区西土城路 25 号
邮寄地址	北京 100088 信箱 8034 分箱　邮编 100088
网　　　址	http://www.cuplpress.com（网络实名：中国政法大学出版社）
电　　　话	010-58908285(总编室) 58908433（编辑部）58908334(邮购部)
承　　印	北京朝阳印刷厂有限责任公司
开　　本	720mm×960mm　1/16
印　　张	18.5
字　　数	302 千字
版　　次	2020 年 6 月第 1 版
印　　次	2020 年 6 月第 1 次印刷
定　　价	69.00 元

序

　　案例分析与案例研究是英美判例法系国家法学教育和法学研究的重要和核心方法，该法建基于归纳思维模式和结构，与建基于演绎思维模式和结构、注重抽象概念与理论体系构造的大陆成文法系国家法学教育和法学研究方法迥然不同。案例分析与案例研究方法注重训练和培养学生分析和解决法律问题的素质和技能，有利于法学教育的专业化和职业化发展，现已为大陆成文法系国家包括我国的法学教育界所积极借鉴和普遍采纳。但总体而言，我国当下的案例分析与案例研究方法在法学教育和法学研究方面的运用仍存在着诸多问题，一方面，不管是在本科阶段还是研究生阶段，案例分析与案例研究的教学学时安排不足而往往流于形式，并且大都停留在低层次、不规范的案例列举层次。另一方面，学界对于案例分析与案例方法对于法学研究的意义和作用认识不足，选材精当、分析透彻的高水平的案例分析与案例研究学术成果产出不够。笔者认为，案例分析与案例研究在法学教育和法学研究中的运用应从以下几个方面着手。

　　（一）精当案例的选取是案例分析与案例研究方法运用的前提条件

　　和传统的例证分析与研究法仅以辅助抽象理论理解为目的而通常选取针对性强的简单常见案例不同，案例分析与案例研究方法的案例选取应遵循以下标准：其一，疑难性标准。案例分析教学法旨在培养和提升学生分析和解决法律问题的能力，应选取案情错综复杂或新颖陌生的疑难案例，以有效地训练学生灵活运用各种法律知识解决疑难法律问题的技术和技巧。其二，现实性标准。案例分析与案例研究方法选取案例应以我国现实生活中真实发生的案例为主，以培养学生的本土问题意识和本土问题解决能力。其三，研究性标准。案例分析与案例研究方法选取的案例最好是具有两难情境或多元解决方案的研究性案例，以激励学生探究、思考的兴趣和热情。其四，热点性标准。案例分析与案例研究方法宜选取引起社会广泛关注和强烈争议的热点案例，以引导学生实时关注重大社会舆情和现实基本国情。

（二）师生平等交流互动是案例分析与案例研究方法运用的主导模式

案例分析与案例研究方法重在培育学生自主创新思维和疑难问题解决能力，因此应确立学生在教学中的主体角色和地位，变教师单向注入式教学为师生双向互动式教学，变学生被动消极接受教学为学生主动积极参与教学。案例分析与案例研究方法实为案例研讨教学法，学生才是整个案例研讨过程中表演和展示的"主角"，教师好比引导和掌控案例研讨进程和节奏的"导演"。在案例研讨课中，教师应鼓励学生各抒己见、畅所欲言，多视角和广维度地提出案例解决的方案，有效训练和提升学生资讯获取能力、语言表达及辩论能力、批判性思维能力、独立思考和解决问题能力等综合素质。

（三）注重法律思维和法律方法的培养和规训是案例分析与案例研究方法运用的关键所在

法律思维是指法律职业共同体以法律为标准和尺度来观察、思考、分析和解决社会问题的认知活动和认知方式，法律思维是法律职业共同体特有的思维样式，也是法律职业的从业者胜任法律工作的必要条件。法律方法是指法律实施（尤指法律适用）的具体方法、技术和规程。法律思维必然包含法律方法思维，法律方法是法律思维的核心要素，对法律方法的掌握和运用构成了法律思维的前提基础。笔者认为，案例分析与案例研究方法的运用虽以特定具体案例的解决为主线，但并非以最终获得特定具体案例的唯一和绝对解决方案为目的。案例分析仅是手段，通过对疑难案例的分析和讨论，旨在培养和规训学生的职业性法律思维方式和法律方法技术。所谓授人以鱼不如授人以渔，掌握解决法律问题的基本思维方式和方法技术远比获得某一具体法律问题的唯一正确答案更为重要。因此，在本科以及研究生阶段的法学教学中应统筹安排理论讲授教学和案例分析与研究教学，案例分析与研究教学应安排在相关法律原理和法律规范及法律方法知识讲授之后，并事先预留适当比例的案例教学学时，使案例分析与案例研究方法真正运作起来而不流于形式，使案例分析与研究方法真正发挥培养、规训学生法律思维和法律方法的桥梁与平台的作用。

本书以公司司法解散、公司人格否认、公司董事会决议撤销、公司章程与公司法相冲突、公司契约与公司章程相冲突五个公司法问题为论题，精选与以上论题相关的 17 个我国法院终审判决的权威、经典、疑难商事案例，总结和归纳这些案例的分歧意见和争议焦点，运用民商法学等部门法学理论以及法理学尤其是法律方法理论对这些案例进行全面和深入的法理分析，评析这些案例的判决结果、判决理由和判决方法，最终得出案例研究结论和案例研究启示。本书主要适用于法学专业本科学生和硕士研究生课堂教学和课后拓展所需，一方面，可以满足本科学生和硕士研究生商法学等课程课堂教学需求；另一方面还可以满足本科学生和硕士研究生课后自学拓展、研究能力和实践能力培养及提高的需求；同时，本书通过分析和研究以上选取的权威、经典、疑难商事案例，试图对我国商事立法实践和司法实践的完善提供有益的参考和意见，具有较高的学术价值。

唐 英

2019 年 12 月 27 日

目　录

第一章 CHAPTER 1
公司司法解散之权威案例研究

第一节　案例之案情简介及法院判决

一、案情简介 [1]

原告林方清诉称：常熟市凯莱实业有限公司（以下简称"凯莱公司"）经营管理发生严重困难，陷入公司僵局且无法通过其他方法解决，其权益遭受重大损害，请求解散凯莱公司。

被告凯莱公司及另一位股东戴小明辩称：凯莱公司及其下属分公司运营状态良好，不符合公司解散的条件，戴小明与林方清的矛盾有其他解决途径，不应通过司法程序强制解散公司。

法院经审理查明：凯莱公司成立于2002年1月，林方清与戴小明系该公司股东，各占50%的股份，戴小明任公司法定代表人及执行董事，林方清任公司总经理兼公司监事。凯莱公司章程明确规定：股东会的决议须经代表1/2以上表决权的股东通过，但对公司增加或减少注册资本、合并、解散、变更公司形式、修改公司章程作出决议时，必须经代表2/3以上表决权的股东通过。股东会会议由股东按照出资比例行使表决权。

2006年起，林方清与戴小明两人之间的矛盾逐渐显现。同年5月9日，林方清提议并通知召开股东会，由于戴小明认为林方清没有召集会议的权利，会议未能召开。同年6月6日、8月8日、9月16日、10月10日、10月17日，林方清委托律师向凯莱公司和戴小明发函称，因股东权益受到严重侵害，林方清作为享有公司股东会1/2表决权的股东，已按公司章程规定的程序表

---

〔1〕 该案为最高人民法院8号指导性案例，案件全称为林方清诉常熟市凯莱实业有限公司、戴小明公司解散纠纷案。

决并通过了解散凯莱公司的决议，要求戴小明提供凯莱公司的财务账册等资料，并对凯莱公司进行清算。同年 6 月 17 日、9 月 7 日、10 月 13 日，戴小明回函称，林方清作出的股东会决议没有合法依据，戴小明不同意解散公司，并要求林方清交出公司财务资料。同年 11 月 15 日、25 日，林方清再次向凯莱公司和戴小明发函，要求凯莱公司和戴小明提供公司财务账册等供其查阅、分配公司收入、解散公司。江苏常熟服装城管理委员会（以下简称"服装城管委会"）证明凯莱公司目前经营尚正常，且愿意组织林方清和戴小明进行调解。

另查明，凯莱公司章程载明监事行使下列权利：（1）检查公司财务；（2）对执行董事、经理执行公司职务时违反法律、法规或者公司章程的行为进行监督；（3）当董事和经理的行为损害公司的利益时，要求董事和经理予以纠正；（4）提议召开临时股东会。从 2006 年 6 月 1 日至今，凯莱公司未召开过股东会。服装城管委会调解委员会于 2009 年 12 月 15 日、16 日两次组织双方进行调解，但均未成功。

二、法院判决

江苏省苏州市中级人民法院于 2009 年 12 月 8 日以（2006）苏中民二初字第 0277 号民事判决，驳回林方清的诉讼请求。宣判后，林方清提起上诉。江苏省高级人民法院于 2010 年 10 月 19 日以（2010）苏商终字第 0043 号民事判决，撤销一审判决，依法改判解散凯莱公司。

第二节　案例相关问题之研究

一、关于公司解散的事由和类型问题

（一）公司解散概述

公司解散，是指已成立的公司，根据股东意思表示或法律规定而停止营业活动，经清理债权债务和处理未了结业务而最终导致公司营业资格和法人资格消灭的行为。

关于公司解散与公司清算之间的关系，各国主要有两种立法例，一种为先算后散立法例，要求公司只有在清算后才能解散。英国即采此立法例。在此种立法例下，公司一旦解散立即消灭法人资格，解散是使公司法人资格消灭的法律行为，公司解散与公司终止属于同一概念。另一种为先散后算立法例，要求公司宣布解散，然后再进行清算。多数大陆法系国家包括我国采此立法例。在此种立法例下，公司解散只是公司终止的原因，公司只有在宣告解散并清算完毕后其法人资格才归于消灭，[1] 公司解散与公司终止并不属于同一概念。我国现行公司法采取的是先散后算立法例。笔者认为，公司解散与公司终止实属不同概念。由于公司解散的目的是消灭公司的营业资格和法人资格，因此公司解散应是公司终止的必要原因，相应公司终止是公司解散的必然结果。简言之，公司解散与公司终止是原因与结果之间的关系，公司解散与公司终止是两个不同的法律概念。

（二）公司解散的事由和类型

根据公司解散的事由或条件不同，公司解散可以分为意定解散和法定解散。

1. 意定解散

所谓意定解散，又称为自愿解散、自由解散或者任意解散，是指由公司全体股东依意思表示而自主决定解散公司。根据《中华人民共和国公司法》（以下简称《公司法》）第180条的规定，公司意定解散的事由主要包括：

其一，公司章程规定的营业期限届满或者公司章程规定的其他解散事由出现。

笔者认为，公司章程的本质是公司股东等受章程约束的公司内部成员之间的组织性契约。组织性契约与交易性契约相对称，所谓组织性契约，是指双方或双方以上的当事人以设立及运营某一长期存续的组织体为目的的契约，最典型的组织性契约是公司章程等社团法人章程。组织性契约是契约中的特殊和非典型形态。所谓交易性契约，是指双方当事人以相互之间一次性经济资源交换或交易为目的的契约，传统民法中的契约主要指的就是此种交易性契约。交易性契约是契约中的一般和典型形态。虽然组织性契约属于长期性、复杂性、不完备性和关系性契约，契约主体是人数众多的多方当事人，契约订立方式多为默示契约及格式契约形式，契约通过方式多实行人数或资本多数决原则。因此，其订立的自治性和民主性程度较交易性契约大为降低和减

---

[1] 参见范健、王建文：《公司法》，法律出版社2006年版，第369~370页。

弱，不能完全契合私法自治原则和理念。但是，总体而言，组织性契约与交易性契约同为受契约约束的全体当事人意思表示一致而成立和生效的多方法律行为。[1]因此，公司股东可以在公司章程中约定公司的营业期限或者公司的解散事由，一旦公司章程约定的营业期限届满或者解散事由出现，公司则依全体股东事先的一致意思表示而自愿解散。

其二，股东会或者股东大会决议解散。

笔者认为，公司股东会或股东大会决议属于社团法人决议行为，所谓决议行为，是指依双方或双方以上当事人之相互平行的意思表示多数一致而成立和发生效力的法律行为。传统民法学通说认为，决议行为与契约行为具有本质上的差异，决议行为的特点是实行人数多数决或资本多数决原则，只需半数以上的多数当事人意思表示一致或持有半数以上多数资本的当事人意思表示一致即可成立和生效。因此，决议一旦作出，不仅对参加决议且投赞成票的当事人具有约束力，而且对未参加决议的当事人以及虽参加决议但投弃权票或反对票的当事人也具有约束力；而契约行为的特点是实行全体一致决原则，须全体当事人意思表示一致才可成立和生效，即契约行为须全体当事人共同参与且一致赞成才可成立和生效。

笔者认为，从表面看来，决议行为仅多数当事人或持有多数资本的当事人真正和实质地参与了决议，而未参加表决投票或参加表决投票但投弃权票或反对票的当事人并未真正和实质地参与决议；但实际上，由于受决议约束的全体当事人事前已知悉并一致同意遵循人数多数决或资本多数决原则而作出决议，受决议约束的全体当事人事实上已预先自愿接受决议对其的管辖和约束，决议对全体当事人的约束力仍来源于全体当事人的意思自治和自主决定。故而，决议仍可视为受决议约束的全体当事人意思表示达成一致的结果和产物。由此可见，决议行为与契约行为也并无本质上的不同，两者同为受契约约束的全体当事人意思表示一致而成立和生效的多方法律行为。[2]

因此，股东会或者股东大会决议是受决议约束的公司股东等公司内部成员意思表示达成一致的结果和产物。公司股东可以通过股东会或者股东大会决议作出解散公司的自主决定。一旦股东会或者股东大会解散公司的决议作

---

〔1〕 参见唐英：《公司章程司法适用研究》，法律出版社 2016 年版，第 31～35 页。

〔2〕 参见唐英：《公司章程司法适用研究》，法律出版社 2016 年版，第 30～31 页。

出，公司则依股东事后的一致意思表示而自愿解散。由于公司解散属于涉及股东重大利益的公司重要事项，大多数国家的公司法包括我国《公司法》均规定，公司解散决议须以代表股东表决权的 2/3 或者 3/4 以上股东通过的特别决议作出，以公平保护中小股东的利益。在本指导性案例中，在被告戴晓明不同意解散公司的前提下，原告林方清作为享有公司 1/2 表决权的股东，其按照公司章程规定的股东会表决程序单方作出的解散凯莱公司的决议，因未达到我国公司法以及凯莱公司章程规定的 2/3 以上表决权通过的要求实际上并未成立。[1]故而，被诉凯莱公司不能以股东会决议为由而意定解散。

其三，因公司合并或者分立而解散。

所谓公司合并，是指两个或两个以上公司归并为一个公司的法律行为，公司合并必然导致参与合并公司组织实体的变更或消灭。依据合并形式的不同，公司合并分为吸收合并和新设合并。在吸收合并中，被吸收公司解散，存续公司因接收被吸收公司而发生组织形式及其他重要事项的变更；在新设合并中，所有参与合并的公司解散，而新设立的公司成立。[2]所谓公司分立，是指一个公司分解为两个或两个以上公司的法律行为，公司分立也必然导致参与分立公司组织实体的变更或消灭。依据分立形式的不同，公司分立分为新设分立和派生分立。在新设分立中，分立前的公司解散，而新设立的两个或两个以上的公司成立；在派生分立中，不发生公司的解散现象，分立前的公司因分出去部分资产而发生重大变更，而新设立的公司成立。

由于公司合并是基于所有参与合并公司的股东会或股东大会决议和所有参与合并公司之间订立的合并协议，公司分立是依据分立前公司之全体股东一致的意思表示，故而，因公司合并或者分立而解散也属于基于公司股东意思表示的意定解散范畴。

值得注意的是，公司股东作为公司的投资者和最重要的利害相关者，按照意思自治原则和营业自由原则，原则上可以依据其意思表示而成立一个公司，也可以依据其意思表示而解散已成立的公司。但是，为了保护社会公共利益和国家利益，在特殊情况下，法律对公司意定解散予以了适度和合理的

---

〔1〕　参见《最高人民法院关于适用〈中华人民共和国公司法〉若干问题的规定（四）》第 5 条第（三）项的规定。

〔2〕　参见唐英：《公司法与保险法若干理论前沿问题研究》，法律出版社 2019 年版，第 126 页。

限制。例如，《中华人民共和国保险法》（以下简称《保险法》）第89条第1款和第2款规定："保险公司因分立、合并需要解散，或者股东会、股东大会决议解散，或者公司章程规定的解散事由出现，经国务院保险监督管理机构批准后解散。经营有人寿保险业务的保险公司，除因分立、合并或者被依法撤销外，不得解散。"笔者认为，我国现行《保险法》第89条对于保险公司意定解散的限制性规定不太合理，过分限制了保险公司股东的意思自治，应予修订。首先，应删去保险公司意定解散须经国务院保险监督管理机构批准的规定。我国现行《保险法》第89条第1款和第2款规定保险公司意定解散须经国务院保险监督管理机构批准，违反了公司意定解散制度的尊重公司股东意思自治的立法宗旨，使公司意定解散制度沦为变相的公司法定解散制度，公司意定解算制度成为一纸废文。其次，应删去对经营有人寿保险业务的保险公司意定解散乃至法定解散事由的限制性规定。我国现行《保险法》第89条第2款规定经营人寿保险业务的保险公司意定解散事由限于因分立、合并而解散，其法定解散事由限于因被行政主管机关依法撤销而解散。实际上，对经营人寿保险业务的保险公司解散自由的以上限制并不合理且并无必要。笔者认为，为了有效和特别保护作为人寿保险之投保方的投保人、被保险人及受益人的合法利益，只需《保险法》第92条补充规定，经营有人寿保险业务的保险公司因合并或分立之外的事由而意定解散的，其持有的人寿保险合同及责任准备金，同样必须转让给其他愿意受让或保监会指定的经营有人寿保险业务的保险公司，保险人发生法定变更，人寿保险合同的效力得以维持，此即足以保护人寿保险合同投保方的合法利益，从而更好地平衡和兼顾保险方和投保方双方的利益。

2. 法定解散

所谓法定解散，又称为强制解散或者非任意解散，是指根据法律的规定，由行政主管机关决定或者法院判决而解散公司。根据我国《公司法》第180条的规定，公司法定解散的事由主要包括：

其一，行政决定解散。又称为行政命令解散，简称为行政解散，是指已成立的公司因行政违法行为而由行政主管机关决定解散。我国《公司法》第180条第（四）项规定的公司因"依法被吊销营业执照、责令关闭或者被撤销"即属于行政决定解散范畴，有权决定公司解散的行政主管机关包括公司登记主管机关和公司行业主管机关。例如，我国《公司法》第198条规定公司登记主管机关有权对虚报注册资本、提交虚假材料或者采取其他欺诈手段隐瞒重要事实取得公司登记且情节严重的公司采取撤销公司登记或者吊销营业执照的处罚措施。例如，我国《保险法》第149条规定，保险公司因违法经营被依法吊销经营保险业务许可证的，或者偿付能力低于国务院保险监督管理机构规定标准，不予撤销将严重危害保险市场秩序、损害公共利益的，国务院保险监督管理机构有权予以撤销并公告，依法及时组织清算组进行清算。

其二，司法判决解散。司法判决解散，又称为法院裁判解散，简称为司法解散，根据我国《公司法》第182条的规定，是指当公司经营管理发生严重困难，继续存续会使股东利益受到重大损失，且通过其他途径不能解决的，法院基于持有一定比例表决权股东的请求而解散公司。公司司法解散制度具有两个方面的重要功能和作用，首先，有利于特殊保护和倾斜保护中小股东利益，为中小股东退出公司提供了合理机制和有效途径。鉴于一股一票和资本多数决是公司的核心制度之一，公司中小股东由于其出资或者持股比例较低，对公司事务的决策权和控制权相应较小；而公司大股东尤其是控股股东可以凭借其出资优势或者持股优势，依据资本多数决原则而享有对公司事务较大甚至垄断性决策权和控制权。在此种制度设计之下，公司大股东尤其是控股股东与中小股东分别处于事实上的强势和弱势地位；前者有可能滥用其大股权和控股权，损害后者的合法利益。因此，在坚持一股一票和资本多数决的制度前提下，应确立特殊和倾斜保护中小股东利益的若干相关配套制度以弥补和矫正一股一票和资本多数决制度的内在缺陷和弊端。公司司法解散制度就是以上相关重要配套制度之一，通过赋予中小股东在公司处于经营僵局情况下单方面申请法院解散公司的权利，为中小股东退出公司提供了转让股权之外另一合理机制和有效途径，从而特殊保护和倾斜保护了中小股东的合法利益。其次，有利于避免社会资源的闲置和浪费，实现和维护物尽其用的商法效率价值目标追求。当公司处于经营僵局时，公司的经营管理已陷于瘫痪状态，股东的投资利益遭受重大损失，此种状态对于股东出资乃至社会资源均是极大的闲置和浪费。因此，一定条件下允许持有一定比例表决权的股东请求法院解散公司而回收其投资财产，可以保证股东投资财产和社会资源得到充分和高效地利用，进而保护股东利益和社会公共利益。

笔者认为，合同法上的根本违约单方解除权制度和情势变更制度可以作为公司司法解散制度的理论依据。所谓根本违约单方解除权，是指合同一方当事人的违约行为致使他方当事人订约目的不能实现，或者使他方当事人遭受重大损失时，该方当事人享有单方解除合同的法定权利。所谓情势变更，是指合同成立生效后，由于不可归责于各方当事人的客观事由，导致合同不能履行或者履行将显失公平，则当事人可以基于公平原则请求法院变更或者解除合同。通说认为，公司法与合同法之间是特别法和一般法之间的关系，公司契约作为特别契约，除适用公司法的特别规定之外，也应适用合同法的一般规定。因此，当公司因一方当事人的根本违约行为或者不可归责于各方当事人的客观事由处于经营僵局之时，持有一定比例表决权的股东作为公司契约的当事人享有单方解除合同而解散公司的权利。

二、关于公司僵局的认定标准问题

公司僵局，是指在公司存续过程中，公司股东、董事等公司成员之间因发生严重分歧、争议和矛盾而处于僵持状态，导致公司经营管理机制失灵或者陷入瘫痪的事实状态。公司僵局是公司司法解散制度适用的首要前提条件，因此，关于公司僵局的认定标准和判断依据是公司司法解散制度适用中的关键问题。

公司僵局这一术语来源于英美法系判例法，是对公司尤其是封闭性公司内部矛盾严重化和极端化的一种生动描述和形象比喻，这一概念带有极大的模糊性和不确定性。对于公司僵局的界定，英美法系国家更注重对公司僵局表现形式和主要类型的具体列举，大陆法系国家却倾向于进行抽象的概括，我国现行立法对公司僵局的界定采取了概括与列举相结合的方式，颇为合理和可行。根据我国《公司法》的相关规定及公司法学理，笔者认为，可以立足于正面、反面两个视角从以下几个方面来探讨和剖析公司僵局的认定标准。

（一）公司僵局是公司管理僵局

根据我国《公司法》第182条的规定以及学界通说，公司僵局指的是公司管理的僵局，是指公司经营管理发生严重困难或者陷入瘫痪。最高人民法院《关于适用〈中华人民共和国公司法〉若干问题的规定（二）》［以下简称《公司法解释（二）》］第1条第1款对我国《公司法》第182条予以了具体化，列举了几种典型的公司管理僵局情形：其一，公司持续两年以上无法召开股东会或者股东大会，公司经营管理发生严重困难的；其二，股东表决时无法达到法定或者公司章程规定的比例，持续两年以上不能做出有效的股东会或者股东大会决议，公司经营管理发生严重困难的；其三，公司董事长期冲突，且无法通过股东会或者股东大会解决，公司经营管理发生严重困难的。

笔者认为，公司僵局的确指的是公司经营管理的僵局，具体而言是指因公司股东、董事、法定代表人、经理等高级管理人员之间的对立、冲突和矛盾，导致公司无法做出经营决策，公司经营管理陷入严重困难甚至瘫痪状态。由于在公司治理机关及成员中，监事会及监事并不享有经营决策权，因此公司监事之间的冲突和矛盾以及监事会无法召开或者无法行使职权等情形，一般不会引发公司管理僵局。相反，股东会或者股东大会作为公司最高权力机关，同时也是公司的最高经营决策机关，享有法定和公司章程规定的涉及股东重要利益的公司特定重要经营事务的决策权。因此，公司股东之间的冲突和矛盾以及股东会无法召开或者无法作出有效决议，将导致公司最高经营决策机制的失灵和瘫痪。董事会及其经理等高级管理人员作为公司日常经营决策机关，享有除专属股东会或者股东大会经营决策事项之外的一切经营事项的广泛决策权。因此，董事、经理等高级管理人员之间的冲突和矛盾以及董事会无法召开或者无法作出有效决议，将导致公司日常经营决策机制的失灵和瘫痪。

在本指导性案例中，由于凯莱公司唯一两位股东林方清和戴小明之间的严重争议和矛盾，凯莱公司已持续 4 年未召开股东会，无法形成有效的股东会决议，无法通过股东会决议的方式管理公司，股东会决策机制已经失灵。戴小明作为执行董事，其管理公司的行为也因股东会决策机制失灵而无法进行，执行董事决策机制也陷入瘫痪，已无法贯彻执行股东会的决议。故而，本指导性案例中的凯莱公司因股东会决策机制和执行董事决策机制的失灵而处于公司僵局状态。笔者认为，林方清作为公司监事因其与戴小明之间的严重争议和矛盾，导致其不能正常行使监事职权，无法正常发挥经营监督作用，监事监督机制陷入失灵状态的事实，不属于公司僵局的表现形态，而属于作为公司经营管理僵局产生后的附带性不良后果。

（二）公司僵局不是公司经营僵局

一般来说，公司僵局意味着公司管理机制陷入失灵或瘫痪状态，这种状态的延续有可能影响公司短期或长期经营状况和经营效果，从而导致公司经营亏损甚至资不抵债；但是公司经营亏损、资不抵债与公司僵局两者之间并没有必然的联系，公司经营状况不良乃至经营亏损、资不抵债并不是公司僵局的内在特征和判断标准。因此，公司僵局并不是指公司经营僵局，后者是指公司经营陷入严重困难，具体表现为公司严重亏损、资不抵债、长期无法分配利润等情形。故而，公司僵局的认定和判断无需考虑公司是否亏损及亏损严重程度。即使公司经营效果良好、盈利颇丰，只要公司经营管理陷入失灵或瘫痪状态，亦可构成公司僵局；相反，即使公司经营严重亏损而陷入公司经营僵局，只要公司经营管理尚未陷入失灵或瘫痪状态，则尚不构成公司僵局。据此，《公司法解释（二）》第1条第2款规定"股东以知情权、利润分配请求权等权益受到损害，或者公司亏损、财产不足以偿还全部债务，以及公司被吊销企业法人营业执照未进行清算等为由，提起解散公司诉讼的，人民法院不予受理"，明确将公司经营僵局排除出公司僵局范畴。在本指导性案例中，一审法院正是错误地以公司经营状况不良和经营亏损作为判断公司僵局的标准和条件，以凯莱公司经营状况良好、处于盈利状态为由，否认公司僵局的存在，从而作出驳回原告起诉的错误判决。而二审法院则遵循以上观点精准地归纳出正确的裁判要点：判断"公司经营管理是否发生严重困难"应从公司组织机构的运行状态进行综合分析。公司虽处于盈利状态，但其股东会机制长期失灵，内部管理有严重障碍，已陷入僵局状态，可以认定为公司经营管理发生严重困难。二审法院正是基于以上正确认识而作出了凯莱公司存在公司僵局的正确判断，从而为最终改判解散公司奠定了坚实的基础。

值得思考的相关问题是，公司在持续盈利前提下长期不向股东分配利润以及股东知情权受损等股东权益受损情形，是否属于公司僵局而能否适用司法解散制度。有部分学者认为，公司持续盈利而长期不分配利润情形属于股东投资目的不能实现从而构成公司僵局，公司股东尤其是公司中小股东可以向法院申请解散公司。笔者不赞成此种观点，一方面，公司僵局指的是公司管理僵局，表现为公司经营管理决策机制的失灵或者瘫痪；而公司在持续盈利前提下长期不向股东分配利润，有可能是出于公司留存利润转增资本用于扩大公司经营规模的正当动机，也有可能出于公司大股东滥用优势表决权的不正当动机，以上均不属于公司管理出现严重困难而构成公司僵局。另一方面，司法解散公司不仅涉及作为申请人的部分股东利益，还涉及其他股东利益、公司整体利益以及股东之外的公司职工、债权人等社会公共利益。根据企业维持原则，为了均衡保护所有股东以及公司其他利害相关者的利益，必须对公司司法解散这种刚性制度的适用范围加以严格限制。部分股东请求法院单方解散不能成为解决和救济公司僵局的唯一和首选措施，相反，应优先选择其他柔性替代措施。虽然股东投资设立公司的根本目的是获取利润而实现其投资增值，公司在持续盈利前提下长期拒绝向股东分配利润，将严重损害公司股东尤其是公司中小股东的基本预期和根本利益，公司股东尤其是公司中小股东理应对此享有相应的救济权。例如，根据我国《公司法》第 74 条第 1 款第（一）项的规定，公司连续五年不向股东分配利润，而公司该五年连续盈利，并且符合本法规定的分配利润条件的，对股东会该项决议投反对票的股东，可以请求公司按照合理的价格收购其股权。规定在公司持续盈利而长期不向股东分配利润情形下，赋予了有限责任公司股东以股权异议收购请求权，此时公司股东尤其是中小股东完全可以通过行使异议股东股权收购请求权而回收投资并单方退出公司从而保护自己的利益。若将以上情形归入公司僵局而适用公司司法解散制度，将构成公司司法解散制度的滥用，不利于股东之间以及股东与股东之外其他公司利益相关者之间利益的平衡和兼顾，从而损害公司整体利益和社会公共利益。同理，股东知情权受损情形也不宜归入公司僵局而适用公司司法解散制度，以免造成公司司法解散制度的滥用。因此，当股东知情权等股东权利因公司或者董事、高级管理人员的违法行为或违章行为受损时，股东只能向法院提起损害赔偿诉讼，而不能提起公司司法解散诉讼。《公司法解释（二）》第 1 条第 2 款因此明确规定："股东以知情权、利润分配请求权等权益受到损害，或者公司亏损，财产不足以偿还全部债务，以及公司被吊销企业法人营业执照未进行清算等为由，提起解散公司诉讼的，人民法院不予受理"，从而将股东知情权受损、利润分配请求权受损、公司被吊销企业法人营业执照未进行清算等股东权益受损情形排除出公司僵局范畴。

（三）公司僵局会严重损害股东利益

公司僵局是公司经营决策机制的失灵和瘫痪，从而使公司经营管理发生严重困难甚至无法进行，公司内部治理和管理运作遇到实质性严重障碍，公司将无法正常运营下去，股东设立公司和缔结公司契约的根本目的无法实现或完全落空，此种状态将严重损害股东短期和长期利益。质言之，根据合同法和公司法的基本原理，公司僵局的出现将构成公司契约当事人的根本违约或者公司契约的情势变更。在构成根本违约的情况下，公司僵局的形成将严重损害公司契约非违约方的合法利益；在构成情势变更的情况下，公司僵局将致使公司契约无法履行或者一旦履行会造成公司契约当事人之间利益严重失衡和显失公平。因此，公司股东作为公司契约最重要和主要的当事人，其根本利益因公司僵局的出现将会受到严重损害，理应享有申请法院解散公司的单方解除公司契约的权利。公司僵局对股东利益的严重损害性一方面决定了事前预防和事后救济公司僵局的必要性，另一方面也决定了受公司僵局严重损害的公司股东作为有权申请法院司法解散公司主体的合法性。

值得探讨的问题是，除了公司股东，公司债权人、公司职工等股东之外的其他公司利益相关者是否可因公司僵局提出公司司法解散诉讼？笔者认为，在公司僵局状态下，虽然公司债权人、公司职工等股东之外的其他利害关系人其利益也会因公司僵局状态的存续而间接受到较大影响甚至损害，但是公司债权人、公司职工等股东之外的其他公司利益相关者并非公司契约的当事人，其不应享有申请法院解散公司的单方解除公司契约的权利。公司债权人、公司职工等股东之外的其他公司利益相关者虽然不能作为公司司法解散诉讼的原告提起公司司法解散诉讼，但若公司司法解散诉讼案件的处理结果与其存在着法律上的利害关系，应当允许其以诉讼第三人的身份参与公司司法解散诉讼。对此，《公司法解释（二）》第4条第3款规定："原告提起解散公司诉讼应当告知其他股东，或者由人民法院通知其参加诉讼。其他股东或者有关利害关系人申请以共同原告或者第三人身份参加诉讼的，人民法院应予准许。"

（四）公司僵局与公司成员的过错无必然联系

笔者认为，根据公司僵局产生原因的不同，公司僵局可以分为先天性公司僵局和后天性公司僵局。前者是指因股东、董事等公司成员表决权比例持平或者相同等先天性原因而产生的公司僵局。例如，意见相左的两派股东之间因表决权比例持平或相同而无法作出有效的股东会决议。本指导性案例中的公司僵局即属于此种情形，被诉请解散的凯莱公司仅戴小明与林方清两名股东，两人各占50%的股份，凯莱公司章程规定"股东会的决议须经代表1/2以上表决权的股东通过"，且各方当事人一致认可该"1/2以上"不包括本数。因此，只要两名股东的意见存有分歧、互不配合，就无法形成有效表决。又如意见相左的两派董事之间因表决权比例持平或者相同而无法作出有效的董事会决议。先天性公司僵局的产生一般不是由公司成员的过错行为所造成，不具有可归责性。后者是指因股东、董事等公司成员之间的严重对立和矛盾等后天性原因而产生的公司僵局。后天性公司僵局的产生一般可归责于公司成员的过错行为，具有可归责性。

在不少情况下，公司僵局的产生的确源于公司股东、董事、法定代表人、经理等高级管理人员这些公司成员的过错行为，这些公司成员尤其是公司股东对于公司僵局的产生具有可归责性。例如，大股东或者控制股东滥用其表决权优势，排挤和压制中小股东或者非控制股东，严重损害中小股东或者非控制股东合法利益。但是，在很多情况下，公司僵局的产生也可能与公司成员的过错行为无关。例如，只有两个股东且持股比例相同的有限责任公司在股东会决议时，若两个股东意见相左、各持己见，则因两个股东的表决权比例持平、对峙而无法作出有效决议。此种公司僵局是由先天的股权比例配置而引发的，公司成员对此并无任何过错。因此，总体而言，公司僵局与公司成员尤其是公司股东的过错不具有直接和必然联系，在认定公司僵局时，无需考虑公司僵局的产生是否由公司成员尤其是公司股东的过错行为所导致。

必须指出的是，虽然公司僵局的认定不以公司成员尤其是公司股东的过错行为为前提和标准，但是当公司僵局的形成是由特定股东的过错行为所引发和造成时，根据诚实信用原则和权利不得滥用原则，这些引发和造成公司僵局形成的特定股东无权以公司僵局为由向法院申请单方解散公司，引发和造成公司僵局形成的特定股东之外的、利益因公司僵局遭受严重损害的其他股东才有权以公司僵局为由向法院申请单方解散公司。有学者认为，即使股东对公司僵局形成负有过错，也不影响其诉讼主体资格，仍然有权以公司僵局为由向法院申请单方解散公司，因为我国《公司法》第182条规定持有公司全部股东表决权10%以上的股东均可以请求人民法院解散公司，并没有限制或者禁止对公司僵局形成负有过错的股东提起公司司法解散诉讼。按照"法无明文禁止即允许"的私法理念，不应否认对公司僵局形成负有过错的股东提起公司司法解散诉讼的权利，但是人民法院可以考虑将起诉股东的过错作为是否支持其诉讼请求、是否判决解散公司的衡量因素。[1]笔者认为，该种观点值得商榷。虽然我国《公司法》的具体规则性规定并未对负有过错的

---

[1]　参见王林清：《公司纠纷裁判思路与规范释解》（下），法律出版社2017年版，第1426页。

股东提起公司司法解散诉讼的权利予以限制或禁止，但诚实信用原则和权利不得滥用原则等民法基本原则和一般条款同样构成法律的明文禁止，允许负有过错的股东提起公司司法解散诉讼，将严重违反诚实信用原则和权利不得滥用原则，不应予以支持。

另一个值得思考的问题是，当大股东或者控制股东排挤和压制中小股东或者非控制股东时，后者可否提起公司司法解散诉讼？对此，理论上存在着较大的争议，一种观点认为，大股东或者控制股东排挤和压制中小股东或者非控制股东属于滥用股权的行为，极大地损害了中小股东或者非控制股东利益，即使该种排挤和压制行为并未导致公司经营管理处于失灵或瘫痪状态，为了特殊和倾斜保护中小股东或者非控制股东的利益，也应赋予中小股东或者非控制股东提起司法解散公司之诉的权利。笔者不赞成此种观点，一者，大股东或者控制股东排挤和压制小股东或者非控制股东情形下，小股东或者非控制股东的救济问题可以通过其他制度如信义义务制度得到解决，若赋予中小股东或者非控制股东提起司法解散公司之诉的权利，将违反企业维持原则，损害股东之外的公司其他利益相关者的利益和社会公共利益。按照英美法系国家法学的信义关系理论，大股东或者控制股东与中小股东或者非控制股东之间存在着信义关系，大股东或者控制股东对中小股东或者非控制股东负有信义义务，信义义务包括忠实义务和勤勉义务两个方面。大股东或者控制股东滥用其股权和控制权，违反对中小股东或者非控制股东的信义义务，造成中小股东或者非控制股东利益损害的，其应对中小股东或者非控制股东承担损害赔偿责任。二者，公司僵局的存在是公司司法解散制度的必要适用条件，而公司僵局仅指公司管理僵局。因此，大股东或者控制股东排挤和压制中小股东或者非控制股东的行为只要尚未导致公司管理僵局，排挤和压制行为本身并不构成公司僵局，中小股东或者非控制股东不能仅以排挤和压制行为本身为由提起司法解散公司之诉讼。

三、关于公司僵局的解决机制和救济措施问题

（一）公司僵局的解决机制

鉴于公司僵局对于公司股东利益的严重损害性，一旦公司僵局形成，对其进行有效解决和事后救济实属必要。公司僵局的解决途径主要有协商、调解、仲裁与诉讼，协商是指公司成员之间通过自愿协商、谈判，自行解决公

司僵局的解决机制。一般而言，由公司成员之间的严重争议和矛盾所引起的后天性公司僵局难以通过协商的机制予以解决，而先天性僵局较宜通过协商机制予以解决。调解是指在官方或民间第三方的主持和帮助下，促成公司当事人之间自愿达成调解协议的公司僵局解决机制。根据第三方的身份和性质的不同，调解可分为民间调解和官方调解。民间调解又称为非官方调解，主要是指公司成员的调解、人民调解委员会的调解等；官方调解主要包括行政调解、仲裁调解、司法调解等。例如，《公司法解释（二）》第5条第1款明确规定"人民法院审理解散公司诉讼案件，应当注重调解"，从而将法院调解程序设定为公司司法解散诉讼中的必经程序，以充分发挥司法调解对于解决和救济公司僵局的重要作用。仲裁是指公司当事人之间根据事前或事后达成的仲裁协议将争议提交仲裁机关审理并作出裁决的公司僵局解决机制；诉讼是指公司股东就公司僵局争议向法院提起诉讼，由法院审理并作出判决的解决机制。根据诉讼请求的不同，公司僵局诉讼主要分为公司司法解散诉讼和公司司法解散之外的其他诉讼。

（二）公司僵局的救济措施

1. 公司司法解散救济措施之特殊性及替代性救济措施的分类

救济公司僵局的核心是允许遭受公司僵局损害的股东或者强制对公司僵局产生有重大过错的股东以一定途径和方式退出公司，前述赋予持有一定表决权比例的遭受公司僵局损害的股东单方请求法院解散公司从而使所有股东终局性退出公司的司法解散制度是公司僵局的重要救济措施之一。必须指出的是，在公司僵局所有救济措施中，司法解散制度这种救济措施极具特殊性，其一，法律效力的单方强制性。该种救济措施的实施只需持有一定表决权比例的股东向法院请求即可，无须告知其他股东也无须其他股东同意；一旦法院作出解散公司的判决，该判决不仅对起诉股东具有法律约束力，而且对起诉股东之外的其他所有股东均具有法律约束力。因此，对于起诉股东之外的其他股东而言该措施具有单方强制性。其二，法律效力的全局性和终局性。当法院作出解散公司的判决后，公司由于解散而丧失法律主体资格并终止，公司僵局因公司的解散终止而不复存在、得以破解，起诉股东和起诉股东之外的其他所有股东均因公司终止而全部终局性地退出公司，无论该股东是否诉请或同意法院解散公司，不管该股东是否对公司僵局的产生具有过错，也无论该股东是否遭受公司僵局损害，所有股东均因公司被司法强制解散而退出公司。其三，法律后果的严苛性和极端性。司法解散制度是所有公司僵局救济措施中最为严苛和极端的公司僵局救济措施。该措施通过部分股东请求单方强制解散公司而致使全体股东终局性地退出公司以达到破解公司僵局的目的，公司僵局确因公司的解散终止而不复存在、得以破解，但此种单方强制性的公司解散也会带来一系列负面后果和效应。该措施在有力救济和保护遭受公司僵局损害的部分股东利益的同时，也会因其严苛的法律后果严重影响甚至损害不愿意解散公司且对公司僵局产生无任何过错的其他股东利益公司整体利益、股东之外公司其他利益相关者，如公司职工、债权人利益和社会公共利益。在很多情况下，以司法解散制度来破解公司僵局，是一种两败俱伤甚至各方共损、社会成本极高的无奈之举。

鉴于司法解散这种公司僵局救济措施较其他救济措施的特殊性，公司僵局的救济措施可分为司法解散和司法解散之外的替代性措施两种，其中后者又可进一步划分为自愿性替代性措施和强制性替代性措施两种。

2. 自愿性替代性救济措施

实务中，自愿性替代性救济措施主要包括协议转让股权、协议收购股权等。具体而言，协议转让股权，是指意欲解散公司的股东与其他股东或者第三人之间经意思表示一致达成股权转让协议的公司僵局救济措施。协议转让股权须以股东之间或者股东与第三人之间达成股权转让协议为必要条件，若其他股东或者股东之外的第三人不愿受让股权或者就股权转让条件无法达成合意，则该种措施无法解决和救济公司僵局。尤其是对于有限责任公司而言，意欲解散公司的部分股东并不能自由地将其股权转让于第三人。因为，为了维系有限责任公司股东之间的人合性，大多数国家包括我国《公司法》均对有限责任公司股东向第三人转让股权施加了诸多限制，如须经其他股东过半数同意以及其他股东拥有优先购买权等。

协议收购股权，又称为股东自愿退股，是指意欲解散公司的股东通过与公司意思表示一致达成股权收购协议，由公司收购意欲解散公司股东的股权，意欲解散公司的股东退股从而退出公司的公司僵局救济措施。协议收购股权这种公司僵局救济措施的局限性明显，一方面，协议收购股权须以意欲解散公司的股东与公司达成股权收购协议为必要条件，若公司不愿收购股权或者股东与公司之间就股权收购条件无法达成合意，则该种措施无法解决和救济公司僵局；另一方面，为了维系公司资本充实以保护公司债权人利益和维护交易安全，大多数国家包括我国《公司法》原则上不允许股东退股，规定公司股东只能在法定特殊情形下，如股东享有异议股东股权收购请求权或公司减少注册资本时，才能收购本公司的股权；当公司为减少注册资本而收购本公司股权时，该收购事项须经股东会或者股东大会以特别决议作出，而在公司僵局的状态下股东会或者股东大会往往无法作出有效决议，从而导致公司收购股权这种公司僵局解决途径和救济措施无法进行。

综上可知，协议转让股权、协议收购股权等自愿性替代性措施对于公司僵局的救济力度较弱。法院在受理公司司法解散诉讼后，应通过调解等手段尽力促成当事人之间达成股权转让协议或股权收购协议，以提高这两种救济措施的适用频率和效果。《公司法解释（二）》第 5 条第 1 款规定"人民法院审理解散公司诉讼案件，应当注重调解。当事人协商同意由公司或者股东收购股份，或者以减资等方式使公司存续，且不违反法律、行政法规强制性规定的，人民法院应予支持"，所谓"当事人协商同意由公司或者股东收购股份，或者以减资等方式使公司存续"是指起诉股东与公司协议由公司收购其持有的股权以及起诉股东与其他股东协议由其他股东受让其持有的股权，或者公司通过减资而允许起诉股东退股。因此，该条规定实质上确认了协议转让股权和协议收购股权这两种公司僵局自愿性替代性救济措施。

3. 强制性替代性救济措施

鉴于协议转让股权、协议收购股权等自愿性替代性措施对公司僵局的救济力度较弱，有部分学者提出，应于立法上确立强制转让股权、强制退股、强制收购股权和强制公司分立等公司僵局强制性替代性救济措施。强制转让股权，是指法律强制股东向其他股东或者第三人转让其股权的公司僵局救济措施。强制转让股权可分为强制卖出股权和强制买入股权两种，其中强制卖出股权，是指法律强制对公司僵局产生有重大过错的股东以适当合理价格[1]将股权转让给其他股东或者第三人，迫使对公司僵局产生有重大过错的股东退出公司的救济措施。强制买入股权，是指法律强制对公司僵局产生有重大过错的股东以适当合理价格[2]受让遭受公司僵局损害的其他股东的股权，使

---

[1]　为了惩戒对公司僵局产生有重大过错的股东和救济遭受公司僵局损害的其他股东利益，法律强制该股东将股权转让给其他股东时，转让价格应根据其过错程度在一定程度上低于市场价格。

[2]　为了惩戒对公司僵局产生有重大过错的股东和救济遭受公司僵局损害的其他股东利益，法律强制该股东受让其他股东的股权时，转让价格应根据其过错程度在一定程度上高于市场价格。

得遭受公司僵局损害的其他股东退出公司的救济措施。强制退股，是指法律强制对公司僵局产生有重大过错的股东退股以退出公司的救济措施。强制收购股权，是指法律强制公司以适当合理价格收购遭受公司僵局损害股东的股权，使得遭受公司僵局损害的股东退出公司的救济措施。

较之于协议转让股权、协议收购股权的任意性和自愿性，强制转让股权、强制退股、强制收购股权具有法定性和强制性，要求在公司僵局产生时其他股东或者公司对意欲解散公司的股东负有以合理价格受让或者收购其股权的法定义务。因此，强制转让股权、强制退股和强制收购股权对于公司僵局的救济力度较强。这是三种制度的共同之处，而前两种制度与第三种制度的区别在于，强制转让股权和强制退股制度的适用范围较窄，只能适用于对公司僵局产生有重大过错的股东，只能用于破解因股东重大过错而产生的后天性公司僵局，以起到破解此类公司僵局并对有重大过错的股东加以惩戒的双重作用；而强制收购股权制度并非仅适用于对公司僵局产生有重大过错的股东，对各种类型的公司僵局均可适用，适用范围较宽。强制公司分立，是指在公司僵局产生时，持有表决权一定比例的意欲解散公司的股东有权请求法院将公司进行分立的公司僵局救济措施。强制公司分立同样具有法定性和强制性，在公司僵局情形下赋予持有一定比例表决权的股东单方请求法院分立公司的法定权利。因此，强制公司分立对于公司僵局的救济力度也较强。与强制收购股权制度相同，强制公司分立制度也可适用于各种类型的公司僵局的破解，其适用范围比较宽泛。

我国现行立法并未承认强制转让股权、强制退股、强制收购股权和强制公司分立等强制性替代性公司僵局救济措施，笔者认为，我国宜在立法上引入强制性公司僵局救济制度。主要理论依据在于，一者，较之自愿性替代性公司僵局措施的救济力度，强制性替代性公司僵局措施救济力度较强，可以更有效地救济遭受公司僵局损害的股东以及惩戒对公司僵局产生有重大过错的股东。二者，采取强制性公司僵局救济措施应对公司僵局较之公司司法解散制度，更有利于贯彻企业维持原则，可以更好地平衡和兼顾股东之间、股东与股东之外的其他公司利益相关者之间的利益。三者，可以进一步地限制公司司法解散制度的适用频率和范围。当股东提起公司司法解散诉讼后，法院应优先考虑采取强制转让股权、强制退股、强制收购股权和强制公司分立等强制性替代性公司僵局救济措施，原则上只有在以上强制性替代性措施无法应对和救济公司僵局的情形下，才考虑作出公司司法解散裁决以应对和救济公司僵局，从而可以更好地限制公司司法解散制度的适用，避免该制度适用甚至滥用所引发的公司整体利益和社会公共利益受损的不利后果。

第三节　案例之研究启示

一、公司司法解散制度的适用应针对人合性公司与资合性公司予以区别对待

以公司的信用基础为标准可以将公司分为人合性公司、资合性公司和人合兼资合公司。人合性公司，是指以股东个人条件和个人信用作为公司信用基础的公司，无限公司是典型的人合性公司，狭义的人合性公司仅指无限公司。因为，无限公司的股东须以其全部财产对公司债务承担无限连带责任，股东的个人财力等个人信用情况构成公司的信用基础。我国《公司法》未规定无限公司，而是借鉴英美法系国家立法规定了普通合伙企业。学界一般认为，我国的普通合伙企业大体相当于大陆法系国家的无限公司。资合性公司，是指以公司资本和公司资产条件作为公司信用基础的公司，社会募集设立的股份有限公司尤其是上市公司是最典型的资合公司。因为，股份有限公司的股东无须对公司债务承担责任，公司资本和资产条件构成公司的信用基础。有限责任公司主要表现出资合公司的特点，但由于其股东人数有限并具有封闭性，因而带有一定的人合性，表现为股东之间的相互熟悉和相互信任关系是公司成立和存续的基础。因此，也可将有限责任公司归入广义的人合性公司范畴。人合兼资合公司，是指兼以股东个人信用和公司资本作为公司信用基础的公司，两合公司是典型的人合兼资合公司。因为，两合公司的无限责任股东须以其全部财产对公司债务承担无限连带责任，而有限责任股东无须对公司债务承担责任。故而，股东个人信用和公司资本共同构成人合兼资合公司的信用基础。同样我国《公司法》未规定两合公司，而是借鉴英美法系国家立法规定了有限合伙企业。学界一般认为，我国的有限合伙企业大体相当于大陆法系国家的两合公司。

根据我国《公司法》的相关规定，我国将公司分为有限责任公司和股份有限公司，即只承认股东承担有限责任的有限公司，不承认传统大陆法系国

家的无限公司和两合公司；反而借鉴英美法系国家的企业分类体系，规定了与无限公司与两合公司大体相当的普通合伙企业和有限合伙企业。根据股东人数的不同，我国公司法又将有限责任公司分为一人有限责任公司、国有独资公司两种股东为一人的有限责任公司类型和多人的有限责任公司类型，并对一人有限责任公司、国有独资公司这两种股东为一人的有限责任公司作出了特别规定。根据设立方式的不同，我国公司法又将股份有限公司分为发起设立的股份有限公司和募集设立的股份有限公司。募集设立的股份有限公司又分为社会募集设立的股份有限公司和定向募集设立的股份有限公司；根据其股票是否获准在证券交易所上市交易，我国公司法还将股份有限公司分为上市公司与非上市公司。

股份有限公司尤其是社会募集设立的股份有限公司属于典型的资合性公司，股东之间的相互熟悉、相互信任关系不是其成立、存续和发展的必要基础。股东对外转让股权较为自由，尤其是社会募集设立的股份有限公司中的上市公司的股东还可以通过公开的证券交易市场顺利、快捷与便利地转让自己的股权从而退出公司，股东通过转让股权而退出公司的途径通畅。除资合性之外，股东人数的无限性是股份有限公司尤其是社会募集设立的股份有限公司的另一重要特征。各国公司法对于股份有限公司尤其是社会募集设立的股份有限公司股东均无最高人数的限制，社会募集设立的股份有限公司通过向不特定的社会公众公开发行股份和股票来筹集资本，任何人均可通过认购公司的股份而成为公司的股东，因此其股东人数众多且无限，股东之间股权高度分散。而且股份有限公司大都实行两权分离，股东一般不直接参与公司经营管理，股东兼任董事、经理等高级管理人员的情形较为少见。[1] 股东仅享有对公司的所有权，公司的经营管理权由董事会及董事会聘请的高管人员享有，公司所有权与经营管理权呈现出分离状态。在股份有限公司尤其是社会募集设立的股份有限公司中，不仅人数众多的股东之间不易发生因股东持

---

〔1〕 在股份有限公司尤其是募集设立的股份有限公司中，一般只有人数极少的发起人股东倾向于通过兼任董事、法定代表人、经理等高管人员的方式直接参与公司经营管理，也会积极参与股东大会决议行使对公司重要事务的决策权；而人数众多的认股人股东一般无能力也无动力通过兼任董事、法定代表人、经理等高管人员的方式直接参与公司经营管理，而且也无动力参加股东大会决议行使对公司重要事务的决策权。

股均衡而导致的先天性公司僵局,[1]而且股东通常并不兼任董事、经理等高级管理人员,股东、董事及经理等高级管理人员这些公司成员之间产生严重争议、冲突和对抗的频率和数量也大大降低,因公司成员之间严重争议而产生的后天性公司僵局也不易发生。一旦公司僵局发生,基于股份有限公司的资合性特征,股东之间的相互熟悉、相互信任关系即使严重削弱甚至完全丧失,也不会实质影响和危及股份有限公司的存续和发展,对股份有限公司股东的利益不会造成较大损害。质言之,在股份有限公司中,不仅公司僵局较少发生,而且公司僵局的危害性较为轻微,加之股东通过转让股权而退出公司的途径顺畅,利用公司司法解散制度来破解股份有限公司僵局以保护股东利益的必要性大大减小。因此,法官在面对股份有限公司尤其是社会募集设立的股份有限公司中的上市公司的司法解散诉讼时,对于作出解散公司的裁决态度应更加谦抑和慎重,较少考虑和倾向于作出解散公司的裁决,以平衡和兼顾起诉股东与其他股东之间、股东与股东之外的公司其他利益相关者之间的利益。

不同于股份有限公司尤其是社会募集的股份有限公司,有限责任公司属于广义的人合性公司,股东之间的相互熟悉、相互信任关系是其成立、存续和发展的必要基础。为维系有限责任公司股东之间的人合性,我国《公司法》对有限责任公司股东对外股权转让进行了较大的限制,有限责任公司股东通过转让股权而退出公司的途径大大受限。除人合性之外,股东人数的有限性是有限责任公司的另一重要特征。各国《公司法》对于有限责任公司大多规定了股东最高人数的限制,[2]有限责任公司不能通过向不特定的社会公众公开发行股份和股票来筹集资本,只能向数量有限的股东筹集资本。因此,有限责任公司股东人数较少且有限,股东之间股权集中。有限责任公司股东人数的有限性导致其股东人数较少,规模较小,是小型企业和家族性企业首选的公司类型。而且有限责任公司倾向于实行两权合一,股东通常直接参与公司经营管理,股东兼任董事、经理等高级管理人员的情形非常多见。股东既享有对公司的所有权,也享有对公司的经营管理权,公司所有权与公司经营管理权均由同一主体享有,公司所有权与经营管理权呈现出合一状态。因此,

---

〔1〕 因此,在股份有限公司尤其是社会募集设立的股份有限公司中,即使可能出现董事会和经营管理者层面上的公司僵局,但不太可能出现股东大会层面上的公司僵局。

〔2〕 根据我国《公司法》第24条的规定,有限责任公司由50个以下股东出资设立。

在有限责任公司中，不仅人数较少的股东之间易发生因股东持股均衡而导致的先天性公司僵局，而且因股东通常兼任董事、经理等高级管理人员，股东、董事、经理等高级管理人员这些公司成员之间产生严重争议、冲突和对抗的频率和数量也大大增加，因公司成员之间严重争议而产生的后天性公司僵局也较易发生。一旦公司僵局发生，股东之间的相互熟悉、相互信任关系将严重削弱甚至完全丧失，这会极大地影响和危及有限责任公司的存续和发展，最终严重损害有限责任公司股东的利益。质言之，在有限责任公司中，不仅公司僵局更易发生，而且公司僵局的危害性更为严重，加之股东通过转让股权而退出公司的途径受限，利用公司司法解散制度来破解有限责任公司僵局以保护其股东利益的必要性大大增加。因此，法官在面对有限责任公司司法解散诉讼时，应较多地考虑和倾向于作出解散公司的裁决，以倾斜和有效保护遭受公司僵局损害的起诉股东的利益。

二、基于企业维持原则严格限制公司司法解散制度的适用范围

企业维持原则是商法的基本原则之一，其含义是鉴于企业涉及众多利益相关者的利益和社会公共利益，商法通过各种制度手段确保企业组织的稳定、协调和健康发展，尤其是通过各种制度安排尽力维持其存续，以保护企业众多利益相关者的利益和社会公共利益。例如，《中华人民共和国企业破产法》（以下简称《破产法》）规定了破产和解和破产重整制度，这两项制度都具有挽救已具有破产原因的企业，尽力使其得以存续的功能，充分体现了企业维持原则的精神。又例如，各国公司法学理和立法大都确立了公司设立瑕疵原则上不影响公司法律人格的规则，所谓设立瑕疵，是指公司设立过程中的各种违法行为。为贯彻企业维持原则，公司设立瑕疵原则上不会导致已成立的公司设立无效或被强制解散而否认其法律人格。只有在公司设立瑕疵极为严重且无法补救的情形下，才会导致已成立的公司设立无效或被强制解散等否认其法律人格的法律后果。

公司司法解散制度作为公司僵局的重要解决途径和救济措施之一，其并非公司僵局有效解决和事后救济的唯一性和首选性途径与措施，相反，公司司法解散之外的替代性途径与措施是解决和救济公司僵局的前置性和优位选择性途径与措施，而公司司法解散制度是解决和救济公司僵局的后置性和劣位选择性途径与措施，这就是公司僵局解决的"穷尽一切其他救济原则"，我

国《公司法》第 182 条将其表述为"通过其他途径不能解决的"。

"穷尽一切其他救济原则"的实质是将用尽其他一切柔性替代性救济途径和措施作为适用公司司法解散这种刚性救济途径和措施的前置条件与程序，股东只有在采取公司司法解散之外的一切其他救济途径和措施仍不能解决公司僵局时，才能诉诸法律后果严苛和不可逆转的救济措施——公司司法解散制度来破解公司僵局、保护自己的利益。相应法院受理股东提起的公司司法解散诉讼之后，一方面，必须重点审查股东是否穷尽公司司法解散之外的其他救济途径和措施；另一方面，必须采取调解等有效措施促成当事人以公司司法解散之外的其他柔性替代性救济途径和措施解决公司僵局，不能直接和径行判决解散公司。该原则的理据在于，公司司法解散属于强制解散、非自愿解散范畴，与自愿解散须以股东协商一致和同意为条件不同，公司司法解散只需持有一定表决权比例的部分股东向法院申请，经法院裁判即可单方解除公司。因此，司法解散公司不仅涉及作为申请人的部分股东利益，还涉及其他股东利益、公司整体利益以及股东之外的公司职工、债权人等社会公共利益。根据企业维持原则，为了均衡保护所有股东的利益以及公司所有利益相关者的利益，防止部分股东滥诉、损害公司整体利益和社会公共利益，对于公司司法解散这种刚性制度的适用必须加以较大限制，法官裁决司法解散公司以救济公司僵局应保持谦抑态度并极为慎重，一者应当适度严格公司司法解散制度的适用条件和适用范围；二者应当强调公司司法解散制度的劣后适用顺序，要求公司股东必须优先选择公司司法解散之外的其他柔性替代性途径和措施，只有在其他替代性救济途径和措施无法采取或者不能奏效的条件下，才能适用公司司法解散这种刚性途径和措施来解决和救济公司僵局。有学者精辟地指出，"判决解散公司，与其说是打破公司僵局的手段，莫如说是一种法律威慑"，[1]笔者深以为然，司法解散制度作为一种劣后选择性和过于刚性的法律制度，其真正和实际适用的情形并不多，更多情况下它是迫使公司成员自愿采取各种柔性替代性措施解决公司僵局的制度后盾和制度威慑。在本指导性案例中，原告林方清在提起公司司法解散诉讼之前，已通过其他途径试图化解与戴小明之间的矛盾，服装城管委会也曾组织双方当事人调解，但双方仍不能达成一致意见。两审法院也基于慎用司法手段强

---

[1] 参见叶林：《公司法研究》，中国人民大学出版社 2008 年版，第 370 页。

制解散公司的考虑，积极进行调解，但均未成功。因此，本案情形可认定为已穷尽其他救济措施，二审法院撤销一审判决，依法改判解散凯莱公司是正确和恰当的。

三、公司章程条款设计与公司僵局的事前预防和事后救济

鉴于公司僵局对于股东利益的直接和严重损害性以及对于公司整体利益、股东之外的其他公司利益相关者利益的间接损害性，对于公司僵局不仅应予事后性的解决和救济，更应着重于事前性的避免和预防，防患于未然，尽量减少公司僵局发生的频率和数量，才能有效保护公司众多利益相关者的利益和社会公共利益。因此，对公司僵局进行事前预防极具必要性。如前所述，先天性公司僵局较易发生于股东人数较少的有限责任公司，是由股东人数较少（最少为两个股东）的股东持股比例集且对等所造成。此时，由于两个或较少人数的股东在股东会决议时所拥有的表决权相同，当这些股东对于决议事项意见相左、各持己见时，则会因其表决权比例持平、对峙而无法作出有效决议。实际上，对于先天性公司僵局公司可以通过在公司章程中设计相应条款进行有效预防。例如，在公司章程中规定若股东之间因表决权比例持平而无法作出有效决议而导致公司僵局产生时，将最终决定权交由公司董事长、法定代表人或经理等高管人员，或者赋予这些公司重要成员以附加表决权甚至一票否决权。因此，通过公司章程条款的科学合理设计，对先天性公司僵局进行事前预防具备必要性和可行性，同时还具备高效性和经济性。

公司章程条款的科学合理设计不仅对公司僵局能起到事前预防的作用，而且也有利于公司僵局事后救济顺利、有效地开展。具体而言，可预先在公司章程中约定公司僵局的事后救济程序和措施，一旦公司僵局产生，全体股东即应按照公司章程中规定的事后救济程序和措施应对公司僵局，从而可以大大提高公司僵局事后救济的效率和效果。例如，在公司章程中可预先约定强制转让股权、强制退股、强制收购股权和强制公司分立这些力度较强同时又能避免公司解散的强制性替代性公司僵局救济措施，这些条款约定将构成公司内部救济机制的重要内容，因此在股东提起公司司法解散诉讼时，只有在股东用尽这些内部救济措施的前提下，法院才会考虑作出解散公司的裁决，

从而可以大大限制公司司法解散制度的适用范围。[1]这种做法一方面可有力地保护遭受公司僵局严重损害的股东的合法利益，另一方面也兼顾了其他股东利益、公司整体利益和社会公共利益。

值得思考的一个相关问题是，公司章程可否约定限缩或者排除公司司法解散制度的适用？笔者认为，公司司法解散制度的性质属于法定制度，其立法目的在于特殊和倾斜保护遭受公司僵局重大损害的股东尤其是处于弱势地位的中小股东的利益，加之在一股一票和资本多数决的公司核心制度框架下，公司章程的制定和修改实际上大都为大股东所控制和操纵。因此，法律关于公司司法解散制度的规定属于强行性规范，公司当事人不得以公司章程的约定对其适用予以限缩或者排除。

四、区分公司司法解散诉讼的受理条件和裁判条件

关于我国《公司法》第182条规定的公司司法解散制度的适用条件存在着两个方面的争议，其一，我国《公司法》第182条规定的公司司法解散制度的适用条件是两项还是三项？有较多学者认为，我国《公司法》第182条规定的公司司法解散制度的适用必须分别满足三项条件，即"公司经营管理发生严重困难""继续存续会使股东利益受到重大损失""通过其他途径不能解决"。而笔者认为，我国《公司法》第182条规定的公司司法解散制度的适用条件只有两项，表面上看，所谓"公司经营管理发生严重困难""继续存续会使股东利益受到重大损失"是两项条件，而实质上是一项条件。如前所述，公司僵局的存在是公司司法解散制度的首要适用条件，而公司僵局是指公司管理僵局，具体而言，是指由于公司成员之间的争议和矛盾，导致公司经营管理发生严重困难，公司经营管理机制完全失灵或陷入瘫痪的事实状态。公司僵局表现为公司经营管理机制的失灵和瘫痪，其一旦形成并继续存续必然会导致股东利益的直接和重大损害，因此"继续存续会使股东利益受到重大损失"作为公司僵局的直接后果和内在特征，是公司僵局的重要判断标准之一。"公司经营管理发生严重困难"与"继续存续会使股东利益受到重大损失"同时指向"公司僵局的存在"这同一项条件，两者应予合并。简言之，公

---

〔1〕 这样即使立法上未确立强制转让股权、强制收购股权和强制公司分立这些强制性替代性公司僵局救济制度，也可通过股东的意思自治和公司章程的授权发挥这些制度的功能和作用。

司司法解散制度的适用只需满足"公司僵局的存在"、公司僵局"通过其他途径不能解决"这两项条件；股东提起公司司法解散诉讼，只需举证证明公司僵局的存在即可，无需举证证明公司僵局的形成和继续存续已经或即将导致其利益受到重大损失，因为公司僵局的形成和继续存续必然会导致股东利益受损。

其二，我国《公司法》第182条规定的公司司法解散制度的适用条件是程序法上的受理条件还是实体法上的裁判条件？对此主要有两派观点，第一派观点认为，我国《公司法》第182条规定的公司司法解散制度的适用条件是法院受理股东提起的公司司法解散诉讼的实质必要条件，法院须对公司是否具备这些条件进行立案审查，不具备这些条件的不予受理。该派观点的理由主要建立在我国《公司法》第182条以及《公司法解释（二）》第1条规定的文字表述及对这些文字表述的文义解释之上，我国《公司法》第182条明确规定当"公司经营管理发生严重困难，继续存续会使股东利益受到重大损失，通过其他途径不能解决"时，"持有公司全部股东表决权百分之十以上的股东"才有权"请求人民法院解散公司"，而《公司法解释（二）》第1条中更是明确使用了"应予受理""不予受理"的文字表述。由此可见，我国《公司法》第182条规定的公司司法解散制度的适用条件是法院受理公司司法解散诉讼的条件。第二派观点认为，我国《公司法》第182条规定的公司司法解散制度的适用条件是法院裁判解散公司的实质必要条件，不是法院受理公司司法解散诉讼的条件。法院审理和作出解散公司的裁判必须以公司具备公司司法解散制度适用条件为前提要件，法院在审理股东提起的公司司法解散诉讼时，应对公司是否具备这些条件进行审查，只有当公司具备这些条件时法院才能作出解散公司的裁判；公司不同时具备这些条件的，法院不能作出解散公司的裁判。而法院在受理公司司法解散诉讼案件时，只需股东在提起公司司法解散诉讼时声称其诉讼符合《公司法》第182条规定的公司司法解散制度的适用条件并提供适当、一定的初步证据，法院就应受理股东的起诉，而无须实质性地审查股东起诉是否具备公司司法解散制度的适用条件。该派观点的主要理由是在公司司法解散诉讼的立案审查阶段，法院事实上根本不可能对股东是否具备公司司法解散制度的适用条件作出准确和清晰的判断；且若将《公司法》第182条规定的公司司法解散制度的适用条件理解为法官受理案件的条件，会违反"法官不得拒绝裁判民事案件"的法律理念，不利于对于遭受公司僵局损害股东进行救济，公司司法解散制度的适用将被架空甚至成为一纸废文。

笔者认为，以上两派观点都有以偏概全之处。两派观点分歧的实质是对于《公司法》第182条规定的股东请求法院解散公司权利性质理解的不同，第一派观点将该权利的性质看作是作为公法的民事诉讼法上的诉权；第二派观点则将该权利的性质视为作为私法的公司实体法上的实体性权利。而事实上，股东请求法院解散公司权利的性质是股东基于根本违约或者情势变更而享有的单方解除公司契约的法定权利，属于形成权范畴，并且是形成权中的形成诉权这一类型。形成诉权是一种特殊的形成权，其特殊性在于权利行使的方式具备特殊性——形成诉权的权利主体必须以司法途径行使其形成权，即权利人只能通过向法院提起诉讼的方式行使形成权。这样做的目的在于通过对形成权人形成权行使方式的限制，避免民事法律关系长期处于不确定状态，保护形成权之相对人和第三人的利益。因此，形成诉权具有复合性，其既属于实体法上的实体性权利，也属于程序法上的诉权。故而，我国《公司法》第182条规定的公司司法解散制度的适用条件既是程序法上的受理条件也是实体法上的裁判条件。面对股东提起的公司司法解散诉讼，法官在立案审查时，必须对公司是否具备司法解散制度的适用条件进行形式审查和初步判断，要求股东对公司具备司法解散制度适用条件提供适当的初步证据。对于明显不符合司法解散制度适用条件的股东起诉应不予受理；对于有初步证据证明形式上基本具备司法解散制度适用条件的股东起诉则应予受理。法官在审理和裁判阶段，则必须对公司是否具备司法解散制度的适用条件进行严格审查和最终判断，要求股东对公司具备司法解散制度适用条件提供足够的有力证据。法官只有在公司完全具备司法解散制度的所有适用条件时，才能作出解散公司的裁决。这样既可以有效避免股东通过滥诉扰乱公司经营管理和损害公司整体利益；又能切实保护真正遭受公司僵局损害的股东的合法利益。

第二章 CHAPTER 2
公司人格否认之权威案例研究

第一节 案例之案情简介及法院判决

一、案情简介[1]

原告徐工集团工程机械股份有限公司（以下简称"徐工机械公司"）诉称：成都川交工贸有限责任公司（以下简称"川交工贸公司"）拖欠其货款未付，而成都川交工程机械有限责任公司（以下简称"川交机械公司"）、四川瑞路建设工程有限公司（以下简称"瑞路公司"）与川交工贸公司人格混同，三个公司实际控制人王永礼以及川交工贸公司股东等人的个人资产与公司资产混同，均应承担连带清偿责任。请求判令：川交工贸公司支付所欠货款10 916 405.71元及利息；川交机械公司、瑞路公司及王永礼等个人对上述债务承担连带清偿责任。

被告川交工贸公司、川交机械公司、瑞路公司辩称：三个公司虽有关联，但并不混同，川交机械公司、瑞路公司不应对川交工贸公司的债务承担清偿责任。王永礼等人辩称：王永礼等人的个人财产与川交工贸公司的财产并不混同，不应为川交工贸公司的债务承担清偿责任。

法院经审理查明：川交机械公司成立于1999年，股东为四川省公路桥梁工程总公司二公司、王永礼、倪刚、杨洪刚等。2001年，股东变更为王永礼、李智、倪刚。2008年，股东再次变更为王永礼、倪刚。瑞路公司成立于2004年，股东为王永礼、李智、倪刚。2007年，股东变更为王永礼、倪刚。川交工贸公司成立于2005年，股东为吴帆、张家蓉、凌欣、过胜利、汤维明、武

---

[1] 该案为最高人民法院15号指导性案例，案件全称为徐工集团工程机械股份有限公司诉成都川交工贸有限责任公司等买卖合同纠纷案。

竟、郭印，何万庆 2007 年入股。2008 年，股东变更为张家蓉（占 90% 股份）、吴帆（占 10% 股份），其中张家蓉系王永礼之妻。在公司人员方面，三个公司经理均为王永礼，财务负责人均为凌欣，出纳会计均为卢鑫，工商手续经办人均为张梦；三个公司的管理人员存在交叉任职的情形，如过胜利兼任川交工贸公司副总经理和川交机械公司销售部经理的职务，且免去过胜利川交工贸公司副总经理职务的决定系由川交机械公司作出；吴帆既是川交工贸公司的法定代表人，又是川交机械公司的综合部行政经理。在公司业务方面，三个公司在工商行政管理部门登记的经营范围均涉及工程机械且部分重合，其中川交工贸公司的经营范围被川交机械公司的经营范围完全覆盖；川交机械公司系徐工机械公司在四川地区（攀枝花除外）的唯一经销商，但三个公司均从事相关业务，且相互之间存在共用统一格式的《销售部业务手册》《二级经销协议》、结算账户的情形；三个公司在对外宣传中区分不明，2008年 12 月 4 日重庆市公证处出具的《公证书》记载：通过因特网查询，川交工贸公司、瑞路公司在相关网站上共同招聘员工，所留电话号码、传真号码等联系方式相同；川交工贸公司、瑞路公司的招聘信息，包括大量关于川交机械公司的发展历程、主营业务、企业精神的宣传内容；部分川交工贸公司的招聘信息中，公司简介全部为对瑞路公司的介绍。在公司财务方面，三个公司共用结算账户，凌欣、卢鑫、汤维明、过胜利的银行卡中曾发生高达亿元的往来，资金的来源包括三个公司的款项，对外支付的依据仅为王永礼的签字；在川交工贸公司向其客户开具的收据中，有的加盖其财务专用章，有的则加盖瑞路公司财务专用章；在与徐工机械公司均签订合同、均有业务往来的情况下，三个公司于 2005 年 8 月共同向徐工机械公司出具《说明》，称因川交机械公司业务扩张而注册了另两个公司，要求所有债权债务、销售量均计算在川交工贸公司名下，并表示今后尽量以川交工贸公司名义进行业务往来；2006 年 12 月，川交工贸公司、瑞路公司共同向徐工机械公司出具《申请》，以统一核算为由要求将 2006 年度的业绩、账务均计算至川交工贸公司名下。

另查明，2009 年 5 月 26 日，卢鑫在徐州市公安局经侦支队对其进行询问时陈述：川交工贸公司目前已经垮了，但未注销。又查明徐工机械公司未得到清偿的货款实为 10 511 710.71 元。

二、法院判决

江苏省徐州市中级人民法院于 2011 年 4 月 10 日作出 (2009) 徐民二初字第 0065 号民事判决：1. 川交工贸公司于判决生效后 10 日内向徐工机械公司支付货款 10 511 710.71 元及逾期付款利息；2. 川交机械公司、瑞路公司对川交工贸公司的上述债务承担连带清偿责任；3. 驳回徐工机械公司对王永礼、吴帆、张家蓉、凌欣、过胜利、汤维明、郭印、何万庆、卢鑫的诉讼请求。宣判后，川交机械公司、瑞路公司提起上诉，认为一审判决认定三个公司人格混同，属认定事实不清；认定川交机械公司、瑞路公司对川交工贸公司的债务承担连带责任，缺乏法律依据。徐工机械公司答辩请求维持一审判决。江苏省高级人民法院于 2011 年 10 月 19 日作出 (2011) 苏商终字第 0107 号民事判决：驳回上诉，维持原判。

第二节 案例之相关问题研究

一、公司人格否认制度概述

(一) 公司人格否认制度的概念和特征

公司人格否认制度是各国公司法普遍实行的一种债权人保护制度，英美法系国家将之形象地称为"揭开公司面纱"或者"刺破公司面纱"，德国法理将之称为直索责任和透视法理，日本及我国理论界习惯将之称为公司人格否认或公司人格剥夺。借鉴各国公司立法及司法实践中的这一成熟做法，我国《公司法》第 20 条第 3 款规定："公司股东滥用公司法人独立地位和股东有限责任，逃避债务，严重损害公司债权人利益的，应当对公司债务承担连带责任。"《中华人民共和国民法总则》(以下简称《民法总则》) 第 83 条第 2 款也规定："营利法人的出资人不得滥用法人独立地位和出资人有限责任损害法人的债权人利益。滥用法人独立地位和出资人有限责任，逃避债务，严重损害法人的债权人利益的，应当对法人债务承担连带责任。"从而在我国一般性和概括性地规定和确认了公司法人人格否认制度和营利法人人格否认制度。

所谓公司人格否认，是指当公司股东等主体滥用公司独立人格制度致使公司债权人利益、社会公共利益或国家利益等严重受损时，为了保护和救济公司债权人利益、社会公共利益和国家利益，在具体特定的法律关系中否认公司独立人格，要求公司股东等主体对公司债务以及其他公司义务承担连带责任的制度。由此可见，公司人格否认制度的实质是在具体特定的法律关系中，否认和无视公司独立人格，从而否认和无视该前提下的公司独立责任和股东等主体的有限责任，要求公司股东等主体对公司债务等公司义务承担连带责任；并非真正地、全面地剥夺公司的法人资格而导致公司法人资格的丧失。有些学者认为，公司人格否认的实质并非真正地、全面地剥夺公司的独立人格而导致公司法人资格的丧失，而是在特定个别的法律关系中否认和无视公司的独立责任和股东等主体的有限责任，从而要求公司股东等主体对公司的债务以及其他公司义务承担连带责任。因此，公司人格否认的用语和称谓词不达意、名不副实，容易造成不必要的误解，不宜采用。笔者认为，鉴于该用语已经约定俗成、使用广泛；且用语浅显直白，清晰地表明了公司人格否认是在特殊和例外情况下，对作为公司制度核心的公司独立人格制度以及该制度必然推导的公司独立责任和股东等主体有限责任制度的个案性地排除和否定，较准确地揭示了该制度的实质以及与公司独立人格制度之间的关系，可予沿用。

与公司法中其他债权人保护制度如公司资本制度和公司治理制度不同，公司人格否认制度具有以下明显的几方面特征，其一，效力的个别性和个案性。公司人格否认制度适用的法律效力并非真正地、实质性地撤销或剥夺一个公司的法人资格，也并非针对公司一切债权债务关系和其他法律关系全盘性地、永久地、绝对地否认公司独立责任和股东有限责任从而要求公司所有股东对公司所有债务承担责任。相反，公司人格否认制度适用的法律效力只具有个别性和个案性，不具有普适性，只及于特定具体的公司债权人与公司股东等主体。具言之，只是在公司某个特定债权人与公司之间的特定具体的债权债务关系中，个案性地、一时地、相对地否认公司独立责任和股东有限责任制度，要求滥用公司独立责任和股东有限责任制度的特定股东等主体对该特定公司债权人的债务承担责任，而不及于该特定公司债权人之外的其他公司债权人，也不及于该特定股东之外的其他股东。其二，事后规制性和救济性。公司资本制度主要是通过保证公司资本的确定、充实和稳定事前预防性地保护公司债权人利益；公司治理制度主要是通过公司所有权与经营管理权两权分离机制，防止股东直接操纵公司，事前预防性地保护公司债权人利益，这两种制度都属于公司债权人保护和救济的事前预防性措施。而公司人格否认制度仅是对滥用公司独立责任和股东有限责任制度的股东等主体的一种事后规制手段，是对因滥用行为而遭受损失的公司债权人的一种事后救济措施，不具有事前预防性。

（二）公司人格否认制度的主要功能

如前所述，公司人格否认并不是对公司独立人格和独立责任予以根本性、全面性的否认，而是个案性、暂时地否认公司独立人格和独立责任，要求公司股东等主体对公司的某项特定债务承担责任，以规制和惩罚滥用公司独立人格和独立责任的股东等主体，保护和救济公司债权人的利益。因此，公司人格否认制度主要有两个方面的功能，第一，公司人格否认制度自始至终以维护公司独立人格制度为主要使命和价值追求，该制度是对公司独立人格制度被异化和被滥用的有力应对，是对公司独立人格制度的必要和有益的补充，两者相互配合从正反两个方面实现对公司独立人格制度的有力维护和严格遵守。公司独立人格制度的实质是通过赋予公司独立于其投资人即股东的法人资格和民事主体资格，从而要求公司对自己的债务独立承担责任，使作为股东的投资人免除对公司债务承担责任的义务和风险。因此，较个人独资企业和合伙企业这些古典企业，公司作为现代企业的最大优势在于极大地降低了投资者的投资风险，刺激了投资者的投资积极性，促进了企业的规模化发展。在个人独资企业和合伙企业这些古典企业中，企业本身不具有独立于投资者的独立法人资格，企业对自己的债务不能独立承担责任，投资者须对企业的债务承担无限责任或者无限连带责任，[1]投资者的投资风险极大且不可预期，[2]极大地抑制和降低了投资者的投资积极性，不利于企业通过扩大投资而加快发展。而在作为现代企业的公司企业中，由于公司具有独立于其股东的独立法人资格，公司能对自己的债务独立承担责任，股东无须对公司的债务承担责任，这就是所谓的股东有限责任制度。

由此可见，公司独立人格是公司独立责任和股东有限责任的必要前提，

〔1〕 个人独资企业只有一个自然人身份的投资人，该投资人须对企业的债务承担无限责任；普通合伙企业的投资人均为普通合伙人，所有普通合伙人须对企业的债务承担无限连带责任；有限合伙企业的投资人为普通合伙人和有限合伙人，普通合伙人须对企业的债务承担无限连带责任，有限合伙人只需承担有限责任。

〔2〕 当投资者对企业债务承担无限责任或无限连带责任时，投资者并非以其投入到企业中的那部分财产对企业债务承担责任，而是以其全部个人财产对企业债务承担责任，因此其投资风险极大且不可预估范围。

公司独立责任和股东有限责任是公司独立人格的必然结果；股东有限责任的实质是股东对公司债务无须承担责任。因为在公司独立人格制度前提下，股东与公司是两个相互独立的民事主体，故而公司应对其债务独自承担责任，股东对公司债务无须承担责任。公司独立责任制度与股东有限责任制度实乃一体两面的同一制度，公司独立责任必然意味着股东有限责任，股东有限责任必然意味着公司独立责任。[1]公司的独立责任和股东的有限责任使得股东的投资风险较小且可以预期，股东仅须以其投入到公司中的那部分财产对公司债务承担责任，无须以其投资财产之外的其他个人财产对公司债务承担责任，股东的投资风险仅限于其投入到公司中的那部分财产。因此，公司独立人格制度下的公司独立责任制度和股东有限责任制度是公司制度的核心之一和魅力所在，必须得到坚守和贯彻。而公司的独立责任和股东的有限责任必须以公司独立人格为前提，只有当公司具有独立于其投资者的独立人格时，才能将公司与其投资者的责任相互隔离，要求公司对自己的债务独立承担责任，相应免除股东对公司债务的责任。一般认为，独立的意志和独立的财产是公司具备独立人格的两大必要条件和要素，所谓独立的意志是指公司具有独立于其股东的自己的意志，独立的财产是指公司具有独立于其股东的自己的财产，独立的意志和独立的财产是公司具有独立人格而独立承担责任的必要前提。[2]因

---

　　[1] 笔者认为，公司独立责任意味着公司之外的其他民事主体如公司股东、公司实际控制人、公司关联人以及董事、监事、经理等公司经营管理者无须对公司债务及其他义务承担责任，因此公司独立责任不仅可以推导出股东有限责任，还可以推导出公司实际控制人有限责任、公司关联人有限责任以及公司董事、监事、经理等公司经营管理者有限责任。

　　[2] 基于自然人的伦理地位和人格尊严，法律无条件地赋予一切自然人以独立人格和民事主体资格，自然人自出生之日起无条件地享有独立人格和民事主体资格。而法律赋予公司等法人组织体以独立人格和民事主体资格却是有条件的，须以公司等法人组织体具有与其投资者或设立者相独立的意志和财产为条件，因此，虽然公司等法人组织体是社会的现实存在，但法律赋予公司等法人组织体以独立人格仍然带有一定的拟制性和工具性，法人实在说与法人拟制说都是合理诠释法人本质的必要理论工具。那么在独立意志与独立财产这两个要素中哪一个要素才是公司独立人格要素中的实质要素？对此问题学界观点不一。笔者认为，独立财产是公司独立人格要素中的实质要素，法律赋予公司法人以独立人格的初衷和目的在于隔离公司股东与公司法人之间的债务责任，让公司法人独立地对其债务承担责任，免除公司股东对公司债务的责任，以降低公司股东的投资风险从而刺激和鼓励投资。但为了适度减轻和矫正公司独立人格前提下的公司独立责任和股东有限责任对于公司债权人不利的弊端，必须将公司具有与其经营规模和经营风险基本匹配的独立财产以确保公司基本的偿债能力作为公司享有独立人格的必要条件。因此，在独立的财产与独立的意志这两大公司独立人格要素中，独立的财产才是实质性的终极要素，独立的意志只不过是保证公司具有独立财产的必要条件和手段而已。

此，当股东滥用公司独立人格制度而导致公司丧失独立的意志或（和）独立的财产时，应否认公司独立人格以及公司独立责任和股东有限责任，要求股东对公司债务承担责任，以实现对公司独立人格制度的严格遵守和有力维护。

第二，公司人格否认制度可以有效地弥补和矫正公司独立人格制度对债权人保护不力的缺陷和弊端，实现公司股东利益与债权人利益的平衡和兼顾。公司独立人格制度前提下的公司独立责任和股东有限责任制度作为公司的核心制度，极大地降低了股东的投资风险，刺激了股东的投资热情，有利于公司的规模化发展，其优点和正面效应极其明显；但是毋庸置疑，公司独立人格制度前提下的公司独立责任和股东有限责任制度并未实质性地降低社会整体风险，只是将股东应承担的部分投资风险转移给了公司债权人，因此该制度不可避免地具有对债权人保护不力的缺陷和弊端。为了有效弥补和矫正公司独立人格制度的内在缺陷和弊端，保护和救济公司债权人利益，实现对公司股东利益与债权人利益的平衡和兼顾，公司法构建了诸多相关配套制度以应对以上问题，公司人格否认制度正是其中之一。公司人格否认制度通过个案性地否认公司独立人格和独立责任，要求滥用公司独立人格的特定股东等主体对公司特定债务承担责任，从而规制和惩罚了实施滥用行为的特定股东等主体，保护了受滥用行为严重损害的特定债权人利益，实现股东与公司之间责任的再分配，一定程度上可以弥补和矫正公司独立人格制度对债权人保护不力的内在缺陷和弊端。

二、关于公司人格否认制度的理论依据问题

关于公司人格否认制度的理论依据学界有较大的争议，英美公司法学者从英美判例法中主要归纳出了同一说、代理说和工具说三种学说。其中同一说又称为另一自我说，该说认为，公司和股东虽然在法律和形式层面上属于相互独立的两个不同的民事主体，但在事实和实质层面上，尤其是股东有滥用公司独立人格前提下的公司独立责任和股东有限责任制度情形时，股东作为公司的设立者和控制者与公司属于同一民事主体，或者公司实际是股东的另一自我，公司的对外债务责任本应就是股东的责任，股东理应对公司的对外债务承担责任。代理说则认为，股东作为公司的设立者和最终控制者，其与公司之间存在着被代理人与代理人之间的紧密联系，形式上公司是以自己的名义独立地对外进行营业和从事各种商行为，事实上股东有滥用公司独立

人格前提下的公司独立责任和股东有限责任制度情形时，公司是以股东代理人的身份对外进行营业，因此营业所产生的债务应由作为被代理人的股东承担。工具说则认为，公司和股东虽然在法律和形式层面上属于相互独立的两个不同的民事主体，但在事实和实质层面上公司只是股东实现自身目的和个人利益的工具和外衣，尤其是在股东滥用公司独立人格前提下的公司独立责任和股东有限责任制度情形下，公司完全沦为股东实现自身不正当目的和非法目的的工具和傀儡，而丧失其人格独立性。此时不应再强调公司对其债务的独立责任，而应由股东对公司债务承担连带责任。

　　笔者认为，英美法系国家学理上的以上三种学说均是建立在关于法人实质的法人拟制说的基础之上。按照法人拟制说的观点，民事主体只限于自然人，自然人之外的组织体均不具备独立的民事主体资格。因此，法人仅仅是一种观念上和想象中的存在，并非社会中现实存在的实体。只是因为法律基于某种政策考量才将人的集合或者财产的集合构成的组织体拟制为民事主体，赋予这些组织体以独立于其投资者或者设立者的法律人格。在法人拟制说的观点之下，法人包括公司法人只是法律拟制的形式上和名义上的民事主体，并非如自然人那样是社会中现实存在的事实上的民事主体。因此，股东与公司法人之间的人格独立性不过是法律拟制的结果，事实上尤其是在股东滥用公司独立人格前提下的公司独立责任和股东有限责任制度情形存在时，股东与公司法人的责任并非真正独立而相互区隔，股东仍须对公司的债务承担责任。

　　而我国学界关于法人实质的主流观点是法人实在说，法人实在说认为，法人是一种社会现实中的客观存在，除自然人之外，社会现实中存在着各种各样人的集合或者财产的集合构成的组织体。为了便于统一和高效地对外从事各种活动，这些组织体通常是以组织体的名义而不是以人数众多繁杂的投资者或者设立者的名义对外从事活动，具有相对或者绝对独立于其投资者或者设立者的财产以及意志，法律正是基于这种社会现实存在以及某种政策考量，才赋予这些组织体以独立民事主体资格和法人资格，强调法人组织体的独立责任，免除法人组织体的投资者和设立者对公司债务的连带责任，法人成为自然人之外的第二类民事主体。由于法人实在说符合社会事实而成为关于法人实质问题的通说，如何在法人实质说的基础之上构建公司人格否认制度的正确理论基础，是民商法学学理上的一个重点和难点问题。

笔者认为，在坚持法人实在说的前提之下，民法上的诚实信用基本原则和禁止权利滥用原则可为公司人格否认制度提供正确的理论依据。通说认为，根据诚实信用这一民法基本原则，民事主体在从事民事活动时，应诚实守信，以善意的方式行使其权利和履行其义务，不得滥用权利及规避法律或合同规定的义务。因此，禁止权利滥用原则是诚实信用基本原则的主要内容和重要体现之一，是民事主体基于诚实信用原则应承担的法定义务。具体而言，禁止权利滥用原则又称为权利不得滥用原则，其含义是民事主体在行使民事权利时不得超越正当合理的界限，不得损害特定第三人利益、社会公共利益和国家利益，否则将构成权利滥用，不受法律保护，并应承担不利的法律后果。

禁止权利滥用的观念起源很早，在罗马法中就有"任何人不恶用自己的财产，是国家利益之所在"的告诫，因此设有不少限制财产所有权的制度如役权。[1] 1804 年的法国《民法典》规定"用益权人滥用其用益权将导致用益权消灭"，这是立法上首次将禁止权利滥用作为法定义务，违反该法定义务须承担不利的法律后果。禁止权利滥用作为一项权利行使的具体原则，首见于1896 年的德国《民法典》，1919 年德国的《魏玛宪法》首开在宪法中规定禁止权利滥用原则的先河。至今禁止权利滥用原则在大多数国家和地区的宪法或民事法律中都得到了正式确认。我国《宪法》第 51 条也规定："中华人民共和国公民在行使自由和权利的时候，不得损害国家的、社会的、集体的利益和其他公民的合法的自由和权利。"通说认为，该条规定体现了禁止权利滥用原则的精神实质。[2] 我国《民法总则》第 132 条规定："民事主体不得滥用民事权利损害国家利益、社会公共利益或者他人合法权益"，从而在我国民事立法中首次明确规定了私法层面上的禁止权利滥用原则。

关于禁止权利滥用原则与诚实信用原则之间的关系问题，通说认为，禁止权利滥用原则是诚实信用原则的主要内容和重要体现之一，是民事主体基于诚实信用原则应承担的法定义务，因此，禁止权利滥用原则为诚实信用原则这一民法基本原则所包容，是后者的当然内容和应有之义。笔者对此予以

---

〔1〕 参见 [古罗马] 优士丁尼：《法学阶梯》，徐国栋译，中国政法大学出版社 1999 年版，第139 页。

〔2〕 笔者认为，禁止权利滥用原则有广义和狭义两种含义，广义的禁止权利滥用原则针对一切权利包括公法权利和私法权利，而狭义的禁止权利滥用原则仅针对私法权利即民事权利。我国宪法第51 条是关于公法层面上的公民权利不得滥用的规定，并非是私法层面上的民事权利不得滥用的规定。

赞同，禁止权利滥用原则要求权利主体行使权利不得超越正当的界限，此正当界限是指权利的行使不得损害特定第三人利益、社会公共利益和国家利益，权利的行使应保持个人之间及个人与社会、个人与国家之间的利益平衡。而诚实信用原则的本质在于要求民事主体在进行民事活动时，从善意的心理状态出发，诚实信用地进行民事活动，以实现个人利益之间以及个人利益与社会公共利益、国家利益之间的平衡和协调。诚实信用原则是对民事主体进行各项民事活动所提出的正面要求，当然也是民事主体行使权利、履行义务及承担责任应遵循的基本原则。行使权利违反诚实信用原则即超越权利行使的正当界限而构成权利滥用。因此，禁止权利滥用原则实为诚实信用这一民法基本原则的下位原则，是有关权利行使方面的具体原则，被诚实信用这一民法基本原则所包容，是诚实信用原则的当然内容和应有之义。

　　一般认为，禁止权利滥用原则具有两方面的突出功能和作用，其一，对权利行使加以合理和适度限制。权利表现为一定的行为自由，而任何一种自由都不是绝对的，其本身都包含着某种界限和限制，绝对的、无限制的自由不过是一种任性为之或主观妄想，在现实中是不存在的，更是对理性、正义和进步的否定。[1]因此，自由不是绝对的而是相对的，绝对的个人自由将导致对他人自由的否定、社会根本秩序的崩溃。为了保障他人的自由以及大多数人的自由，必须对个人自由加以合理和适度的限制。在法治社会，法律也只能出于维护他人和大多数人自由的目的，特别是维护弱者的自由以维系基本的社会公平，才能对个人自由加以必要限制，所谓"自由只有为了自由本身才能被限制"；而且对个人自由加以限制必须源于法律的明文规定，所谓"法无禁止即自由"。同理，个人权利的行使不是绝对的行为自由，个人权利的行使应具有法定界限和合理限制，即个人权利的行使不得妨碍、损害特定第三人利益和以不特定多数第三人利益为表现形式的社会公共利益以及国家利益。由此可见，权利内含不得滥用的法定义务，禁止权利滥用原则正是对权利行使的合理和适度限制。法律对权利行使的限制，可分为特别限制和一般限制。[2]特别限制是法律以具体法律规则对某项权利的行使施加的具体限制；一般限制是法律以抽象的一般条款或法律原则对一切权利的行使施加的

---

〔1〕　参见赵万一：《民法的伦理分析》，法律出版社 2003 年版，第 113 页。
〔2〕　参加江平主编：《民法学》，中国政法大学出版社 2000 年版，第 86 页。

一般限制，禁止权利滥用原则属于对一切权利行使的一般限制。

其二，合理协调利益冲突和优化利益配置。每一个民事主体都享有各种民事权利，权利的享有和行使代表着一定利益获取的可能性和现实性。按照经济学的观点，社会资源是稀缺的，同理，资源中所蕴含的特定利益也是稀缺的。利益的稀缺性一方面导致人们相互之间对利益的无序占有和争夺现象即利益冲突，利益冲突可表现为个体利益之间的冲突，也可表现为个体与社会公共利益、国家利益之间的冲突；另一方面要求对资源及资源中蕴含的特定利益进行优化配置，以提高社会资源的利用效率。而禁止权利滥用原则正是协调利益冲突和优化利益配置的重要方法和工具，禁止权利滥用原则要求权利主体行使权利时不得超越正当界限，不得损害特定第三人利益、社会公共利益和国家利益，从而协调和平衡个体之间及个体与社会、个体与国家之间的利益冲突，进而完善和优化个体之间及个体与社会或国家之间的利益配置，最终提高整个社会对资源的利用效率。[1]

有少数学者对权利滥用这一概念的成立提出了质疑。例如法国学者普兰利认为，"滥用权利本身是个矛盾的字眼，权利是不可能被滥用的，当滥用的时候权利已经不再存在，它已经不是法律所承认的、在一定范围内使用的权利"。[2]笔者认为，权利滥用这一概念可以成立，权利滥用是不正当行使权利的一种类型和表现形式，但其不同于超越权限行使权利，权利主体行使权利超越权利本身的法定内容和权限范围相当于无权利和权利不存在，而权利滥用是建立在有权和权利存在的前提之下，其实质是权利人在行使权利中实施的一种违法行为，[3]是权利人在权利行使中违反了其负有的不得滥用权利损害其他主体利益这一法定义务而构成的违法行为，因而该权利人应对其滥用权利的违法行为承担相应的法律责任。禁止权利滥用原则要求权利主体行使权利时不得超越正当界限，不得损害他人利益、社会公共利益和国家利益，从而有利于协调和平衡个体之间及个体与社会、个体与国家之间的利益冲突，进而完善和优化个体之间及个体与社会、个体与国家之间的利益配置，最终提高整个社会对资源的利用效率。根据权利滥用行为的行使方式不同，权利

---

〔1〕 参见唐英："禁止权利滥用原则浅析"，载《贵州民族学院学报》（哲学社会科学版）2009年第5期。

〔2〕 转引自王利明：《民法总则研究》，中国人民大学出版社2003年版，第240~241页。

〔3〕 参见王利明：《民法总则研究》，中国人民大学出版社2003年版，第241页。

滥用行为的法律后果也不同。采用法律行为方式滥用权利，其法律后果为实施的法律行为本身无效；采用事实行为方式滥用权利，若造成特定第三人利益受损且符合侵权责任构成要件的，权利主体应承担侵权损害赔偿责任；若造成社会公共利益或国家利益受损且符合行政责任或刑事责任构成要件的，权利主体应承担相应行政责任或刑事责任。

　　具言之，在公司独立人格前提下的公司独立责任和股东有限责任是公司股东等主体依据法律享有的一种特殊权利和额外优惠，根据诚实信用原则和禁止权利滥用原则，股东等主体在享有和行使该项权利和优惠的同时负有不得滥用的法定义务。一旦股东等主体为谋取个人不正当利益滥用公司独立人格制度以及公司独立责任和股东有限责任制度，严重损害公司债权人利益、社会公共利益和国家利益，将构成股东等主体的权利滥用行为，股东等主体作为滥用者必须承担不利的法律后果——个案性地否定公司独立人格从而要求股东等主体承担相应民事责任，即对公司特定债务承担清偿责任或承担相应的行政责任、刑事责任。笔者认为，股东滥用公司独立责任和股东有限责任制度而损害公司特定债权人债权利益行为的性质实乃第三人侵害债权的侵权行为。所谓第三人侵害债权，是指因债权债务关系之外的第三人以故意损害债权人债权为目的实施的、致使特定债权人的债权部分或全部不得实现的侵害债权的侵权行为。传统侵权法理论认为，侵权行为是指第三人对于绝对权的侵害行为，而特定债务人之外的第三人对于债权这种相对权的侵害不构成侵权行为。但现代侵权法理论认为，基于债权的不可侵犯性，当债权债务关系之外的第三人干扰和阻碍债权人债权实现而间接地严重损害债权人利益时，第三人的行为将构成特殊的第三人侵害债权的侵权行为，第三人应当对债权人承担侵权损害赔偿责任，侵权损害赔偿的范围限于债权人因侵权行为而导致债权不能实现的部分。

　　与一般的侵权行为相比，第三人侵害债权的侵权行为的特殊性有两点，第一，侵害对象是债权这种相对权而不是绝对权；第二，较之债务人不履行债务行为的侵害直接性特点，第三人侵害债权对于债权的侵害具有间接性特点。在股东等主体滥用公司独立责任和股东有限责任制度而致使特定债权人债权部分或者全部不能实现的场合下，股东具有主观过错的权利滥用行为致使公司部分或完全丧失偿债能力或偿债财产、造成公司债权人债权完全或部分不能实现，股东等主体的此种权利滥用行为对于公司债权人债权的侵害和利益的损害具有间接性和可归责性，构成第三人侵害债权行为。公司债权人有权请求股东等主体对其债务承担责任，股东等主体作为公司之外的第三人和侵权人应对特定债权人承担侵权损害赔偿责任，具体的赔偿责任范围是股东等主体滥用行为导致特定债权人债权不得实现部分。因此，实施滥用行为的股东等主体应对特定债权人债权不能实现部分承担连带责任。债权人的此种请求权性质实属侵权请求权，因此应当受到诉讼时效的限制，该诉讼时效期间应自债权人知道或者应当知道股东等主体的滥用行为对其债权构成侵害之时起算，而不是从股东等主体实施滥用行为时起算。[1]

股东等主体滥用公司独立责任和股东有限责任制度而损害特定第三人人身权、财产权等绝对权或社会公共利益、国家利益行为的性质实乃股东等主体的一般侵权行为、行政违法行为甚至犯罪行为，股东等主体应承担相应的侵权民事责任、行政责任或刑事责任。例如，股东等主体滥用公司独立人格制度，违反出资义务或不正当控制公司致使公司资产严重不足或公司人格形骸化，且公司生产经营的产品存在严重缺陷造成少数、特定消费者人身财产损害或大量、不特定的消费者人身财产损害等社会公共利益损失的；或者公司生产环境和劳动条件恶劣造成少数、特定或大量、不特定的劳动者人身财产损害等社会公共利益损失的；又或者公司生产经营活动严重污染环境、破坏生态资源，造成少数、特定或大量、不特定的受害人人身财产损害等社会公共利益损失的，股东等主体应对特定或不特定的消费者、劳动者和受害人承担侵权民事责任，情节严重的，还应承担相应行政责任或刑事责任。

三、关于公司人格否认制度的适用对象问题

（一）公司股东作为公司人格否认制度的主要和典型适用对象问题

显然，根据公司法法理和我国《公司法》的有关规定，公司人格否认制度的主要和典型适用对象是公司股东。为什么将公司股东作为公司人格否认制度的主要和典型适用对象？笔者认为，主要有两个方面的理由。其一，公司股东作为公司这一社团法人的成员和最重要的利益相关者，是公司的创立者和投资者，股东向公司投入的财产是公司独立财产最原始和最重要的来源，而公司具有一定独立财产是其具有独立人格而对外独立承担责任的实质要素。

---

〔1〕 参见王林清：《公司纠纷裁判思路与规范释解》（下），法律出版社 2017 年版，第 1254 页。

公司股东向公司投入与公司规模和经营风险相匹配的一定财产、保证公司具有与其公司规模和经营风险相适应的独立财产而具备基本的偿债能力等履行义务能力，是其享有公司独立责任和股东有限责任制度优惠和权利的必要前提和法定义务，因此当公司股东不向公司投入财产或投入财产过少而造成公司资产与其公司规模和经营风险相比显著不足，并致使公司丧失履行义务能力造成债权人利益、社会公共利益或国家利益受损时，股东已不具备享有公司独立责任和股东有限责任制度优惠和权利的前提要件，实际上已构成对公司独立人格制度的滥用。此时理应对公司股东适用公司人格否认制度，个案性的否认公司独立人格，要求公司股东对公司债务承担责任。其二，尤其是公司股东中的控股股东和积极股东作为公司的创立者和投资者，凭借其对公司享有的股权不仅对公司享有利润分配请求权和剩余财产分配请求权，而且凭借其对公司的股权优势或经营管理者身份通常对公司享有控制权。因此，控股股东和积极股东有可能利用其对公司经营决策和经营管理的决定、参与和控制权，滥用公司独立人格制度、损害债权人利益以及社会公共利益或国家利益。而正当行使对公司的控制权、不滥用对公司的控制权以确保公司具有与其经营规模和经营风险相匹配的独立财产，是控股股东和积极股东享有有限责任优惠和权利的必要前提和法定义务，故而当控股股东和积极股东滥用对公司经营决策和经营管理的决定、参与和控制权时，控股股东和积极股东已不具备享有公司独立责任和股东有限责任制度优惠和权利的前提要件，将构成对公司独立人格制度的滥用，此时理应对公司控股股东和积极股东适用公司人格否认制度，个案性的否认公司独立人格，要求公司控股股东和积极股东对公司债务等义务承担责任。

鉴于公司股东对公司的重要作用和实质影响力，公司股东理应成为公司人格否认制度的主要和典型适用对象。按照是否对公司具有控制力，公司股东可以分为控制股东和非控制股东。控制股东是指依其股权优势或股权优势之外的其他方式和手段对公司经营决策和经营管理拥有控制力的股东。必须加以强调的是，控制股东与控股股东是两个联系紧密但又相互区别的概念，控制股东是指基于股权优势或者股权优势之外的其他方式如联营协议、兼任经营管理者等对公司拥有控制力而可以控制公司经营决策和经营管理的股东，控股股东是指依据股权优势对公司拥有控制力而可以控制公司经营决策和经营管理的股东。我国《公司法》第 216 条第（二）项将控股股东界定为其出资额占有限责任公司资本总额 50% 以上或者其持有的股份占股份有限公司股本总额 50% 以上的股东；出资额或者持有股份的比例虽然不足 50%，但依其出资额或者持有的股份所享有的表决权已足以对股东会、股东大会的决议产生重大影响的股东。由此可见，控制股东的概念大于控股股东，两者之间是种属概念之间的关系，控制股东既包括基于股权优势而对公司拥有控制力的控股股东，也包括基于股权优势之外的其他方式如联营协议、兼任经营管理者等对公司拥有控制力或者实质影响力的非控股股东。非控制股东是指对公司不拥有控制力的股东。按照是否兼任公司经营管理者，公司股东又可以分为积极股东和消极股东，积极股东是指兼任公司董事、监事、经理等高级管理人员的股东，消极股东是指不兼任公司董事、监事、经理等高级管理人员的股东。控制股东与积极股东之间是相互交叉的关系，控制股东可能同时是积极股东，积极股东也可能同时是控制股东；非控制股东与消极股东之间也是相互交叉的关系，非控制股东可能同时是消极股东，消极股东也可能同时是非控制股东。

有观点认为，只有控制股东和积极股东才是公司人格否认制度的主要和典型适用对象，非控制股东和消极股东并不是公司人格否认制度的适用对象。[1] 笔者认为，此种说法不够确切和周延。的确，由于公司股东中的控制股东对公司拥有控制力，公司股东中的积极股东对公司享有经营管理权或者经营监督权，较之非控制股东和消极股东其更有能力和机会滥用公司独立人格制度，损害公司债权人利益、社会公共利益和国家利益，控制股东和积极股东因而成为公司人格否认制度更为通常和多见的适用主体；但是，不能由此将非控制股东和消极股东排除在公司人格否认制度适用主体之外，包括控制股东、非控制股东与积极股东、消极股东在内的所有股东作为公司成员和公司的创立者、投资者，均负有向公司投入与公司经营规模和经营风险相匹配的一定财产、保证公司具有与其公司规模和经营风险相适应的独立财产的法定义务。当股东不向公司投入与公司经营规模和经营风险相匹配的一定财产或者不当控制公司，造成公司丧失与其规模和经营风险相适应的独立财产，则构成滥用公司独立人格以及公司独立责任和股东有限责任制度，此时应否定公司独立人格以及公司独立责任和股东有限责任，要求股东对公司债务承

---

〔1〕 参见刘俊海：《公司法》，中国法制出版社 2008 年版，第 461 页。

担责任。因此，所有的股东无论是控制股东还是非控制股东、积极股东还是消极股东，都是公司人格否认制度的典型和主要适用对象，只不过控制股东和积极股东是公司人格否认制度更为常见的适用对象。最高人民法院2003年草拟的《关于审理公司纠纷案件的若干问题的规定（一）（征求意见稿）》第48条规定："人民法院应当严格遵守公司法规定的公司独立人格和股东有限责任的原则，仅在具体法律关系中存在本规定所列的滥用公司人格的特定事由时，判令控制股东对公司债权人直接承担民事责任"，该规定仅仅将股东中的控制股东作为公司人格否认制度的适用对象，以偏概全而失之狭隘。《公司法》第20条正确地将所有公司股东包括控制股东和非控制股东均作为公司人格否认制度的适用对象，殊值赞同。

（二）公司实际控制人作为公司人格否认制度的扩展和补充适用对象问题

如前所述，公司股东作为公司投资者是公司人格否认制度的主要和典型适用对象。那么除公司股东之外，公司人格否认制度可否扩展和补充适用于非公司股东身份的公司实际控制人？公司实际控制人这一概念有广义、中义和狭义三种。广义的公司实际控制人包括所有能够实际支配公司行为而控制公司的人，而不管其是否具有股东身份或董事、经理等高级管理人员身份，也不管其控制公司是依据股权优势，还是经营管理者身份，抑或债权投资、经营或联营协议、人事安排等其他手段和方式。中义的公司实际控制人是指非股东身份而能够实际支配公司行为而控制公司的人。而狭义的公司实际控制人一般仅指非股东身份以及非董事、监事、经理等高级管理人员身份而能够实际支配公司行为而控制公司的人。

我国《公司法》第216条第（三）项将公司实际控制人界定为"虽不是公司的股东，但通过投资关系、协议或者其他安排，[1] 能够实际支配公司行为的人"；同时，我国《公司法》第216条第（二）和第（四）项分别对控股股东和关联关系进行了界定，其中将关联关系界定为"公司控股股东、实际控制人、董事、监事、高级管理人员与其直接或者间接控制的企业之间的关系，以及可能导致公司利益转移的其他关系"；并且《公司法》第21条在

---

〔1〕　笔者认为，此处的"投资关系"应指直接股权投资之外的其他投资关系如间接股权投资、债权投资等；"协议"主要是指控制契约即公司与其他公司或企业之间签订的其他公司或企业对其人事、财务或者经营加以支配或控制的契约如联营契约、营业委托契约、营业租赁契约等；"其他安排"主要是指特许安排、人事安排等投资关系及控制契约之外的其他控制手段和方式。

规定禁止公司关联人利用关联关系损害公司利益时将公司的控股股东、实际控制人、董事、监事、经理等高级管理人员并列作为公司关联人看待。[1]由此可见，我国公司法对实际公司控制人采狭义概念。在我国，公司实际控制人是指非股东身份以及非董事、监事、经理等高级管理人员身份的、能够实际支配公司行为而控制公司的人。公司实际控制人不包括股东身份的公司控制人如控股股东以及具有董事、监事、经理等高级管理人员身份的公司控制人。因此，公司实际控制人是与股东身份的公司控制人及董事、监事、经理等高级管理人员身份的公司控制人相并列的概念，两者的共同上位概念是公司控制人。故而，公司控制人可分为三类，第一类是股东身份的公司控制人即控制股东，控制股东既包括控股股东，也包括借助股权优势之外的其他手段能够实际控制公司的非控股股东；第二类是董事、监事、经理等高级管理人员身份的公司控制人；第三类是非股东身份及非董事、监事、经理等高级管理人员身份的公司控制人即公司实际控制人。公司实际控制人与控制股东以及董事、监事、经理等高级管理人员身份的公司控制人的区别主要在于两方面，一方面，是否具有股东身份和董事、监事、经理等高级管理人员身份的不同。公司实际控制人不具有股东身份和董事、监事、经理等高级管理人员身份，是股东以及董事、监事、经理等高级管理人员之外的能够控制公司的人；控制股东具有股东身份，是能够控制公司的股东；董事、监事、经理等高级管理人员身份的公司控制人具有董事、监事、经理等高级管理人员身份，是能够控制公司的董事、监事、经理等高级管理人员。另一方面，控制方式和手段的不同。公司实际控制人由于不具有股东身份和董事、监事、经理等高级管理人员身份，其控制公司只能采取股权优势以及对公司享有经营管理权、决策权和监督权之外的其他方式和手段如债权投资、经营或联营协议等；控制股东由于具有股东身份，其控制公司既可采取股权优势这一方式和手段，也可采取股权优势之外的其他方式和手段如经营或联营协议安排、兼任经营管理者、人事安排、近亲属关系等。董事、监事、经理等高级管理人员身份的公司控制人由于具有高级管理人员身份，因此其控制公司既可借

---

[1] 我国《民法总则》第84条也规定："营利法人的控股出资人、实际控制人、董事、监事、高级管理人员不得利用其关联关系损害法人的利益。利用关联关系给法人造成损失的，应当承担赔偿责任。"

助对公司的经营管理权、决策权和监督权，也可借助其他方式和手段如近亲属关系等。

公司董事、监事、经理等高级管理人员是否一定属于公司控制人？这一问题具有一定争议。笔者认为，公司董事、监事、经理等高级管理人员不一定是公司控制人，只有当这些主体借助其职务或者其他手段和方式而具备对公司的实际支配力时才属于公司控制人。对公司控制人的判断应坚持对公司具有实际支配力这一实质性标准。笔者认为，一方面，我国立法应采纳控制股东作为控股股东的上位概念，这样控制股东这一概念可以涵括借助持股优势控制公司的控股股东和借助持股优势之外的其他手段控制公司的非控股股东；另一方面，我国立法还应将公司实际控制人的概念由狭义扩展为中义并引入公司控制人这一上位概念。这样，公司实际控制人包括所有非股东身份的公司控制人。由此，股东身份的公司控制人即控制股东与非股东身份的公司控制人即实际控制人共同构成公司控制人这一上位概念。

笔者认为，公司实际控制人可以也应该适用公司人格否认制度。如前所述，公司人格否认制度是对公司独立人格制度异化和滥用的应对和矫正，任何主体只要滥用公司独立人格制度并造成公司债权人债权不能实现的客观损害后果，就可以并且应该适用公司人格否认制度，以制裁和惩罚滥用者、保护和救济公司债权人。公司实际控制人作为不具有股东身份的、能够实际控制公司的主体，有可能也有能力利用其对公司的实际控制力滥用公司独立人格制度，使公司事实上丧失独立人格并损害公司债权人利益、社会公共利益和国家利益。而正当行使对公司的实际控制权、不滥用对公司的实际控制权以确保公司具有与其经营规模和经营风险相匹配的独立财产是公司实际控制人享有公司独立责任优惠的必要前提和法定义务，因此，当公司实际控制人滥用其实际控制权致使公司资产严重不足或公司独立人格形骸化并造成公司债权人利益、社会公共利益和国家利益严重损失的，公司实际控制人已不具备享有公司独立责任制度优惠和权利的前提要件，将构成对公司独立人格制度的滥用，此时理应对公司实际控制人适用公司人格否认制度，要求其对公司债务等公司义务承担连带责任。因此，公司实际控制人可以也应该适用公司人格否认制度。

在本指导性案例中，被告王永礼虽然张家蓉不是作为债务公司的川交工贸公司的股东，但其与川交工贸公司的控股股东之间是夫妻关系，王永礼可以借助其与川交工贸公司的控股股东张家蓉（拥有川交工贸公司90%股份）之间的夫妻关系而实际控制川交工贸公司，因此，王永礼构成川交工贸公司的实际控制人；若其利用其对川交工贸公司的实际控制力滥用公司独立人格制度，并造成川交工贸公司债权人利益严重损害的，则应对川交工贸公司的债务承担责任。在本指导性案例中，王永礼利用其川交工贸公司的实际控制人的地位和身份，仅凭其个人签字以川交工贸公司的名义对外支付巨额款项，仅凭其个人签字作为川交工贸公司的具体用款依据，已构成公司实际控制人与公司之间人格混同的滥用公司独立人格制度的情形；且王永礼作为川交机械公司和瑞路公司的控股股东，以其妻子名义设立川交工贸公司的目的就在于通过设立这个空壳公司来承担川交机械公司和瑞路公司的债务。由于川交工贸公司这个空壳公司偿债能力严重欠缺，造成其债权人的债权无法实现，严重损害了川交工贸公司债权人的利益。因此，在川交工贸公司无力偿债、其债权人利益严重受损时，王永礼作为川交工贸公司的实际控制人应当对川交工贸公司的债务承担责任。

由于我国《公司法》第20条仅规定了公司股东作为公司人格否认制度的适用对象，若要将公司实际控制人作为公司人格否认制度的适用对象，必须运用一定的法律方法对我国《公司法》第20条进行扩展性适用操作。究竟可以运用何种法律方法将我国《公司法》第20条由公司股东扩展适用于公司实际控制人？关于这个问题主要有目的解释、类推适用和目的性扩张三种观点。第一种观点认为，运用目的解释方法对我国《公司法》第20条进行扩张解释操作即可将该条规定扩展适用于公司实际控制人。第二种和第三种观点均认为，将我国《公司法》第20条由公司股东扩展适用于公司实际控制人并非属于法律解释范畴，因为此种操作已超越了对公司股东这一概念的最大可能文义范围，不再属于法律解释范畴而落入法律漏洞填补的区域。这两种观点的不同之处在于，前一种观点认为，应采取类推适用方法对我国《公司法》第20条进行法律漏洞填补操作；后一种观点则认为，应采取目的性扩张方法对我国《公司法》第20条进行法律漏洞填补操作。

笔者赞同第三种观点，笔者认为，是否超越法律条文的最大可能文义范围是法律解释与法律漏洞填补这两种法律方法的基本界限和实质区别。法律解释操作必须在法律条文的最大可能文义范围内进行，法律解释的实质是

"在各种可能的语义中，确定恰当语义的活动"。[1]所谓法律条文之最大可能文义是指依据社会共同体的一般语言习惯或者特殊语言习惯，对某一法律条文用语可赋予的所有可能的含义。法律解释操作一旦超越法律条文的最大可能文义就不再属于法律解释范畴而进入法律漏洞填补领域，后者是指司法者针对个案特定事实对于法律条文的漏洞进行填充和弥补的创造性和造法性的司法适用活动。[2]因此，由于公司实际控制人与公司股东属于两个相互交叉的不同概念，将我国《公司法》第 20 条由公司股东扩展适用于公司实际控制人已超越了对公司股东这一用语的最大可能文义范围，这种操作不属于法律解释范畴，而已进入了法律漏洞填补区域。

类推适用与目的性扩张是具有一定相似性但又区别明显的两种不同的法律漏洞填补方法，两者的相同之处为均属于根据类似法律条文的立法目的对类似法律条文进行扩充适用的操作；但不同之处有两个方面，其一，两者操作的具体侧重点不同，前者侧重于基于类比思维的类似性判断，将扩充事实类型与法律条文规定的事实类型进行比较和对比，若两者在法律关系上具有类似性，则可将扩充事实类推适用于该法律条文。后者更侧重于类似法律条文的立法目的的判断和考量，若将扩充事实类型扩张适用类似法律条文符合该条文的立法目的，即可进行目的性扩张操作。其二，扩充事实类型与法律条文规定的事实类型之间的关系有所不同。前者要求扩充事实类型与法律条文规定的事实类型之间属于平等并列关系，两者之间不存在包含、递进等关系；[3]而后者要求扩充事实类型与法律条文规定的事实类型之间存在包含、递进等非平等并列关系。由于公司实际控制人与公司股东这两个概念之间不属于平等并列关系，而属于相互交叉关系的部分包含关系。因此，笔者认为，将我国《公司法》第 20 条由公司股东扩充适用于公司实际控制人这一操作的性质是目的性扩张而不是类推适用。

---

〔1〕 ［德］齐佩利乌斯：《法学方法论》，金振豹译，法律出版社 2009 年版，第 66 ~68 页。

〔2〕 参见唐英：《公司章程司法适用研究》，法律出版社 2016 年版，第 114 页、第 254 页。

〔3〕 参见王利明：《法学方法论》，中国人民大学出版社 2012 年版，第 506 页。

（三）关联公司等公司关联人作为公司人格否认制度的扩展和补充适用对象问题

1. 公司关联人与关联公司概念的界定

关联公司是公司关联人中的一种重要和常见类型，公司关联人又称为公司关联方，是指与公司之间存在着关联关系的自然人或者组织体，而关联关系是指公司关联人与公司之间因股权投资或者股权投资之外的其他因素而形成和存在着的某种控制关系或者实质影响关系。因此，公司关联人包括自然人关联人和组织体关联人如关联公司等关联企业。所谓关联公司，简言之，是指与其他公司之间存在着关联关系的公司。因此，两个以上相互之间存在着某种控制关系或者实质影响关系的具有独立法人资格的公司之间可以互称为关联公司，两个以上的关联公司共同组成关联公司联合体。必须指出的是，公司之间的关联关系既可基于股权投资因素如公司之间存在着控股与被控股关系、公司之间相互持股、公司为同一股东所控股或者持股等，也可基于股权投资之外的其他因素如表决权代理或信托因素、债权投资因素、资金借贷因素、联营合同、原材料购买或者销售经营协议安排、人事安排、公司股东或经营管理者之间的近亲属关系等而形成，[1]只要这种基于某种因素而形成的公司之间的关系达到控制或实质影响的程度即可构成关联关系，具有此种关联关系的两个以上的公司即可构成关联公司。换言之，公司之间的关联关系既可表现为公司之间的控制关系，即一个公司有权决定另一公司的财务和经营政策而控制该公司；也可表现为公司之间的实质影响关系，即一个公司有权参与决定另一个公司的财务和经营政策而实质影响该公司。在本指导性案例中，三个被告川交机械公司、瑞路公司、川交工贸公司是先后成立的三个具有法人资格的独立公司，其中川交机械公司和瑞路公司的控股股东均为王永礼；王永礼虽然不是川交工贸公司的股东，但其与川交工贸公司的控股股东张家蓉之间是夫妻关系，因此，王永礼构成川交工贸公司的实际控制人或实质影响人；并且王永礼同时兼任这三个公司的经理。显然，川交机械公司、瑞路公司、川交工贸公司这三个公司之间因受同一人控制或实质影响而

---

〔1〕 基于股权投资之外的其他因素形成的关联公司，较之基于股权投资因素形成的关联公司，其关联关系更加隐蔽且不易为人所知。因此在涉及此类关联公司的公司人格否认案件中，对于原告就关联关系存在的举证责任应适当降低要求。

联系紧密，相互之间属于关联公司之间的关系。

我国《公司法》第 216 条第（四）项将关联关系界定为"公司控股股东、实际控制人、董事、监事、高级管理人员与其直接或者间接控制的企业之间的关系，以及可能导致公司利益转移的其他关系"，该条规定中所谓"直接或者间接控制"指的就是控制关系，所谓"可能导致公司利益转移的其他关系"可理解为实质影响关系。相较而言，我国税法对于关联关系和关联公司的界定更为具体和细致，根据我国税法的相关规定，关联公司应当符合下列情形之一：（1）相互间直接或间接持有其中一方的股份总和达到 25% 或以上的；（2）直接或者间接同为第三者所拥有或控制股份达到 25% 或以上的；（3）公司与另一个公司之间借贷资金占公司自有资金 50% 或以上，或公司借贷资金总额的 10% 是由另一企业担保的；（4）公司的董事或经理等高级管理人员一半以上或有一名常务董事是由另一个公司所委派的；（5）公司的生产经营活动必须有另一个公司提供的特许权利（包括工业产权、专有技术等）才能正常进行的；（6）公司生产经营，购进原材料零配件等（包括价格及交易条件等）是由另一个公司所控制或供应的；（7）公司生产的产品或商品的销售（包括价格及交易条件等）是由另一个公司所控制的；（8）对企业生产经营、交易具有实际控制的其他的利益上具有相关联的关系，包括家庭、亲属关系等。

关联公司等公司关联人与公司控制人（包括公司控制股东、公司实际控制人）这两个概念之间的关系是一个值得探讨的问题，笔者认为，由于关联公司等公司关联人是指与公司之间存在着的某种控制关系或者实质影响关系的人，因此公司关联人既包括与公司之间存在着的某种控制关系的公司控制人（包括公司控制股东和公司实际控制人），还包括与公司之间存在着实质影响关系的公司实质影响人。显然，公司关联人与公司控制人（包括公司控制股东、公司实际控制人）之间是种属概念的关系，公司关联人概念的外延大于公司控制人（包括公司控制股东、公司实际控制人）。关联公司等公司关联人既可能是公司的控制人（包括公司控制股东、公司实际控制人），也可能是公司的实质影响人。

有些学者将关联公司又称为关系公司、公司联合或公司集团，笔者认为，关系公司的称谓过宽过泛、不够准确，不宜采用；而关联公司与公司联合、公司集团之间虽然联系紧密，但并非完全同一概念。公司联合又称为公司联营，是指两个以上的公司之间通过订立联营合同，相互之间建立某种业务上的联合经营与合作关系的法律行为，相互之间存在着某种业务上的联合经营和合作关系的公司之间可以互称为联营公司。值得注意的是，公司联营并未形成一个具有独立法律人格的统一实体，联营体本身并不具有自己的独立名义和独立财产，不得以自己的名义对外开展经营活动并独立对外承担责任；相反，各个联营公司均为具有独立法律人格的实体，具有自己的独立名义和独立财产，各自以自己的名义对外开展经营活动并独立对外承担责任；但是各个联营公司之间又因业务上的联合经营和合作关系而松散地联合在一起，各个联营公司之间的此种业务上的联合经营和合作关系若足够紧密和重要有可能导致形成控制关系或者重大影响关系，若不够紧密和重要则可能并不导致形成控制关系或者实质影响关系。由此可见，联营公司之间只是有可能构成关联公司之间的关系，联营公司不一定是关联公司；只有当联营公司之间联营关系的紧密性和重要性达到控制或者实质影响的程度时，联营公司之间才构成关联公司之间的关系，联营公司才构成关联公司。因此，关联公司与联营公司之间是相互交叉的概念。

公司集团，是指由两个以上相互之间存在着某种控制与被控制关系的公司所组成的公司群体，该公司群体本身并未形成具有独立法律人格的统一实体，不具有自己的独立名义和独立财产，不得以自己的名义对外开展经营活动。因此，公司集团整体不作为责任主体独立对外承担责任；相反，作为公司集团成员的各个公司均为具有独立法律人格的实体，具有自己的独立名义和独立财产，各自以自己的名义对外开展经营活动并对外独立承担责任。但是，作为公司集团成员的各个公司之间因具有某种控制与被控制的关系而有机地联合在一起，相互之间因这种控制与受控的紧密关系而组成公司集团。公司集团成员之间的控制与被控制关系，既可以基于股权投资因素而形成，也可以通过非股权投资因素而形成，以基于股权投资因素而形成的母子公司关系的公司集团最为典型和多见。作为公司集团成员的各个公司之间存在着控制关系，因此，其间均构成关联公司之间的关系，作为公司集团成员的各个公司均为关联公司。故而，公司集团一定构成关联公司，而关联公司不一定构成公司集团。关联公司与公司集团之间是种属概念之间的关系。

2. 关联公司等公司关联人可否适用公司人格否认制度

由于关联公司相互之间因股权投资因素或股权投资之外的其他因素而具

有某种控制关系或者实质影响关系，较之于没有关联关系的一般公司之间，关联公司之间具有某种相对更为紧密的联系和牵制，关联公司之间具有某种控制与受控关系或者实质影响与被影响关系。因此，关联公司联合体中的控制方或者实质影响方或具有公司控制人身份，是公司控制股东或公司实际控制人；或是公司的实质影响人。但是，关联公司联合体中的控制方、实质影响方与公司的控制股东、实际控制人、实质影响方的外延并不相同。公司的控制股东、实际控制人、实质影响方既可以是自然人身份，也可以是法人组织身份，还可以是非法人组织身份；而关联公司联合体中的控制方、实质影响方只可能是公司法人身份，可将其称为关联公司联合体中的控制公司、实质影响公司。因此，公司控制股东、实际控制人、实质影响人与关联公司联合体中的控制公司、实质影响公司之间是种属概念之间的关系。由于各关联公司之间具有控制与受控、实质影响或受实质影响关系或者受同一控制人、同一实质影响人控制或实质影响的关系，关联公司之间较非关联公司之间有着更为紧密的联系，关联公司联合体中的控制公司、实质影响公司有能力也有机会利用其对关联公司联合体中的受控公司或者受实质影响公司的控制力和实质影响力，以及关联公司联合体的同一控制人、同一实质影响人同样有能力也有机会利用其对关联公司联合体中各关联公司的控制力或实质影响力，通过不正当的关联交易、不正当控制等手段，滥用公司独立人格，造成关联公司资本严重不足或者关联公司之间人格混同，导致关联公司相互之间丧失独立地位和独立人格，损害关联公司债权人利益、社会公共利益和国家利益。正当行使对公司的控制权或实质影响力、不滥用对公司的控制权或实质影响力以确保公司具有与其经营规模和经营风险相匹配的独立财产，是关联公司联合体中的控制公司、实质影响公司以及关联公司联合体的同一控制人、同一实质影响人，享有公司独立责任制度优惠和权利的必要前提和法定义务。因此，当关联公司联合体中的控制公司、实质影响公司以及关联公司的同一控制人或同一实质影响人，滥用控制权或实质影响力，造成关联不具备或丧失与其经营规模和经营风险相匹配的独立财产的，关联公司联合体重的控制公司、实质影响公司以及关联公司联合体的同一控制人、同一实质影响人已不具备享有公司独立责任制度优惠和权利的前提要件，构成对公司独立人格制度的滥用。此时理应对关联公司联合体中的控制公司、实质影响公司以及关联公司联合体的同一控制人、同一实质影响人适用公司人格否认制度，个案性的否认公司独立人格，要求关联公司联合体中的控制公司、实质影响公司以及关联公司联合体的同一控制人、同一实质影响人对公司债务等公司义务承担责任。故而，关联公司等公司关联人可以并且应该适用公司人格否认制度，在各关联公司之间事实上丧失独立人格和独立地位时，否认各关联公司相互之间的独立人格和独立地位，将各关联公司视为同一民事主体，要求各关联公司之间相互对其债务承担责任。具体而言，要求滥用公司独立人格的关联公司联合体中的控制公司或实质影响公司对受控公司或受实质影响公司的债务承担责任，此时为公司人格否认制度的正向适用；要求公司联合体中的受控公司或受实质影响公司对滥用公司独立人格的控制公司或实质影响公司的债务承担责任，此时为公司人格否认制度的逆向适用。[1]要求受同一控制人或同一实质影响人控制或实质影响的各关联公司之间相互对其债务承担责任。由此，公司人格否认制度的适用对象可由公司股东、公司控制人进一步扩展为关联公司等公司关联人；[2]公司关联人与公司控制人之间属于种属概念之间的包含关系，而公司关联人与公司股东之间属于交叉非等同关系。因此，公司人格否认制度的适用对象实质上可分为两类，一类是作为公司投资者的公司股东，另一类是对公司有控制权或实质影响力的公司关联人，包括公司控制人和公司实质影响人两小类。

3. 关联公司适用公司人格否认制度的特殊性

必须加以指出的是，由于关联公司之间关联关系的多样性和复杂性，关联公司适用公司人格否认制度问题又具有一定的特殊性。一方面，关联公司之间的关联关系既可能表现为关联公司之间基于股权投资因素或者股权投资之外的其他因素形成的相互之间地位悬殊的直接性或间接性控制关系和实质影响关系，此时若关联公司联合体中的控制公司或实质影响公司滥用公司独立人格、损害关联公司联合体中的受控公司或受实质影响公司的债权人利益、社会公共利益或国家利益，可对关联公司联合体中的控制公司或实质影响公司适用公司人格否认制度，此时关联公司是以公司控制人或公司实质影响人的身份适用公司人格否认制度。换言之，公司人格否认制度的适用对象是关

---

〔1〕 关于公司人格否认制度的逆向适用问题参见本节第七部分的内容。

〔2〕 由于公司关联人与公司股东这两个概念之间属于相互交叉关系，因此同样可运用目的性扩张这一法律方法对我国《公司法》第20条进行法律漏洞填补的司法操作，将我国公司人格否认制度的适用对象由公司股东扩展为关联公司等公司关联人。

联公司联合体中处于强势地位的控制公司或实质影响公司，公司人格否认制度的救济对象是关联公司联合体中处于弱势地位的受控公司或受实质影响公司的债权人或其他公司义务人，关联公司联合体中的控制公司或实质影响公司应对关联公司联合体中的受控公司或受实质影响公司的债务或其他义务承担责任。

另一方面，关联公司之间的关联关系也可能表现为关联公司之间基于股权投资因素或者股权投资之外的其他因素形成的势均力敌、地位对等的相互影响关系，此时各关联公司之间并无明显的地位悬殊的直接性或间接性控制关系和实质影响关系，而是势均力敌、地位对等的相互影响关系。例如，各关联公司受同一控制人（包括同一控制股东和同一实际控制人）所控制或同一实质影响人所实质影响的情形，若这同一控制人或同一实质影响人利用其对各关联公司的控制力或实质影响力，滥用公司独立人格制度致使某一或各个关联公司资本显著不足或者关联公司相互之间人格混同，此时对该控制人或实质影响人适用公司人格否认制度、要求其对关联公司的债务承担责任，并无疑义；[1]但是能否对各关联公司适用公司人格否认制度、要求各关联公司相互间对其债务承担责任？笔者认为，此种情形下滥用公司独立人格制度的主体的确仅是关联公司的同一控制人或同一实质影响人，各关联公司本身并无滥用公司独立人格制度的行为和事实，对各关联公司适用公司人格否认制度、要求各关联公司相互间对其债务承担连带责任，表面上看似乎理据不足；但对充分保护和救济关联公司债权人的合法利益很有必要。因为，在同一控制人或同一实质影响人的不当控制或不当影响下，各关联公司的财产和意志界限模糊而无法区分，各关联公司之间已丧失了其独立地位和独立人格，成为该同一控制人或同一实质影响人谋取不正当利益的工具和傀儡，若仅仅对该同一控制人或同一实质影响人适用公司人格否认制度、要求其对关联公司的债务承担责任，而不对作为该同一控制人或同一实质影响人谋取不正当

---

〔1〕　有相反观点认为，此种情形下，只能要求各关联公司相互对其债务承担责任，而各关联公司的同一控制人或同一实质影响人并不须对关联公司债务承担责任。笔者不同意此种观点，只要该同一控制人或同一实质影响人利用其对各关联公司的控制力和实质影响力，滥用公司独立人格制度致使受其控制或实质影响的关联公司债权人利益遭受严重损失的，就应对受其控制和实质影响的关联公司的债务承担责任，否则无法规制和惩罚滥用公司独立人格制度的关联公司的同一控制人或同一实质影响人，无法有效和周延地保护关联公司债权人的利益。

利益工具的关联公司适用公司人格否认制度、要求关联公司相互之间对其债务承担责任，将无法对关联公司债权人及其他义务人提供周延和必要的保护。

当然，鉴于此种情形下关联公司本身并无滥用公司独立人格制度的行为和事实，而且对关联公司适用公司人格否认制度的后果是否认各个关联公司的独立人格，各关联公司利益、各关联公司股东利益、各关联公司债权人利益等众多复杂利益关系均会受到影响，后果严重且涉及面广泛。因此，此种情形下对关联公司适用公司人格否认制度应更为谨慎和有所限制，一者，各关联公司相互之间承担债务责任的性质原则上应为有限责任，一个关联公司对另一个关联公司的债务责任限于因关联公司同一控制人或同一实质影响人过错导致另一个关联公司偿债财产不正当移转或损失的范围，以公平保护各关联公司债权人的利益。二者，各关联公司相互之间承担债务责任的性质原则上应为第二位的补充责任，只有在作为债务人的关联公司以及各关联公司的同一控制人或同一实质影响人均不能清偿该关联公司债务的前提下，才能要求其他关联公司对该关联公司的债务承担责任。

又如各关联公司之间相互对等持股的情形，此时各关联公司之间并无明显的地位悬殊的直接性或间接性控制关系和实质影响关系，而是势均力敌、地位对等的相互影响关系，此时由于各关联公司之间实力对等、相互牵制，一个关联公司不大可能单方实施滥用公司独立人格制度行为以损害另一个关联公司债权人利益，而只可以通过关联公司之间的恶意合谋共同实施滥用公司独立人格制度行为来损害某个关联公司债权人的利益。因此，对相互对等持股的关联公司适用人格否认制度须更为谨慎，不能仅仅以各关联公司之间存在相互对等持股事实就要求关联公司相互之间就其债务承担责任；只有各关联公司以损害关联公司债权人利益、社会公共利益或国家利益为目的、恶意串通滥用公司独立人格制度时，才能否认关联公司相互之间的独立人格，要求一个关联公司对另一个关联公司的债务承担责任。

在本指导性案例中，三个被告川交机械公司、瑞路公司、川交工贸公司是先后成立的三个具有法人资格的独立公司，其中川交机械公司和瑞路公司的控股股东均为王永礼；王永礼虽然不是川交工贸公司的股东，但其与川交工贸公司的控股股东张家蓉之间是夫妻关系，因此，王永礼构成川交工贸公司的实际控制人或实质影响人；并且王永礼同时兼任这三个公司的经理。显然，川交机械公司、瑞路公司、川交工贸公司这三个公司之间因受同一人——

王永礼控制或实质影响而联系紧密，相互之间属于关联公司之间的关系。

而且川交机械公司、瑞路公司、川交工贸公司这三个关联公司之间存在着严重和明显的人格混同现象而构成对公司独立人格制度的滥用，首先，组织机构和人员严重和明显混同。三个公司经理均为王永礼，财务负责人均为凌欣，出纳会计均为卢鑫，工商手续经办人均为张梦；三个公司的管理人员存在交叉任职的情形，如过胜利兼任川交工贸公司副总经理和川交机械公司销售部经理的职务，且免去过胜利川交工贸公司副总经理职务的决定系由川交机械公司作出；吴帆既是川交工贸公司的法定代表人，又是川交机械公司的综合部行政经理。其次，业务严重和明显混同。三个公司在工商行政管理部门登记的经营范围均涉及工程机械且部分重合，其中川交工贸公司的经营范围被川交机械公司的经营范围完全覆盖；川交机械公司系徐工机械公司在四川地区（攀枝花除外）的唯一经销商，但三个公司均从事相关业务，且相互之间共用统一格式的《销售部业务手册》《二级经销协议》。最后，财产和财务严重和明显混同。三个公司共用结算账户，川交工贸公司的前股东凌欣、汤维明、过胜利以及三个公司的出纳会计卢鑫的银行卡中曾发生高达亿元的往来，资金的来源包括三个公司的款项，对外支付的依据仅为王永礼的签字；在川交工贸公司向其客户开具的收据中，有的加盖其财务专用章，有的则加盖瑞路公司财务专用章。并且，在川交机械公司、瑞路公司、川交工贸公司这三个公司与原告徐工机械公司均签订合同、均有业务往来的情况下，三个公司于2005年8月共同向徐工机械公司出具《说明》，称因川交机械公司业务扩张而注册了瑞路公司、川交工贸公司这两个公司，要求所有债权债务、销售量均计算在川交工贸公司名下，并表示今后尽量以川交工贸公司名义进行业务往来；2006年12月，川交工贸公司、瑞路公司共同向徐工机械公司出具《申请》，以统一核算为由要求将2006年度的业绩、账务均计算至川交工贸公司名下。显然，川交机械公司和瑞路公司随意将自身债权债务、业绩等计算在川交工贸公司名下、要求川交工贸公司为其债务负责的做法造成关联公司之间财产和财务的混同，且具有逃避自身债务的不正当目的，客观上严重损害了川交工贸公司债权人的利益。

本指导性案例中川交机械公司、瑞路公司、川交工贸公司这三个关联公司之间人格严重混同而构成对公司独立人格制度的滥用，导致三个公司相互之间在事实上丧失独立地位和独立人格，且川交机械公司、瑞路公司主观上具有逃避自身债务和损害川交工贸公司债权人利益的故意，造成作为债务人的川交工贸公司事实上已无力清偿其欠原告徐工机械公司的巨额债务的客观损害后果。因此，为了保护和救济川交工贸公司债权人徐工机械公司的合法利益，川交机械公司、瑞路公司作为川交工贸公司的关联公司应当对川交工贸公司的债务承担责任。据此，该指导性案例的裁判要点明确指出，关联公司的人员、业务、财务等方面交叉或混同，导致各自财产无法区分，丧失独立人格的，构成人格混同；公司人格混同，严重损害债权人利益的，关联公司相互之间对外部债务承担连带责任。

本指导性案例是关联公司适用公司人格否认制度的典型案例，法院在生效判决中指出，关联公司滥用公司独立人格制度的行为，违背了法人制度设立的宗旨，违背了诚实信用原则，其行为本质和危害结果与《公司法》第20条第3款规定的情形相当，故可以参照我国《公司法》第20条的规定，将公司人格否认制度由股东扩展适用于关联公司。笔者认为，法院的观点值得赞同。本指导性案例案中，川交机械公司和瑞路公司与债务人公司川交工贸公司之间构成关联公司，川交工贸公司是关联公司关系中的控制方或被实质影响方，川交机械公司和瑞路公司与川交工贸公司之间人格严重混同而构成对公司独立人格制度的滥用，且川交机械公司和瑞路公司主观上具有损害川交工贸公司债权人利益的故意，客观上造成了川交工贸公司债权人债权不得实现的损害后果，因此，可以参照我国《公司法》第20条的规定，对该条规定运用目的性扩张方法进行法律漏洞填补操作，将该条规定由股东扩展适用于不具有股东身份而具有实际控制人身份的关联公司，该操作超越了该条规定的最大可能文义范围，已不属于法律解释范畴，而进入法律漏洞填补范畴，法院因此在生效判决中精准地使用了"参照"而不是"解释"这一用语，值得肯定。

（四）小结

综上，公司人格否认制度的适用对象有两类，一类是作为公司投资者的公司股东，另一类是对公司有控制权或实质影响力的公司关联人，包括公司控制人和公司实质影响人两小类。公司股东、公司关联人之外的其他主体不是公司人格否认制度的适用对象。有观点认为，原则上一切滥用公司人格否认制度的主体都有可能成为公司人格否认制度的适用对象，因此，公司人格否认制度的适用对象应不限于公司股东、公司关联人这两种类型。笔者不赞同此种观点，其一，为了避免和防止公司人格否认制度的滥用和适用范围的不当扩大对公司独立人格制度这一公司核心制度的冲击，不宜无限制地扩展公司人格否认制度的适用对象和适用范围。其二，在公司实务中，事实上只有公司独立人格制度的受益者且与公司有股权投资关系或者对公司有某种控制力或实质影响力的主体才可能有机会和有能力实施滥用公司独立人格制度的行为，而能满足以上条件的主体只有公司股东、公司关联人这两种类型。因此，公司人格否认制度的适用对象应限于公司股东、公司关联人（包括公司控制人和公司实质影响人）这两种类型，公司股东、公司关联人之外的其他主体不是公司人格否认制度的适用对象。

四、关于隐名股东能否适用公司人格否认制度的问题

（一）隐名股东的界定与分类

至于隐名股东能否适用公司人格否认制度则是另一个值得思考的问题，对此学界有一定的分歧和争议。隐名股东是因投资者隐名向公司进行股权投资而产生的现象，又称匿名股东。按照《现代汉语词典》（第5版）的解释，隐名是指隐瞒自己的真实姓名，匿名是指不具名或不写真实姓名。因此，笔者认为隐名股东是与显名股东相对称的概念，是指在公司内部和（或）外部隐瞒自己的真实姓名或名称，以他人名义或虚拟主体的名义向公司进行股权投资而实际承担出资义务的公司实际投资人。被以其名义向公司进行股权投资而实际并不承担出资义务的公司名义投资人可称为名义股东或形式股东。由于各国公司法均要求公司的股权投资人应在公司内部和外部公开自己的真实姓名或名称。因此，公司股东应以显名为原则，是否应确认隐名股东的股东资格是一个争议很大的问题。由此可见，隐名股东并不是一个严格的法律概念，称之为公司的隐名股权投资人更为确切。然而由于隐名股东已成为公司法实践中一个约定俗成的名词，笔者仍采用隐名股东这一称谓来指代公司的隐名股权投资人。

隐名股东隐名的方式有多种，或者经他人同意借用他人名义（简称"借名"），或者未经他人同意冒用或盗用他人名义（简称"冒名"或"盗名"），或者使用虚拟主体的名义（简称"假名"）。广义的隐名股东包括借名股东、冒名股东和假名股东，而理论和实践中对借名股东的股东资格的确认争议最大，因此对隐名股东的研究主要针对借名股东，有些学者甚至将隐

名股东的外延限于借名股东，笔者将之称为狭义的隐名股东。

与显名股东相比，隐名股东最大的特征是在公司内部和（或）外部隐瞒自己的真实姓名或名称，以他人名义或虚拟主体的名义向公司进行股权投资，表现为在股东名册等公司内部文件和公司登记资料等公司外部文件中不记载隐名股东的真实姓名或名称而记载名义股东的姓名或名称。此外，隐名股东还具有以下特征：（1）隐名股东虽是以他人名义或虚拟主体的名义向公司进行投资，但作为公司的实际投资人却实际承担出资义务和责任。（2）隐名股东虽是以他人名义或虚拟主体的名义向公司进行投资，但作为公司的实际投资人却实际享有投资盈利和承担投资亏损。

根据不同的标准，可对隐名股东进行不同的分类。第一，根据隐名股东隐名的目的不同，可将隐名股东分为目的违法的隐名股东和目的不违法的隐名股东。目的违法的隐名股东是指为追求规避法律强行性规定或逃避债务、秘密洗钱等违法目的而隐名向公司投资所形成的隐名股东；目的不违法的隐名股东是指非以追求违法目的而隐名向公司投资所形成的隐名股东。这种分类的法律意义在于：目的违法的隐名股东其隐名投资行为因目的违法而具有违法性，隐名投资行为的效力和隐名股东的股东资格可能会受到影响；而目的不违法的隐名股东其隐名投资的目的不具有违法性，隐名投资行为本身不具有违法性，隐名股东的股东资格一般不会受到影响。

第二，根据隐名股东隐名的方式不同，可将隐名股东分为协议隐名股东和非协议隐名股东。协议隐名股东是指隐名投资者与他人协商一致，以他人名义向公司投资而形成的隐名股东，笔者称之为借名股东。非协议隐名股东是指隐名投资者未与他人协商一致，而擅自以他人名义或虚拟主体的名义向公司投资而形成的隐名股东，包括冒名股东和假名股东。冒名股东是指投资者未经他人同意，擅自以他人名义或冒充他人向公司投资而形成的隐名股东。假名股东是指以虚拟的不存在的主体的名义向公司投资而形成的隐名股东。协议隐名股东和非协议隐名股东这种分类的法律意义在于：协议隐名股东与名义股东之间存在意思表示一致的合同关系，隐名股东与名义股东之间的法律关系依合同约定；非协议隐名股东与名义股东之间不存在意思表示一致的合同关系，名义股东对隐名股东的行为不承担任何法律责任。且非协议隐名股东中的冒名股东因擅自使用名义股东名义构成对名义股东姓名权或名称权的侵权行为，应对名义股东承担侵权的民事责任。

第三，根据隐名股东隐名的范围不同，可将隐名股东分为完全隐名股东和不完全隐名股东。完全隐名股东是指隐名投资者在公司内部和外部均隐瞒自己的真实姓名或名称而向公司投资所形成的隐名股东，公司其他股东及公司、公司外部第三人均不知悉和认可隐名股东的股东身份。不完全隐名股东是指隐名投资者仅对公司外部隐瞒自己的真实姓名或名称而在公司内部公开其真实姓名或名称向公司投资所形成的隐名股东，公司其他股东及公司知悉和认可隐名股东的股东身份，仅公司外部第三人不知悉和认可隐名股东的股东身份。这种分类的法律意义在于：由于不完全隐名股东的真实姓名或名称在公司内部是公开的，因此在公司内部隐名股东的股东资格一般应予以确认。

（二）隐名股东的产生原因

首先，隐名股东产生的经济原因。有学者认为隐名股东产生的经济原因在于投资主体天生的逐利性，即投资者为追求投资的利润最大化，会利用各种现行法律认可的或不认可的甚至禁止的投资方式，将其财产投向各种领域和渠道，以实现其投资的最佳保值和最大增值，这样不可避免地会产生以隐名方式向公司进行股权投资的隐名股东现象，如有些投资者为了寻求本地优势而借用或冒用本地知名人士的名义向公司投资，有些投资者为了利用国家对特殊群体的投资优惠政策而借用或冒用符合条件者的名义向公司投资等。笔者赞同此种观点，经济因素的确是隐名股东产生的根本原因，由此在市场经济体制的社会中，隐名股东现象有其产生和存在的必然性和合理性，对之应予以疏导和规范而不是简单地予以禁止和取缔。

其次，隐名股东产生的制度原因。笔者认为隐名股东产生的直接原因在于现行有关公司股权投资的法律制度的缺陷。一方面，各国法律均对公司股权投资主体的人数和资格、投资数额和领域、投资程序等有一些限制性或禁止性规定，投资者为了规避这些强行性规定，有可能采取隐名的方式向公司投资。由于我国市场经济体制发育还尚未成熟，民商事法律的私法自治性和任意性表现不足，行政及经济法律的服务性和诱导性程度不够，故在我国公司股权投资方面的限制性或禁止性规定较成熟市场经济国家更多更严，这些强行性规定有些是合理必要的，如现行公司法对有限责任公司股东最高人数的限制，以及我国法律禁止国家公务员和党政领导向公司投资的规定等；但有相当部分强行性规定并不太合理、必要，如我国1993年通过的《公司法》对有限责任公司股东最低人数须为2人而禁止一人公司的规定，以及我国法律对外国投资者投资设立公司等商事组织实行严格的审批制的规定等，这些规定过度地限制了市场主体的意思自治，抑制了投资者的投资热情，不利于市场经济的发展。另一方面，我国在实行改革开放政策的早期，为吸引和鼓励外国投资者在中国投资，对于外国投资者包括港澳台投资者给予不同于中国投资者在出资方式、外汇管理、税费征收等方面的诸多优惠待遇，从而造成中外投资者之间的不平等地位。我国某些投资者为享受这些优惠待遇，借用或冒用外国投资者的名义向公司投资而成为隐名股东。笔者认为，为解决和减少这种因规避法律或享受特殊待遇而产生的隐名股东现象，应针对市场经济体制及 WTO 对市场主体平等待遇和国民待遇的要求，进一步修订我国现行民商事和行政经济方面的法律法规，弱化我国法律的国家干预色彩，尽量删除法律中的歧视性及非平等性的规定，统一各种投资主体的地位和待遇。

再次，隐名股东产生的社会原因。隐名股东产生的社会原因也不容忽视，有些投资者之所以隐瞒真实身份向公司投资是因为不愿意公开自己的经济状况，而不愿公开自己经济状况的心理动因可能是害怕"露富"（特别是在有较强"仇富"心态的社会中），也可能是意在逃避债务甚至秘密洗钱。因害怕"露富"而隐名投资其隐名的目的不具有违法性，属于合法的隐名股东，应受到法律的承认和保护；意在逃避债务甚至秘密洗钱而隐名投资其隐名的目的具有明显的违法性，属于非法的隐名股东，应受到法律的取缔和制裁。

最后，隐名股东产生的其他原因。隐名股东产生的其他原因在于公司对股东姓名或名称的过错记载及申请登记行为，即公司因故意或过失在公司股东名册中未记载或错误记载股东姓名或名称，以及公司因故意或过失向公司登记机关未申报或错误申报股东姓名或名称，对此种原因产生的隐名股东有权向公司提出请求及向法院提起诉讼，要求公司履行将其姓名或名称记载于公司股东名册的义务，以及履行将其姓名或名称向公司登记机关申请登记的义务；或者在于公司登记机关的过错登记行为，即公司登记机关因故意或过失在公司登记文件中未登记或错误登记股东姓名或名称，对此种原因产生的隐名股东及公司均有权向公司登记机关提出请求及向法院提起诉讼，要求公司登记机关将其姓名或名称登记或更正登记。

（三）隐名股东与名义股东之间的法律关系

如前所述，根据隐名股东隐名的方式不同，可将隐名股东分为协议隐名股东和非协议隐名股东。对隐名股东与名义股东之间法律关系的分析，可依此种分类分别进行。

1. 非协议隐名股东与名义股东之间的法律关系

非协议隐名股东包括冒名股东和假名股东。冒名股东是指投资者未经他人同意，擅自以他人名义或冒充他人向公司投资而形成的隐名股东。被冒用姓名或名称的主体即名义股东，既可能是现实中生存的自然人或存续的组织体，也可能是已死亡的自然人或终止的组织体。由于名义股东对冒名股东以其名义向公司投资的行为并不知情也未予认可，甚至名义股东是已死亡的自然人或终止的组织体，故冒名股东与名义股东之间就冒名股东以名义股东名义向公司投资事项不存在协商一致的合同法律关系；且冒名股东的冒名投资行为构成对名义股东姓名权或名称权的侵权行为，或者构成对已死亡的名义股东的近亲属的侵权行为，冒名股东应对名义股东或死亡名义股东的近亲属承担相应的侵权民事责任。假名股东是指以虚拟或不存在的主体的名义向公司投资而形成的隐名股东。由于名义股东是被虚拟的主体、在现实中不存在，故假名股东与名义股东之间不存在任何法律关系。

2. 协议隐名股东与名义股东之间的法律关系

协议隐名股东即借名股东是指经他人同意，以他人名义向公司投资而形成的隐名股东。由于借名股东与名义股东之间已就借名股东以名义股东名义向公司投资事项协商一致，故通说认为借名股东与名义股东之间是一种合同法律关系，但关于此种合同法律关系的性质，学术界有诸多观点。其一，消费借贷合同说。此种观点认为借名股东与名义股东之间是一种消费借贷合同关系，借名股东是贷与人，名义股东是借贷人。借名股东与名义股东之间约定，借名股东将其用于投资的特定财产移转于名义股东，由名义股东以自己的名义向公司投资，名义股东负有按期返还借名股东用于投资的特定财产并支付利息的义务。其二，信托隐名投资合同说。此种观点认为借名股东与名义股东之间是一种信托隐名投资合同关系，借名股东是信托人，名义股东是受托人。借名股东与名义股东之间约定，借名股东将其用于投资的特定财产的财产权移转于名义股东，在隐瞒借名股东的真实姓名或名称的前提下，由名义股东按借名股东的意愿以名义股东的名义，为受益人（受益人可以为信托人，也可为信托人之外的主体）的利益向公司投资，名义股东负有向受益人交付投资收益的义务。其三，委托隐名投资合同说。此种观点认为借名股东与名义股东之间是一种委托隐名投资合同关系，借名股东是委托人，名义股东是受托人。借名股东与名义股东之间约定，借名股东委托名义股东，在隐瞒借名股东的真实姓名或名称的前提下，将借名股东用于投资的特定财产以名义股东的名义向公司投资，名义股东负有向借名股东交付投资收益的义务。

笔者认为消费借贷合同说不能准确地解释借名股东与名义股东之间的法律关系，借名股东的地位不同于消费借贷合同关系中的贷与人，表现为：（1）借名股东作为公司的实际投资人，要承担投资风险，也享有投资收益。且借名股东是否能收回投资及获得投资收益是不确定的，取决于公司的经营状况；而消费借贷合同关系中的贷与人不承担借贷人将借贷物进行投资的投资风险，也不享有其投资收益。贷与人可按合同约定要求借贷人按期返还借贷物并支付利息，不管借贷人的经营状况如何。（2）借名股东用于投资的财产范围广泛，可以是货币，也可以是实物、知识产权、土地使用权等非货币财产；而消费借贷合同关系中的贷与人提供的借贷物仅限于货币和其他可消耗物（因为不可消耗物无法原物返还）。

至于信托隐名投资合同说和委托隐名投资合同说均可合理解释部分借名股东与名义股东之间的法律关系，即借名股东与名义股东之间有的是一种信托隐名投资合同关系，有的是一种委托隐名投资合同关系，因此笔者认为应将信托隐名投资合同说与委托隐名投资合同说结合起来，共同作为解释借名股东与名义股东之间法律关系的理论基础。信托隐名投资合同关系与委托隐名投资合同关系具有一定的相似之处，两者都是以信托人或委托人与受托人之间的人身信任关系为基础，受托人都处于受信任者的地位，对受益人或委托人负信任责任；受托人均负有对外不公开信托人或委托人身份，以自己的名义向公司投资并向受益人或委托人交付投资收益的义务。但信托隐名投资合同关系与委托隐名投资合同关系的性质不同，两者的区别明显。（1）主体结构及享有投资收益权的主体不同。信托隐名投资合同关系中，存在着信托人、受托人、受益人三方主体，享有信托投资收益权的主体是受益人而不是信托人（信托人为受益人时除外）；而委托隐名投资合同关系中，只涉及委托人、受托人两方主体，委托人作为实际投资人享有委托投资收益权。（2）连续性和稳定性不同。信托隐名投资合同关系一经设定生效，不会因信托人及受托人的欠缺或变更而终止，这使得信托投资成为一种长期稳定的投资管理制度；而委托隐名投资合同关系则不存在连续性，其稳定性也相对较弱，委托人及受托人的欠缺或变更均可能导致委托隐名投资合同关系的终止。[1]
（3）设立的前提及具有股东资格的主体不同。信托隐名投资合同关系设立的前提是信托人用于投资的特定财产的财产权须移转于受托人，受托人享有相应的财产权，因此受托人是以财产权人的身份以自己的名义将特定财产向公司投资，受托人（名义股东）具有股东资格，信托人（借名股东）不具有股东资格；而委托隐名投资合同关系中，委托人用于投资的特定财产的财产权并未移转于受托人，受托人并不享有相应的财产权，因此受托人是以代理人的身份以自己的名义将特定财产向公司投资，在委托人（借名股东）与受托人（名义股东）之间，受托人（名义股东）依委托隐名投资合同应承认委托人（借名股东）的股东资格。但由于委托人（借名股东）与受托人（名义股东）之间的委托隐名投资合同不能对抗当事人之外的第三人，故公司其他股东及公司、公司外部第三人均可不承认借名股东的股东资格。（4）用于投资的财产种类不同。在信托隐名投资合同关系中，用于投资的财产可以是货币，也可以是实物、知识产权、土地使用权等非货币财产；而在委托隐名投资合同中，用于投资的财产主要为货币及不以登记为权利移转方式的非货币财产，因为委托人若以登记为权利移转方式的非货币财产投资，将会暴露其隐名投资人的身份。

（四）隐名股东的股东资格认定

隐名股东的股东资格认定是一个较为复杂的问题，不仅涉及隐名股东与名义股东的利益，而且影响到公司其他股东及公司、公司外部交易第三人的利益。理论界与实务界对是否应认定隐名股东的股东资格也存在着很大的争议。笔者认为对隐名股东的股东资格认定一方面要以公司法关于股东资格认定的基本理论为依据；另一方面基于隐名股东问题的特殊性，在认定隐名股东的股东资格时还应遵循一些特有的原则。

1. 隐名股东的股东资格认定的原则

首先，遵循公示主义和公信主义原则，优先保护善意第三人的信赖利益，以维护交易安全和便捷。对隐名股东的股东资格予以认定时，如涉及善意第三人的利益，即隐名股东与善意第三人之间就隐名股东的股东资格产生争议时，须对外公开而具有公信力的证据的证明效力优于不须对外公开而不具有

---

〔1〕　参见徐孟洲主编：《信托法》，法律出版社 2006 年版，第 55~59 页。

公信力的证据，须对社会公开的证据的证明效力优于仅须在公司内部公开的证据。善意第三人可合理信赖股东名册、公司登记机关的登记等须对外公开而具有公信力的证据中被记载主体的股东资格，即使记载的股东并非真正的股东。

其次，保障当事人意思自治和合同自由原则，保护公司实际投资人的利益，以鼓励投资。对隐名股东的股东资格予以认定时，如仅涉及隐名股东和名义股东的利益，即隐名股东与名义股东之间就隐名股东的股东资格产生争议时，若隐名股东与名义股东之间就隐名股东的股东资格有明确约定的，只要该约定不违反或规避法律的强行性规定，即为有效，隐名股东的股东资格可依约定予以确认；但该约定不能对抗善意第三人。

再次，遵循公司资本充实和不变原则，维护公司的长期稳定的存续和发展，体现现代公司法的企业维持理念。公司资本是公司存续和发展的物质和信用基础，公司资本的实质和形式减少将危及公司的存续和发展，不仅损害公司股东的利益，而且损害公司职工、债权人等利害相关者的利益。绝对否定隐名投资行为的效力、绝对不承认隐名股东的股东资格，将导致隐名投资人的出资被国家没收或被投资人收回，均会影响公司资本的充实和稳定，危及公司的存续和发展。因此，只要隐名投资行为本身不违反或规避法律的强行性规定，对隐名投资行为不宜轻易作无效认定，不宜轻易否定隐名股东的股东资格。对于追求恶意规避法律的强行性规定或逃避债务、秘密洗钱等违法目的的隐名投资行为，应宣告隐名投资行为及隐名股东与名义股东之间的约定无效，否定隐名股东和名义股东的股东资格，以制裁违法行为，维护社会公共利益。

最后，遵循诚实信用和公平原则，维护公司利益相关者之间的利益平衡。隐名股东的股东资格认定涉及隐名股东、名义股东、公司其他股东、公司外部交易第三人等诸多公司利益相关者的利益。应遵循诚实信用和公平原则，根据隐名股东的产生原因和基本类型，具体情况具体分析，依法认定或不认定隐名股东的股东资格。

2. 隐名股东的股东资格的具体认定

以公司法关于股东资格认定的基本理论为依据，遵循隐名股东的股东资格认定的特有原则，根据隐名股东的不同类型，对隐名股东的股东资格作如下具体分析和认定。

（1）非协议隐名股东的股东资格的认定

非协议隐名股东包括冒名股东和假名股东。在冒名股东的情形下，由于被冒名者（名义股东）对冒名者（冒名股东）以其名义向公司投资的行为并不知情也未予认可，被冒名者（名义股东）没有作为公司股东的真实意思表示，根据意思自治原则，被冒名者（名义股东）不应作为公司股东享有相应的股东权利、承担相应的股东义务和责任；如被冒名者为已死亡的自然人或已终止的组织体，被冒名者也不可能作为公司股东享有相应的股东权利、承担相应的股东义务和责任。而冒名者（冒名股东）有作为公司股东的真实意思表示（虽然是冒用他人名义）且实际享有股东权利并承担股东义务和责任（虽然也是冒用他人名义），只要其投资行为本身并非追求违反或规避法律的效力性的强行性规定、逃避债务、秘密洗钱等违法目的，原则上可认定冒名者（冒名股东）的股东资格。

但是对于有限责任公司冒名股东的股东资格的认定有其特殊性。有限责任公司虽然本质上属于资合公司，却具有一定的人合性，股东之间的相互熟悉和信任是有限责任公司存续和发展的重要基础。因此在有限责任公司中冒名者（冒名股东）是否具有股东资格，还取决于公司其他股东对冒名者（冒名股东）的冒名投资行为是否知悉并认可。如果冒名者（冒名股东）是在公司设立时冒名向公司投资而成为公司的隐名股东，只有当公司设立时的所有发起人股东知悉并认可其冒名投资行为，才应认定冒名者（冒名股东）的股东资格；而当公司设立时的所有发起人股东或部分发起人股东不知悉并认可其冒名投资行为，且出于对被冒名者（名义股东）的信任与之共同发起设立公司，则不应认定冒名者（冒名股东）的股东资格。如果冒名者（冒名股东）是通过冒名受让公司其他股东的出资而成为公司的隐名股东，只有经公司其他股东过半数知悉并认可其冒名受让出资行为，且公司其他股东放弃优先购买权的情形下，才应认定冒名者（冒名股东）的股东资格；而当公司其他股东过半数不知悉并认可其冒名受让出资行为，且出于对被冒名者（名义股东）的信任认可其受让出资的情形下，不应认定冒名者（冒名股东）的股东资格。

在假名股东的情形下，由于使用假名的投资者（假名股东）是以虚拟主体的名义向公司进行投资而成为隐名股东，而被虚拟的主体在现实中不存在，不可能作为公司股东享有相应的股东权利、承担相应的股东义务和责任。而使用假名的投资者（假名股东）有作为公司股东的真实意思表示（虽然使用的是假名）且实际享有股东权利并承担股东义务和责任（虽然使用的也是假名），只要其投资行为本身并非追求违反或规避法律的效力性的强行性规定、逃避债务、秘密洗钱等违法目的，可认定使用假名的投资者（假名股东）的股东资格。

（2）协议隐名股东的股东资格的认定

协议隐名股东即借名股东，依借名股东与名义股东之间法律关系的不同，借名股东可分为信托人身份的借名股东和委托人身份的借名股东。

首先，关于信托人身份的借名股东的股东资格的认定问题。信托人身份的借名股东与名义股东之间是一种信托隐名投资合同关系，借名股东作为信托人将其用于投资的特定财产的财产权移转于受托人（名义股东），由受托人（名义股东）以财产权人的身份以自己的名义将特定财产向公司投资。因此，受托人（名义股东）具有股东资格，享有股东权利并承担股东义务和责任；而信托人（借名股东）不具有股东资格，不享有股东权利并承担股东义务和责任。但若依信托隐名投资合同约定信托人为受益人的，则信托人（借名股东）作为受益人享有信托投资的收益权，可以请求受托人（名义股东）支付投资收益。

其次，关于委托人身份的借名股东的股东资格的认定问题。委托人身份的借名股东的股东资格的认定是理论与实务中的一个难点问题。笔者认为，委托人身份的借名股东与名义股东之间是一种委托隐名投资合同关系，借名股东作为委托人委托受托人（名义股东）在隐瞒其真实姓名或名称的前提下，将其用于投资的特定财产以受托人（名义股东）的名义向公司投资，受托人（名义股东）在委托人（借名股东）的授权范围内，不公开借名股东的身份以自己的名义向公司投资，实为英美法中的不公开被代理人身份的代理（隐名代理），借名股东为身份不公开的被代理人，名义股东为代理人。传统大陆法系的代理制度以显名（公开被代理人的身份）主义为原则，不承认隐名代理属于代理的范畴，而将之归入行纪合同制度。我国合同法借鉴英美法系国家和国际公约的立法，确立了不同于行纪制度的隐名代理制度。英美法的隐名代理与大陆法的显名代理的相同之处在于，代理人与被代理人之间确实存在着委托代理关系，代理人确定是为了被代理人的利益而与第三人为法律行为及其他相关行为。因此隐名代理具有代理的本质属性，是一种特殊类型的代理。英美法的隐名代理与显名代理的不同之处在于被代理人身份不公开，代理人是以自己的名义与第三人为法律行为及其他相关行为。第三人在与代理人为法律行为及其他相关行为时，不知道代理人与被代理人之间的委托代理关系的存在。因此，被代理人处于暗处，第三人处于明处，代理人虽处于明处，但对第三人来说，代理人不是扮演代理人的角色，而是扮演被代理人的角色，第三人与被代理人、代理人了解的信息处于不对称的弱势地位。[1]由此可见，与显名代理相比，隐名代理中的被代理人的权益较易受到代理人的侵犯，隐名代理中的第三人因不知悉代理人与被代理人之间的代理关系而处于信息弱势地位。因此为特别保护隐名代理中的被代理人和第三人的合法权益，与大陆法的显名代理制度不同，英美法的隐名代理制度规定被代理人和第三人分别享有介入权和选择权，即当代理人对被代理人不履行义务，被代理人有权以自己的名义直接介入代理人与第三人所为的法律行为而形成的法律关系中，直接向第三人主张权利；当代理人对第三人不履行义务，第三人有权选择代理人或被代理人作为相对人而主张其权利。与英美法系国家和国际公约的立法规定不同，我国《合同法》对被代理人行使介入权和第三人行使选择权附加了限制性条件，即只有当代理人因第三人的原因对被代理人不履行义务时，被代理人才可行使介入权；只有当代理人因被代理人的原因对第三人不履行义务时，第三人才可行使选择权。我国《合同法》的这种限制性规定显然并不合理，不利于保护被代理人和第三人的利益。按照我国现行合同法关于隐名代理的规定，对委托人身份的借名股东的股东资格可作如下认定：

第一，当借名股东委托名义股东在不公开其实际投资人身份的前提下，在公司设立时以名义股东的名义向公司投资时，名义股东应作为隐名代理关系中的代理人以自己名义与公司其他发起人股东签订发起人协议、制定签署公司章程、签署认股书。因此，名义股东是隐名代理关系中的代理人，借名股东是隐名代理关系中的被代理人。在代理人（名义股东）与被代理人（借名股东）之间，依委托隐名投资合同，代理人（名义股东）应承认被代理人（借名股东）的股东资格。而公司其他发起人、股东及公司是隐名代理关系中的第三人，按照我国合同法关于隐名代理的规定，首先，在正常和一般情况

〔1〕　参见徐海燕：《英美代理法研究》，法律出版社 2000 年版，第 158 页。

下，即代理人（名义股东）对被代理人（借名股东）履行了义务及代理人（名义股东）对第三人也履行了义务的情形下，公司其他发起人、股东及公司是以代理人（名义股东）作为发起人协议、公司章程、认股书的契约当事人，因此对公司其他发起人、股东及公司而言，代理人（名义股东）才是向公司认缴出资的公司投资人，代理人（名义股东）具有股东资格，而被代理人（借名股东）不具有股东资格。其次，在两种非正常和特殊情况下：一种情况是当代理人（名义股东）因第三人（公司其他发起人、股东及公司）的原因对被代理人（借名股东）不履行义务的，代理人（名义股东）应向被代理人（借名股东）披露第三人，被代理人（借名股东）可以直接介入代理人（名义股东）与第三人（公司其他发起人、股东及公司）签订的发起人协议、公司章程、认股书中，可以对公司其他发起人、股东及公司主张其发起人协议、公司章程、认股书的契约当事人地位，从而可以对公司其他发起人、股东及公司主张其股东资格。但第三人（公司其他发起人、股东及公司）与代理人（名义股东）签订发起人协议、公司章程、认股书时如果知道该被代理人（借名股东）就不会签订的除外。而且对于有限责任公司而言，还须经公司设立时的所有发起人股东知悉并认可该被代理人（借名股东）的借名投资行为，被代理人（借名股东）才能取得股东资格。另一种情况是当代理人（名义股东）因被代理人（借名股东）的原因对第三人（公司其他发起人、股东及公司）不履行义务的，代理人（名义股东）应向第三人披露被代理人（借名股东），第三人可以行使选择权，可以选择代理人（名义股东）或被代理人（借名股东）作为相对人主张其权利。一旦第三人选择被代理人（借名股东）作为相对人主张其权利，则意味着第三人（公司其他发起人、股东及公司）认可被代理人（借名股东）的发起人协议、公司章程、认股书的契约当事人地位，从而认可被代理人（借名股东）的股东资格。而且对于有限责任公司而言，还须经公司设立时的所有发起人股东知悉并认可该被代理人（借名股东）的借名投资行为，被代理人（借名股东）才能取得股东资格。但对于公司外部的善意第三人而言，可以合理信赖证券持有人名册登记、公司登记机关对公司股东事项的登记等须对社会公开而具有公信力的证据中记载的代理人（名义股东）的股东资格，即使记载的股东并非真正的股东。

第二，当借名股东委托名义股东在不公开其身份的前提下，以名义股东的名义从公司其他股东处受让股权时，名义股东应作为隐名代理关系中的代理人以自己名义与公司其他股东签订股权转让或赠与协议。因此，名义股东是隐名代理关系中的代理人，借名股东是隐名代理关系中的被代理人。在代理人（名义股东）与被代理人（借名股东）之间，依委托隐名投资合同，代理人（名义股东）应承认被代理人（借名股东）的股东资格。而转让或赠与股权的股东及公司是隐名代理关系中的第三人。按照我国《合同法》关于隐名代理的规定，首先，在正常和一般情况下，即代理人（名义股东）履行了对被代理人（借名股东）的义务及代理人（名义股东）也履行了对第三人（转让或赠与股权的股东）的义务的情形下，转让或赠与股权的股东是以代理人（名义股东）作为股权转让或赠与协议的当事人，因此对于转让或赠与股权的股东而言，代理人（名义股东）才是股权的受让人，代理人（名义股东）具有股东资格，而被代理人（借名股东）不具有股东资格。其次，在两种非正常和特殊情况下：一种情况是当代理人（名义股东）因第三人（转让或赠与股权的股东）的原因未履行对被代理人（借名股东）的义务，代理人（名义股东）应向被代理人（借名股东）披露第三人，被代理人（借名股东）可以直接介入代理人（名义股东）与第三人（转让或赠与股权的股东）签订的股权转让或赠与协议中，可以对转让或赠与股权的股东主张其股权转让或赠与协议的当事人地位，从而可以对转让或赠与股权的股东主张其股东资格。但第三人（转让或赠与股权的股东）与代理人（名义股东）签订股权转让或赠与协议时如果知道该被代理人（借名股东）就不会签订的除外。而且对于有限责任公司而言，还须经公司其他股东过半数同意被代理人（借名股东）受让股权且公司其他股东放弃优先购买权，被代理人（借名股东）才能取得股东资格。另一种情况是当代理人（名义股东）因被代理人（借名股东）的原因未履行对第三人（转让或赠与股权的股东）的义务，代理人（名义股东）应向第三人披露被代理人（借名股东），第三人可以行使选择权，可以选择代理人（名义股东）或被代理人（借名股东）作为相对人主张其权利。一旦第三人选择被代理人（借名股东）作为相对人主张其权利，则意味着第三人（转让或赠与股权的股东）认可被代理人（借名股东）的股权转让或赠与协议的当事人地位，从而认可被代理人（借名股东）的股东资格。而且对于有限责任公司而言，还须经公司其他股东过半数同意被代理人（借名股东）受让股权且公司其他股东放弃优先购买权，被代理人（借名股东）才能取得股东资格。但对于公司外部的善意第三人而言，可以合理信赖证券持有人名册登记、公司登记机关对公司股东事项的登记等须对社会公开而具有公信力的证据中记载的代理人（名义股东）的股东资格，即使记载的股东并非真正的股东。

（五）隐名股东能否适用公司人格否认制度

隐名股东的股东资格确认问题因涉及隐名股东、名义股东、公司以及交易第三人等诸多主体的利益是一个争议很大的复杂问题。主流观点认为，隐名股东的股东资格确认应实行内外有别的原则，对于名义股东和隐名股东之间的内部关系而言，名义股东应当承认隐名股东的股东资格；而对于隐名股东与公司以及交易第三人之间的外部关系而言，隐名股东不当然具有股东资格，其须经过法定的瑕疵补正程序才能被确认为名义股东和显名股东。但笔者认为，隐名股东适用公司人格否认制度与隐名股东的股东资格确认是两个不同的问题，前者只涉及隐名股东和公司债权人等公司交易第三人利益，不涉及名义股东利益和公司利益，因此隐名股东可以适用公司人格否认制度。具体而言，不管隐名股东是否经法定程序被确认股东资格，只要隐名股东有滥用公司独立责任和股东有限责任制度的行为并且该行为严重损害了债权人的利益，就可适用公司人格否认制度来保护和救济债权人的利益。当滥用公司独立责任和股东有限责任制度的隐名股东经过法律规定的瑕疵补正程序[1]被确认为名义股东和显名股东时，公司债权人固然可以请求该股东对其债务承担责任，此时隐名股东实际上已成为名义股东和显名股东，隐名股东实际上是以名义股东和显名股东的身份适用公司人格否认制度；当滥用公司独立责任和股东有限责任制度的隐名股东未经过法律规定的瑕疵补正程序被确认为名义股东和显名股东时，公司债权人也可以请求该隐名股东对其债务承担责任，该滥用者不得以其不是该公司的名义股东和显名股东为由拒绝对公司债务承担责任；当然，公司债权人也须举证证明该滥用者是公司的实际投资人而成为公司的隐名股东。此时，隐名股东实际上是以公司实际控制人的身份适用公司人格否认制度，作为公司人格否认制度扩展和补充适用对象。

---

[1] 根据最高人民法院《关于适用〈中华人民共和国公司法〉若干问题的规定（三）》［以下简称《公司法解释（三）》］第24条第3款的规定，经公司其他股东半数以上同意，请求公司变更股东、签发出资证明书、记载于股东名册、记载于公司章程并办理公司登记机关登记后，有限责任公司隐名股东才能被确认股东资格。

五、关于公司人格否认制度的适用要件问题

一般认为，公司人格否认制度的适用要件主要有五个，第一，公司已成立并取得独立法人资格，具有独立承担法律责任的能力。这是公司人格否认制度适用的前提要件。因为，公司人格否认制度是对股东滥用公司独立人格行为的制裁，若公司不具备独立法人资格，股东也就无法将公司独立人格作为其谋取不正当利益的工具和手段而实施滥用行为，因此公司已具备独立人格是公司人格否认制度的前提要件。第二，公司股东或公司关联人有滥用公司独立人格制度以及该制度前提下的独立责任和股东有限责任制度的事实和行为。例如，公司股东瑕疵出资或向公司投入资本过低而导致公司资产显著不足；公司股东或公司关联人不正当控制或影响公司导致公司资产显著不足或公司独立人格形骸化等。这是公司人格否认制度适用的行为要件。笔者认为，公司股东或公司关联人滥用公司独立责任和股东有限责任制度的行为违反了其不得滥用权利的法定义务而具有违法性，其实质是一种违反法定义务的违法行为。第三，公司股东或公司关联人主观上具有损害公司债权人利益、社会公共利益和国家利益的过错。这是公司人格否认制度适用的主观要件。第四，公司债权人利益、社会公共利益或国家利益遭受严重损害。这是公司人格否认制度适用的结果要件。因此，有权提起公司人格否认诉讼的典型主体是公司债权人等对公司享有权利的人。至于已经承担了保证责任的公司债权人等公司权利人的保证人因其对公司享有追偿权，而该种追偿权的本质也是一种债权，因此，已承担了保证责任的公司债权人等公司权利人的保证人也可以公司权利人的身份提起公司人格否认诉讼。即使公司债权人等公司权利人的保证人尚未承担保证责任，在公司进入破产程序后，该保证人因享有预先追偿权仍然可以公司债权人等公司权利人的身份提起公司人格否认诉讼。[1] 通常认为，所谓公司债权人等公司权利人权益的严重损失，是指公司股东或公司关联人的滥权行为造成了公司债权人等公司权利人权益的全部或大部分难以实现或者无法实现。在判断公司债权人等公司外部权利人权益是否难以实现或者无法实现时，应遵循用尽公司权利人权益其他保护措施的原则，公司债

---

〔1〕 参见王林清：《公司纠纷裁判思路与规范释解》（下），法律出版社 2017 年版，第 1270～1271 页。

权人等公司权利人若可通过行使担保权或代位权、撤销权等其他保护措施而实现其权益的，原则上就不应适用公司人格否认制度。第五，公司股东或公司关联人滥权行为与公司债权人利益、社会公共利益或国家利益遭受严重损害之间具有直接的因果关系。

在以上五个适用要件中，学界对于第三个要件即公司股东或公司关联人主观过错要件存着一定的争议和分歧。有部分学者认为，公司人格否认制度的适用无须要求公司股东或公司关联人实施滥用行为时存在损害公司债权人利益、社会公共利益或国家利益的故意或过失的主观过错状态，只需其滥用行为造成了公司债权人利益、社会公共利益或国家利益严重受损的客观结果即可。因此，公司股东或公司关联人的主观过错并非公司人格否认制度的必要适用要件。但更多学者坚持将公司股东或公司关联人的主观过错作为公司人格否认制度的必要适用要件。

笔者认为，以上争议实质缘于学界对于权利滥用的构成要件问题上的较大分歧。根据民法诚实信用原则，民事主体行使权利时不得超越法定应有界限、滥用权利损害特定第三人利益、社会公共利益或国家利益。民事主体行使权利时超越法定应有界限、滥用权利损害特定第三人利益、社会公共利益和国家利益的构成权利滥用的违法行为。关于权利滥用的构成要件有主观主义、客观主义、主客观相结合主义三种观点。主观主义观点认为，权利滥用应以权利主体行使权利时的主观过错心理状态为判断标准，即权利主体有滥用权利的故意或过失，表现为权利主体行使权利时有损害他人利益、社会公共利益或国家利益的故意或过失。德国即采主观主义观点，《德国民法典》第226条规定，权利之行使不得专以损害他人为目的。客观主义观点是以权利主体行使权利造成的客观损害后果为权利滥用的判断标准，即权利主体行使权利已经或可能造成特定第三人利益、社会公共利益或国家利益的损害即构成权利滥用。主客观相结合主义观点认为，权利滥用应同时以权利主体行使权利时的主观过错心理状态和权利主体行使权利造成的客观损害后果为判断标准。

有部分学者认为，鉴于权利主体滥用权利的主观过错在举证上的困难，为了切实规制权利滥用行为以保护特定第三人利益、社会公共利益和国家利益，客观主义已逐渐占据主导地位成为通说。笔者对此有不同看法，笔者认为，权利滥用的构成要件原则上应实行主客观相结合主义标准。主观主义观点仅以权利主体行使权利时的主观过错心理状态作为权利滥用的构成要件，客观主义观点仅以权利主体行使权利造成客观损害后果作为权利滥用的构成要件，均对权利主体行使权利自由的限制过大，将造成权利主体动辄失咎、消极被动，不利于权利主体利益与特定第三人利益、社会公共利益与国家利益之间的平衡和兼顾。而主客观相结合主义将权利主体的主观过错和客观损害后果同时作为权利滥用的构成要件，一定程度上既贯彻和维护了权利主体的权利行使自由，又保护和救济了特定第三人利益、社会公共利益与国家利益。因此权利滥用的构成要件包括以下四个方面：第一，权利主体须享有合法权利。不享有合法权利而行使"权利"，必然构成对他人权利的侵犯。第二，权利主体有行使权利或与行使权利有关的行为。第三，权利主体行使权利具有损害特定第三人利益、社会公共利益或国家利益的主观过错。第四，权利主体行使权利的行为客观上已经或可能造成特定第三人利益、社会公共利益和国家利益的损害。符合前三项要件且已经造成特定第三人利益、社会公共利益或国家利益的损害，构成已然的权利滥用；符合前三项要件且可能造成特定第三人利益、社会公共利益或国家利益的损害，构成盖然的权利滥用。对于权利主体已然的权利滥用，受害人有权要求权利主体承担侵权损害赔偿等补偿性救济措施；对于权利主体盖然的权利滥用，受害人有权要求权利主体承担停止滥用行为、消除危险、排除妨碍等预防性救济措施。[1]

　　关于过失滥用权利是否属于权利滥用，学术界存在争议。笔者认为过失滥用权利同样构成权利滥用。权利主体故意滥用权利即权利主体行使权利时已经预见到自己行使权利的行为将造成特定第三人利益、社会公共利益或国家利益损害的结果，仍希望或听任其发生，固然构成权利滥用；权利主体过失滥用权利即权利主体行使权利时对自己行使权利行为将造成特定第三人利益、社会公共利益或国家利益损害的结果应当预见或能够预见而未预见（疏忽的过失），以及虽然预见却轻信可以避免（懈怠的过失），这两种过失都是权利主体行使权利时对应负的注意义务的违反，都将可能造成特定第三人利益、社会公共利益或国家利益的损害，应同样构成权利滥用而加以规制，这样才更有利于禁止权利滥用原则发挥维护特定第三人利益、社会公共利益和国家利益的功能。但权利滥用毕竟以权利主体享有合法权利为前提，且属于权利行使或与权利行

―――――――――

〔1〕　参见徐国栋：《诚实信用原则研究》，中国人民大学出版社 2002 年版，第 152 页。

使有关的行为，为维系权利主体个人利益与特定第三人利益及社会公共利益、国家利益之间的平衡，过失构成权利滥用应限于重大过失。在民法学理上，一般认为重大过失等同于故意，是指权利主体行使权利时违反普通人的注意义务，这种注意义务的标准是一般人在通常情况下能够达到的。[1]

当然鉴于权利主体滥用权利的主观过错要件存在难以证明的问题，主观过错判断标准的客观化是一个必然的发展趋势。综合诸多学者的见解，权利主体行使权利是否具有损害特定第三人利益、社会公共利益或国家利益的主观过错即故意或重大过失，可从权利人行使权利时的外部行为推知，具体可包括以下几种情形：（1）权利主体行使权利缺乏正当利益，即权利主体行使权利的行为或怠于行使权利的行为对自己无利益甚至造成自身利益的损害。如前所述，在正常情况下权利主体行使权利是为了实现和保有权利内含的利益，而且利益具有稀缺性，因此当权利主体行使权利或怠于行使权利的行为对自己无利益甚至造成自身现有利益的损害将造成资源浪费，可推定权利主体有滥用权利的故意或重大过失。（2）权利主体行使权利造成的损害大于其获取的利益，即权利主体行使权利对特定第三人、社会或国家造成的损害大于给自己带来的利益。此种行使权利的行为有违公平原则和诚实信用原则，可推定权利主体有滥用权利的故意或重大过失。（3）权利主体选择有害的方式行使权利，即权利主体在有多种可能方式行使权利的情况下，却选择有害于特定第三人利益、社会公共利益或国家利益的方式行使权利，可推定权利主体有滥用权利的故意或重大过失。综上所述，权利主体行使权利的行为具有以上情形之一，即可推定其具有损害特定第三人利益社会公共利益或国家利益的主观过错；权利主体欲推翻此推定，应自己举证证明其行使权利时无损害特定第三人利益、社会公共利益或国家利益的主观过错。[2]

如前所述，公司股东或公司关联人滥用公司独立人格制度损害公司债权人利益、社会公共利益或国家利益的行为即属于一种权利滥用行为。笔者认为，为了避免和防止公司人格否认制度适用范围的不当扩大而冲击和破坏公司独立人格制度的核心地位和功能发挥，合理适度地平衡公司债权人等受损

---

[1] 参见杨立新：《侵权法论》，人民法院出版社 2005 年版，第 197~198 页。

[2] 参见唐英："禁止权利滥用原则浅析"，载《贵州民族学院学报》（哲学社会科学版）2009 年第 5 期。

主体与公司股东等滥用行为人之间的利益，应坚持权利滥用的主客观相结合观点，将公司股东或公司关联人实施滥用行为的主观过错状态和客观损害后果同时作为公司人格否认制度适用的必要条件。只有当公司股东或公司关联人滥用公司人格否认制度是出于逃避法定或约定义务（如逃债或逃税）、规避法律的强行性规定（如为洗钱等非法目的设立公司）等损害特定第三人利益、社会公共利益或国家利益等目的从而主观上具有较大过错时，才能对公司股东或公司关联人适用公司人格否认制度；并且公司股东或公司关联人的主观过错状态应限于故意和重大过失，公司股东或公司关联人只具有一般过失或轻微过失的，不对其适用公司人格否认制度；而且对于公司股东或公司关联人的主观过错的判断应实行客观标准。具体而言，在公司人格否认诉讼中，只要公司股东或公司关联人存在滥用公司人格否认制度的事实和情形如向公司实缴资本显著不足导致公司不具备基本的偿债能力和履行义务能力，或者不正当控制公司导致公司独立人格形骸化并严重损害公司债权人利益、社会公共利益或国家利益，即可推定其具有损害特定债权人利益、社会公共利益或国家利益的主观过错；公司股东或公司关联人欲推翻此推定，应自己证明其无损害特定债权人利益、社会公共利益或国家利益的主观过错。而且，原则上仅在公司股东或公司关联人构成已然的权利滥用时，公司债权人等受害人才能提起公司人格否认诉讼，公司股东或公司关联人构成盖然的权利滥用时，公司债权人等受害人不能提起公司人格否认诉讼。我国《公司法》第20条第3款规定"公司股东滥用公司法人独立地位和股东有限责任，逃避债务，严重损害公司债权人利益的，应当对公司债务承担连带责任"，显然采取的是主客观相结合的观点，股东的滥用行为必须同时具有逃避债务这一主观过错和严重损害公司债权人利益这一客观结果，才构成权利滥用行为而承担不利的法律后果。

关于公司人格否认制度的适用要件还有几个值得思考的相关问题，首先，设立中的公司和解散中的公司是否可以适用公司人格否认制度？笔者认为，设立中的公司因尚未成立还不具备法人资格，不能也无需适用公司人格否认制度。通说认为，设立中的公司其法律地位属于非法人组织。非法人组织，是指不具有法人资格，但是能够依法以自己的名义从事民事活动的组织。非法人组织虽然能够以自己的名义从事一定范围的民事活动，具有一定的或有限制的主体资格，能够相对独立地对外承担责任；但由于其不具有独立法人资格，不能绝对独立地对外承担责任。当非法人组织的财产不足以清偿其债务时，其出资人或者设立人须对非法人组织的债务承担责任。因此，设立中公司作为非法人组织尚不具备法人资格，不能对外独立承担债务责任，不具备适用公司人格否认制度的前提要件，设立中的公司不能适用公司人格否认制度；而且发起人作为设立中公司的出资者以及设立者，必须对设立中公司债务承担兜底性的最终责任，设立中公司债权人的利益无需诉诸公司人格否认制度即可得到很好的保护。因此，设立中公司也无需适用公司人格否认制度。

解散中的公司是否可以适用公司人格否认制度？笔者认为，解散中的公司可以适用公司人格否认制度。一方面，解散中的公司因尚未终止而仍然具备法人资格，符合适用公司人格否认制度的前提条件。通说认为，解散中的公司虽然民事权利能力受到较大限制，民事权利能力仅限于清算目的的实现，不能开展与清算无关的经营活动，也不得开展新的营业活动；但是为了切实保护债权人的利益，解散中的公司在清算完毕并办理注销登记之前仍然存续、尚未终止，仍然具备法人主体资格，符合适用公司人格否认制度的前提条件。另一方面，在公司解散过程中，债权人的利益仍可因公司股东或公司关联人滥用公司独立责任和股东有限责任制度行为而遭受损失，允许解散中的公司适用公司人格否认制度可以周延、全面地保护公司债权人的利益。

其次，公司前股东以及公司前关联人是否能适用公司人格否认制度？在公司实践中常常存在着公司股东或者公司关联人滥用公司独立人格制度而损害公司债权人利益、社会公共利益或国家利益后，因转让股权、丧失与公司之间的关联关系等原因而不再拥有公司股东或公司关联人的身份的情形，此时公司债权人等权利人能否要求公司前股东或者公司前关联人对其债务直接承担责任，公司前股东或者公司前关联人能否适用公司人格否认制度？笔者认为，公司前股东以及公司前关联人可以也应该适用公司人格否认制度，理由有两点。一则，由前可知，公司股东或公司关联人滥用公司独立人格制度、损害公司债权人利益的行为性质实质上是第三人侵害债权的侵权行为，与违约责任的承担须以责任人承担责任时具有合同关系主体身份不同，侵权责任的承担与责任人是否具有行为时的身份无关。公司股东或者公司前关联人实施侵害债权的侵权行为之后即使丧失公司股东或者公司关联人的身份，也不影响其作为侵权人对作为受害人的债权人承担侵权责任。因此，公司前股东或者公司前关联人可以也应该适用公司人格否认制度，公司债权人有权要求公司前股东或者公司前关联人对其债务承担责任。二则，要求公司前股东或者公司前关联人适用公司人格否认制度可以避免其故意或者恶意逃避其法律责任，可以有效防止公司股东或者公司关联人滥用公司独立人格制度、损害公司债权人利益后通过摆脱身份来规避和逃脱法律责任。

再次，兼有公司股东或者公司关联人身份的公司债权人等公司权利人是否有权提起公司人格否认诉讼、要求滥用公司独立人格制度的公司其他股东或关联人对其债务承担责任？对此学者争议较大、莫衷一是，笔者认为，公司人格否认制度的立法目的和宗旨是惩罚和规制公司独立人格制度滥用行为，以保护和救济受滥用行为严重损害且自身并无任何过错的公司债权人利益、社会公共利益或国家利益。因此，只要兼有公司股东或者公司关联人身份的公司债权人本身不存在滥用公司独立人格制度损害公司债权人利益、社会公共利益或国家利益的过错行为，且其作为债权人的合法利益确因公司其他股东或者关联人滥用公司独立人格制度而遭受严重损失，则该兼有公司股东或者公司关联人身份的公司债权人仍有权提起公司人格否认诉讼、要求滥用公司独立人格制度的公司其他股东或者关联人对其债务承担责任，以保护和救济兼有公司股东或者公司关联人身份的公司债权人的合法权益，惩罚和规制滥用公司独立人格制度的公司其他股东或者关联人。

又次，除了特定公司债权人利益遭受严重损失之外，社会公共利益或者国家利益遭受严重损失可否作为公司人格否认制度的适用条件？也即代表国家利益和社会公共利益的有关国家机关可否提起公司人格否认诉讼？实务中，公司股东或者公司关联人滥用公司独立人格制度以及该制度前提之下的公司独立责任和股东有限责任制度除可能损害公司特定债权人利益，还有可能导致公司无法履行纳税义务，从而损害国家税收利益这种社会公共利益和国家利益；[1]当公司股东或者公司关联人的滥用行为损害了众多不特定消费者债

---

〔1〕　有部分学者将国家税收征收管理机关称为国家税收债权人，笔者认为不妥。债权人是一个私法概念，而国家税收征收关系属于行政关系和公法关系，国家税收征收管理机关是以公法主体的身份对纳税人享有征税的权力，纳税人对国家税收征收管理机关负有纳税义务，该种权力义务关系属于不平等主体之间的公法关系，不是私法上平等主体之间的债权债务关系。因此不宜将国家税收征收管理机关称为国家税收债权人。当然在特殊情况下，国家机关及其国家也可以参与民事法律关系而成为民事主体，如在国家采购这种国家参与的特殊民事法律关系中，国家机关及其国家因对公司享有合同债权也可能成为公司的债权人。此时，国家机关及其国家是以普通民事主体这种私法主体身份而不是以公法主体身份参与民事法律关系，因此其也可以公司债权人的身份要求滥用公司独立人格制度的公司股东等主体对其债务承担责任。

权人、劳动者债权人利益时，此时一方面构成对债权人利益的损害，另一方面也构成对社会公共利益的损害，税收征收管理机关、检察机关等国家机关和有关社会组织能否代表国家利益和社会公共利益提起公司人格否认诉讼？笔者认为，除了公司特定债权人利益遭受严重损失之外，社会公共利益或者国家利益遭受严重损失也可作为公司人格否认制度的适用条件。此时，税收征收管理机关、检察机关等国家机关和有关社会组织有权代表国家利益和社会公共利益提起公益诉讼性质的公司人格否认诉讼，要求滥用公司独立人格制度的公司股东或者公司关联人承担责任，以保护和救济国家利益和社会公共利益。

最后，滥用公司独立人格的股东之外的其他股东以及公司能否提起公司人格否认诉讼？笔者认为，在很多情况下，尽管公司特定股东滥用公司独立人格制度的行为不仅损害公司债权人利益、社会公共利益和国家利益，而且损害其他股东利益和公司整体利益，[1]但滥用股东之外的其他股东[2]以及公司不能提起公司人格否认诉讼。因为每一种制度都有自身特定有限的作用范围和保护对象，公司人格否认制度并非无所不包的万能制度，该制度作为公司法中债权人保护的一种专门性和特殊性制度，其主要保护对象是作为公司外部人的公司债权人等公司外部权利人，不应将保护对象随意扩展于作为公司内部人的股东以及公司本身，以免影响公司人格否认制度债权人保护这一主要功能的发挥和实现；至于其他股东利益和公司利益的保护和救济问题，则完全可以诉诸其他相关制度如大股东和公司实际控制人对中小股东和公司的诚信义务制度、[3]股东派生诉讼制度、一般侵权责任制度等，不必也无需借助于公司人格否认制度，以免影响各种制度之间各司其职、相互配合的良

---

[1] 例如，在特定股东滥用公司独立人格违法处分、转移和侵占公司财产的场合，既构成对债权人利益的间接损害，同时也构成对公司财产的侵权行为而对其利益造成直接损害，还构成对其他股东利益的间接损害。

[2] 除非其他股东同时具有公司债权人身份，且其自身无任何过错行为并且其利益因某个公司股东或公司关联人滥用公司独立人格制度的行为遭受严重损失，其他股东才有权提起公司人格否认诉讼、要求滥用者对其债务承担责任。

[3] 根据我国《公司法》第20条的规定，公司股东不得滥用股东权利损害公司或者其他股东的利益；公司股东滥用股东权利给公司或者其他股东造成损失的，应当依法承担责任。根据我国《公司法》第21条的规定，公司的控股股东、实际控制人、董事、监事、高级管理人员不得利用其关联关系损害公司利益。违反前款规定，给公司造成损失的，应当承担赔偿责任。

性机制。

六、关于公司人格否认制度的适用情形问题

根据各国公司法学理，公司股东或者公司关联人有滥用公司独立人格制度以及该制度前提下的公司独立责任和股东有限责任制度的事实和行为是公司人格否认制度适用的必要和重要条件。据此，我国《公司法》第 20 条明确将"公司股东滥用公司法人独立地位和股东有限责任，逃避债务，严重损害公司债权人利益"作为我国公司人格否认制度的适用要件。何谓滥用公司法人独立地位和股东有限责任？理论上和立法上采取此种原则性的抽象概括用语和界定的确有利于确保公司人格否认制度的开放性和包容性，但是只有通过长期司法实践的经验积累对以上规定予以具体化、类型化，才能保证公司人格否认制度适用的确定性、统一性和可预测性。根据各国公司法学理尤其是对公司人格否认制度的司法判决的总结和归纳，公司人格否认制度的具体适用情形即滥用公司人格制度行为的具体表现形式主要有以下几种：

（一）公司资本显著不足

所谓公司资本显著不足，是指公司股东向公司实缴资本数额与公司经营规模以及经营风险相比明显不足，导致公司净资产过低、不具备应有基本的偿债能力，致使公司债权人的债权完全或者大部分不能实现的情形。俗称"小马拉大车"现象。股东的实缴资本是指股东实际向公司缴纳的资本，股东的实缴资本构成公司的实收资本即公司实际从股东处收到的资本，公司的实收资本又构成公司的净资产。由于大多数国家包括我国均实行法定资本制下的认缴资本制或者实行授权资本制，注册资本只是公司章程规定的、在公司登记机关登记的全体股东认缴的资本总额，注册资本对于公司债权人而言并非真正的偿债基础和担保财产。而实缴资本或者实收资本以及在实缴资本或者实收资本基础上形成的公司的净资产才是公司债权人债权实现的真正和实质意义上的一般担保财产。因此，当股东实缴资本与公司经营规模以及经营风险相比明显不足而导致公司实收资本及公司净资产过低时，将导致公司不具备与其经营规模和经营风险相适应的足够的独立财产，一方面会造成公司因其独立财产过少而丧失独立人格；另一方面将造成公司债权人债权实现的一般担保财产严重不足，公司不具备应有的偿债能力，致使公司债权人的债权完全或者大部分不能实现，严重损害公司债权人的利益。笔者认为，确保

公司具有独立于股东的独立财产且该独立财产的数额与公司经营规模和经营风险基本匹配，是公司股东享有公司独立人格制度以及该制度前提下的公司独立责任和有限责任制度优惠的必要前提要件。若因公司股东向公司实缴资本显著不足而致使公司净资产过低、不具备应有的偿债能力时，为了真正维护和贯彻公司独立人格制度以及有效保护和救济公司债权人，此时理应适用公司人格否认制度，要求公司股东对公司债务直接承担责任。

但是必须加以强调的是，公司资本显著不足作为公司人格否认制度的适用情形应受到一定的限制，以免公司人格否认制度适用范围过宽过滥。原则上只有公司非自愿债权人才可以公司资本显著不足为由提起公司人格否认诉讼，而公司自愿债权人一般不能以公司资本显著不足为由提起公司人格否认诉讼。因为，基于公司自愿债权人债权形成的自愿性、意定性和主动性，其在与公司建立债权债务关系之前和之时都有机会去了解与获知股东实缴资本、公司净资产及偿债能力情况，在知悉前述条件下若自愿、主动地与公司形成债权债务关系，就应自行承担其债权因公司资本显著不足而带来的债权实现风险；而公司非自愿债权人债权形成具有非自愿性、法定性和被动性，其在与公司建立债权债务关系时根本没有机会去了解与获知股东实缴资本、公司净资产及偿债能力情况，其与公司之间是非自愿地、被动地建立法定的债权债务关系，不应承担其因公司资本显著不足而带来的债权实现风险，而应允许其以公司资本显著不足为由提起公司人格否认诉讼，要求公司股东对公司债务承担责任，以特殊和倾斜保护处于弱势地位的公司非自愿债权人的合法利益。

在公司资本显著不足情形下适用公司人格否认制度，有以下几个问题值得探讨。第一，如何判断公司资本显著不足。笔者认为，首先，判断公司资本显著不足应遵循客观商业标准，着重考量和比较公司净资产数额与公司的经营范围、经营项目、经营规模和经营风险之间是否基本和大体匹配及相称，如果两者之间严重和明显不匹配和不相称，就可作出公司资本显著不足的判断。其次，公司资本显著不足必须是因股东向公司实缴资本过低所致。判断股东实缴资本是否过低也应遵循客观商业标准，着重考量和比较股东向公司实缴资本数额与公司的经营范围、经营项目、经营规模和经营风险之间是否基本和大体匹配及相称，如果两者之间严重和明显不匹配和不相称，就可作出股东向公司实缴资本过低的判断。若公司净资产显著不足是公司经营不善、长期亏损所导致，则不能认定为公司资产显著不足的滥用公司独立人格制度的情形。最后，应以公司设立时或公司开展新业务时作为判断公司资本显著不足的时点。只有在公司设立时或公司开展新业务时，股东实缴资本数额与公司当时的经营范围、经营项目、经营规模与经营风险相比显著不足才构成公司资本显著不足的公司人格否认制度的适用情形；若公司设立时或公司开展新业务时，股东实缴资本数额与公司当时的经营范围、经营项目、经营规模与经营风险基本匹配，即使过后因公司经营不善、长期亏损而导致公司净资产显著不足丧失偿债能力的，也不构成公司资本显著不足的公司人格否认制度的适用情形。

第二，股东实缴资本数额符合最低注册资本要求是否构成公司资本显著不足的抗辩理由？最低注册资本，是指法律规定的公司注册资本的最低数额要求，我国 1993 年制定的《公司法》全面实行最低注册资本制，对有限责任公司和股份有限公司均规定了不同的最低注册资本数额；公司注册资本低于最低注册资本数额的，公司登记机关不予登记，公司不能成立。我国 2005 年修订的《公司法》原则上取消了最低注册资本制，只对少数特定行业的公司根据法律、行政法规以及国务院决定保留最低注册资本制。笔者认为，股东实缴资本数额符合最低注册资本要求不构成公司资本显著不足的抗辩理由。因为，判断公司资本是否显著不足，关键在于衡量股东实缴资本数额与公司经营范围和公司经营项目、公司经营规模和公司经营风险是否显著不足或者严重不匹配，而不能仅仅考虑股东实缴资本数额是否达到最低注册资本要求；即使股东实缴资本数额已达到了法定的最低注册资本要求，但是其与公司经营范围和公司经营项目、公司经营规模和公司经营风险相比仍然显著过低，则仍应得出公司资本显著不足的判断。因此，无论公司是否实行最低注册资本制，股东实缴资本数额达到最低注册资本要求并不足以得出公司资本充足的判断而构成公司资本显著不足的抗辩理由。

第三，股东未违反自己的出资义务是否构成公司资本显著不足的抗辩理由？笔者认为，股东未违反自己的出资义务即已按照章程的约定履行自己的出资义务不构成公司资本不足的抗辩理由。一方面，如前所述，判断公司资本是否显著不足，关键在于衡量股东实缴资本数额与公司的经营范围经营项目、经营规模和经营风险是否显著不足或者严重不匹配，而不能仅仅考虑股东是否已按照章程的约定履行自己的出资义务；另一方面，当今各国包括我国公司法大都实行法定资本制下的认缴资本制或实行授权资本制，法律既不强制要求公司设立时股东必须实缴资本，也未强行规定公司设立时股东实缴资本的最低限额，公司设立时股东是否实缴资本以及实缴资本的数额乃至公司设立后分期缴纳资本的期限和数额均交由公司章程自治。因此，在公司设立时乃至设立后很长一段时间里，股东无义务向公司实缴资本或者只负有实缴很少数额资本的义务，股东因此未向公司实缴资本或者只实缴了很少数额的资本而可能导致公司资本显著不足。此时，即使股东依公司章程规定和公司法规定并未违反出资义务，只要股东实缴资本数额较之于公司的经营范围、经营项目、经营规模与经营风险显著不足，仍会构成资本显著不足这一公司人格否认制度的适用情形，公司债权人可以要求股东对其债务直接承担责任。

第四，股东瑕疵出资情形是否一定构成公司资本显著不足从而可以适用公司人格否认制度？股东瑕疵出资有广义和狭义的两种概念，本书是在广义的层面上使用该概念。狭义的股东瑕疵出资仅指标的物瑕疵和出资行为瑕疵，标的物瑕疵是指股东交付的非货币出资的财产存在权利或物的缺陷；出资行为瑕疵是指出资行为不完整，只交付了出资的标的物而未办理相应的权属变动手续，或者只办理了权属变动手续而未交付出资的标的物。广义的股东瑕疵出资，是指股东违反出资义务的各种情形，包括股东完全未履行出资义务、未完全履行出资义务和不适当履行出资义务。股东完全未履行出资义务是指股东根本未出资，包括拒绝出资、不能出资、虚假出资、抽逃出资等表现形态；股东未完全履行出资义务又称为股东未足额履行出资义务，是指股东只履行了部分出资义务，未按规定数额足额履行，包括货币出资不足、非货币出资实际价额显著低于公司章程所定价额等；股东不适当履行出资义务，是指股东出资的时间、形式或者手续不符合规定，包括迟延出资和狭义的股东瑕疵出资。[1]笔者认为，股东瑕疵出资情形不一定构成公司人格否认制度的适用情形。因为，公司人格否认制度的适用必须同时满足公司股东或公司关联人有滥用公司独立人格制度的行为、主观过错、损害后果及滥用行为与损害后果之间的因果关系四个要件，而股东瑕疵出资并不一定导致公司资本显著不足或公司独立人格形骸化等滥用公司独立人格制度的情形，也并不一定意味着股东主观上具有损害公司债权人利益、社会公共利益和国家利益的故

[1] 参见赵旭东主编：《公司法学》，高等教育出版社2015年版，第190~191页。

意或重大过失，且股东瑕疵出资并不一定产生严重损害公司债权人利益、社会公共利益和国家利益的客观后果以及股东瑕疵出资与损害后果之间不一定具有因果关系。因此，股东瑕疵出资不一定是公司人格否认制度的适用情形。只有当股东瑕疵出资造成了公司资本显著不足或公司独立人格形骸化，且股东主观上具有损害公司债权人利益、社会公共利益和国家利益的故意或重大过失，并产生严重损害公司债权人利益、社会公共利益和国家利益的客观后果以及瑕疵出资与损害后果之间具有因果关系，从而同时满足公司人格否认制度适用的四个条件时，才能适用公司人格否认制度，要求瑕疵出资股东对公司债权人利益、社会公共利益和国家利益的损失负责。由于股东瑕疵出资属于瑕疵出资股东对其他股东和公司的违约行为，因此，此时其他股东和公司有权要求瑕疵出资股东承担瑕疵出资违约责任，公司债权人等主体也有权根据代位权要求瑕疵出资股东在其瑕疵出资本息范围内承担补充赔偿责任。[1]

（二）公司股东或者公司关联人与公司之间人格混同

公司股东或者公司关联人与公司之间人格混同又称为公司独立人格形骸化，是指公司股东、公司关联人不正当控制或者影响公司致使其与公司之间因财产、组织机构和业务等相互混同操作而导致两者之间人格发生混同而无法区分，公司实质上丧失独立人格，致使公司债权人的债权完全或者大部分不能实现的情形。因此，公司股东或者公司关联人与公司之间人格混同主要具体表现为财产混同、组织机构混同和业务混同。（1）财产混同是指公司财产和财务与公司股东或者公司关联人的个人财产和财务混合操作、相互结合而难以区分的事实状态。[2]公司财产独立即公司具有独立于其股东等主体的财产是公司独立人格的实质要素，只有当公司具有与其经营规模和经营风险大体匹配的一定数量的独立财产，公司才能以其独立财产对外独立承担责任。因此，一旦公司财产与公司股东或者公司关联人的个人财产混同而无法区分，

---

〔1〕　参见《公司法解释（三）》第13条。
〔2〕　最高人民法院2019年召开的第九次全国法院民商事审判工作会议纪要中指出，出现以下情形之一的，可以认定为财务或者财产混同：（1）股东无偿使用公司资金或者财产，不作财务记载的；（2）股东用公司的资金偿还股东的债务，或者将公司的资金供关联公司无偿使用，不作财务记载的；（3）公司账簿与股东账簿不分，致使公司财产与股东财产无法区分的；（4）股东自身收益与公司盈利不加区分，致使双方利益不清的；（5）公司的财产记载于股东名下，由股东占有、使用的。

公司将因不具备财产独立这一人格要素而丧失独立人格。（2）组织机构混同是指公司的治理机关及其成员与公司股东或者公司关联人的治理机关及其成员之间因相互兼任而实质等同的事实状态。公司与公司股东或者公司关联人组织机构混同常常会造成公司丧失独立意志而造成公司意志混同，公司意志混同往往又会导致公司财产混同，此时公司将因不具备意志独立和财产独立这两大人格要素而丧失独立人格。（3）业务混同是指公司业务、营业与公司股东或者公司关联人的业务、营业混合操作，难以或者无法相互区分的事实状态。[1]由于业务混同也往往导致财产混同和意志混同，从而使得公司因欠缺财产独立和意志独立这两个必不可少的人格要素而丧失独立人格。故而，公司股东或者公司关联人与公司之间人格混同属于公司股东或者公司关联人滥用公司独立人格制度的一种常见情形，若公司股东或者公司关联人是基于损害公司债权人利益或者社会公共利益、国家利益的主观目的而造成此种人格混同状态，并且导致了公司债权人利益或者社会公共利益、国家利益严重受损的客观结果，则公司股东或者公司关联人应当对公司债务承担责任。

笔者认为，实务中应注意区分公司独立人格形骸化这种滥权行为和公司股东、公司关联人正当行使其股权、控制权或实质影响力的界限，以防止公司人格否认制度的滥用而冲击公司独立人格制度的核心地位和功能发挥。公司股东对于公司经营管理和经营决策的参与权和控制权是其对公司享有的股权的应有之义，也是公司治理的核心机制，在实务中应注意区分公司独立人格形骸化这种滥权行为和公司股东正当行使其股权之间的界限，不宜轻易和随意判定股东实施了滥权行为而对其适用公司人格否认制度。具体而言，公司股东凭借其对公司合法享有的股权而直接或间接地参与、控制公司经营管理和经营决策，只要尚未造成其与公司之间人格混同，致使公司实质上丧失独立人格并导致公司债权人利益、社会公共利益或国家利益严重受损，则不构成公司独立人格形骸化的滥用公司独立人格制度的违法行为，仍属于正当行使其股权的合法行为。同理，公司关联人利用其对下属公司的合法控制权或实质影响力对整个关联公司联合体或公司集团实施统一管理和协调经营，有利于关联公司联合体或公司集团的规模化发展，并能提高其整体竞争力和对抗市场风险的能力。因此，在实务中还应注意区分公司独立人格形骸化这

---

[1]　参见叶林：《公司法研究》，中国人民大学出版社 2008 年版，第 114 页。

种滥权行为和公司关联人正当行使其控制权或实质影响力之间的界限，不宜轻易和随意判断公司关联人实施了滥权行为而对其适用公司人格否认制度。具体而言，公司关联人凭借其对公司合法享有的控制权或实质影响力，在整个关联公司联合体内或公司集团内制定统一的经营政策和业务规范、建立统一的财务管理制度和下达统一的生产经营计划并统一考核，在整个关联公司联合体或公司集团层面决定机构的设置、人员的管理和资源的优化配置等，只要尚未造成其与各关联公司之间以及各关联公司之间人格混同、致使公司实质上丧失独立人格并导致公司债权人利益、社会公共利益或国家利益严重受损，不构成公司独立人格形骸化的滥用公司独立人格制度的违法行为，仍属于正当行使其控制权或实质影响力的合法行为。

通说认为，公司股东或者公司关联人不正当控制或者影响公司以及利用公司独立人格逃避约定义务或法定义务，也是公司人格否认制度的两种通常的具体适用情形。所谓公司股东或者公司关联人不正当控制或者影响公司又称为公司股东或者公司关联人过度控制或者过度影响公司，其实质是公司股东或者公司关联人滥用控制权或者实质影响力的行为，是指公司股东或者公司关联人超越合理界限和范围行使对公司的控制权或实质影响力，忽视和危及公司的独立人格，损害公司中小股东利益、公司整体利益和公司债权人等股东之外的公司利益相关者利益的滥用控制权或实质影响力的行为。笔者认为，正如瑕疵出资本身并不是公司人格否认制度的具体适用情形，而是公司股东或者公司关联人滥用公司独立人格制度所借助和依凭的主要手段之一，在很多情况下，公司股东或者公司关联人正是通过拒不出资、抽逃出资等瑕疵出资行为致使公司资本显著不足，公司因不具备必要的独立财产而丧失独立人格并严重损害公司债权人利益、社会公共利益和国家利益。同样不正当控制或影响公司本身也并不是公司人格否认制度的具体适用情形，而是公司股东或者公司关联人滥用公司独立人格制度所借助和依凭的另一主要手段。在很多情况下，公司股东或者关联人正是通过滥用其对公司享有的控制权或实质影响力而致使公司资本显著不足或者公司独立人格形骸化，公司丧失独立人格而沦为公司股东或者公司关联人谋取不正当利益的工具，公司债权人利益、社会公共利益和国家利益因此遭受严重损失。

而所谓利用公司独立人格逃避约定义务或法定义务是指公司股东、公司关联人为了逃避和不履行自己所负有的约定义务（如合同债务）或法定义务

（如税收债务）不正当地向公司转移自己的全部或大部分财产，致使自己丧失偿债能力和履行义务能力而严重损害其债权人等权利人利益的行为。笔者认定为，利用公司独立人格逃避约定义务或法定义务的确是公司人格否认制度又一种具体适用情形，此时理应否认公司独立人格，要求公司对公司股东、公司关联人的个人债务及其他义务承担责任。但该种情形不属于要求公司股东、公司关联人对公司债务及其他义务承担责任的公司人格否认制度正向适用的情形，而属于要求公司对公司股东、公司关联人的个人债务及其他义务承担责任的公司人格否认制度逆向适用的情形。关于公司人格否认制度的逆向适用及具体适用情形，笔者将在本节第七部分详细探讨，本处不再赘述。

七、关于公司人格否认制度的逆向适用问题

如前所述，公司人格否认制度的适用通常是由公司债权人提出并要求公司股东或者公司关联人对公司债务承担责任，这被称为公司人格否认制度的正向适用或顺向适用，正向适用是公司人格否认制度的传统和常规适用方向和形态。但在公司实务和公司诉讼中，还存在着由公司股东、公司关联人或者公司股东、公司关联人的债权人提出并要求公司对公司股东、公司关联人的债务承担责任的情形，这就是所谓的公司人格否认制度的逆向适用。公司人格否认制度的逆向适用也称为公司人格否认制度的反向适用，依据请求权人是否属于公司内部人，公司人格否认制度的逆向适用又可分为内部逆向适用和外部逆向适用两种情形，前者是指作为公司内部人的公司股东或公司关联人提出并要求公司对其个人债务承担责任的情形，后者是指作为公司外部人的公司股东、公司关联人的债权人提出并要求公司对其股东或公司关联人的个人债务承担责任的情形。

关于公司人格否认制度是否可以逆向适用以及逆向适用的条件和情形，学界对之有较大分歧。笔者认为，公司人格否认制度的正向适用和逆向适用的制度目的和功能具有相同性或类似性，两者都是对公司独立人格制度的有益补充和有力维护，两者的制度目的和功能均是规制和处罚相关主体的滥用公司独立人格制度行为，保护和救济受滥用行为损害的相关债权人利益、社会公共利益和国家利益。在公司人格否认制度的正向适用情形下，是公司股东、公司关联人滥用公司独立人格制度致使公司丧失独立人格，并损害了公司债权人利益、社会公共利益和国家利益，此时应否定公司与公司股东、公

司关联人之间的独立人格和独立责任，要求公司股东、公司关联人对公司债务承担责任；而在公司人格否认制度的逆向适用情形下，同样是公司股东、公司关联人滥用公司独立人格制度，利用公司的独立人格和独立地位逃避其自身的合同义务或法定义务，损害其自身债权人利益、社会公共利益和国家利益，此时也应否定公司与公司股东、公司关联人之间的独立人格和独立责任，要求公司对其股东或关联人的个人债务承担责任。因此，原则上应当允许公司人格否认制度的逆向适用，以周延和全面地贯彻公司独立人格制度和平等保护各方债权人合法利益。

但公司人格否认制度的正向适用和逆向适用又具有较大差异，其一，具体适用情形不同。前者的一般适用情形是由于公司股东、公司关联人的过错导致公司资本显著不足或者公司独立人格形骸化，严重损害公司债权人利益或社会公共利益、国家利益。而后者的一般适用情形是公司股东、公司关联人出于逃避自身约定义务或者法定义务的目的，通过设立公司转移其全部或者大部分财产，从而达到逃避履行自身约定义务或者法定义务的目的，严重损害其债权人利益或社会公共利益、国家利益。其二，适用方向、适用对象以及保护对象不同。前者是正向适用于公司股东或者公司关联人，保护对象是公司债权人等公司权利人，适用的理由是公司股东或者公司关联人滥用了公司独立人格制度并损害了公司债权人利益或社会公共利益、国家利益。因此，滥用行为主体与责任主体同一，均为公司股东或者公司关联人；后者是逆向适用于公司，保护对象是公司股东或公司关联人的债权人等权利人，适用的理由是公司股东或者公司关联人滥用了公司独立人格制度并损害了其自身的债权人利益或社会公共利益、国家利益。此时，滥用行为主体与责任主体不同，滥用行为主体是公司股东或者公司关联人，而责任主体是公司股东或者公司关联人投资设立的公司以及拥有控制权或实质影响力的公司。

如何理解公司人格否认制度逆向适用时滥用行为主体与责任主体不一致的现象？该种做法是否与侵权法行为人与责任人相一致的自己责任原理相悖？笔者认为，公司人格否认制度逆向适用的通常情形是公司股东、公司关联人出于逃避自身约定义务或者法定义务的目的，通过其投资设立的公司以及拥有控制权或实质影响力的公司转移其全部或者大部分财产，损害其债权人利益、社会公共利益和国家利益。此时，公司股东、公司关联人投资设立的公司以及拥有控制权或实质影响力的公司实际上成为其转移财产、逃避义务以损害其债权人及社会公共利益和国家利益的工具和载体，要求作为公司股东、公司关联人侵权工具的其投资设立的公司以及拥有控制权或实质影响力的公司承担责任实质上仍然符合行为人与责任人一致的侵权法一般原理，并且合理和充分地保护了公司股东和公司关联人的债权人利益、社会公共利益和国家利益。

其三，适用的宽严度不同。一般认为，公司人格否认制度的逆向适用较正向适用应该从严和更为谨慎。笔者对此持赞成态度，鉴于公司股东、公司关联人均属于公司的内部人，对公司具有较大控制权或实质影响力，有可能利用其对公司的控制权或实质影响力，诱导性或强迫性地要求公司对其个人债务承担责任，恶意地将其自身个人债务责任和风险转移给公司，从而对公司其他股东和公司人数众多的债权人极为不利和不公，最终造成公司人格否认制度的滥用。因此，为了公平对待公司债权人与公司股东、公司关联人的债权人，合理和适度平衡两者之间的利益冲突，较之于公司人格否认制度的正向适用，对于公司人格否认制度的逆向适用，法院应坚持从紧和趋于保守态度。具体而言，公司对其股东、关联人的个人债务承担责任的性质宜为有限责任和第二位的补充责任，公司仅以公司股东、公司关联人向其实际转移的财产为限对公司股东、公司关联人的个人债务承担责任，且只有在公司股东、公司关联人无法清偿其个人债务时，才能要求公司对其股东、关联人的个人债务承担责任。

有观点认为，相比公司人格否认制度的内部逆向适用，公司人格否认制度的外部逆向适用应更为谨慎，理由是后者需要考虑和权衡的各方面利益更为复杂。[1] 笔者对之持不同意见，笔者认为，恰恰相反，相比公司人格否认制度的外部逆向适用，公司人格否认制度的内部逆向适用应更为谨慎甚至原则上不予允许。因为，在公司人格否认制度的内部逆向适用情形下，是由作为公司内部人和公司独立人格滥用者的公司股东、公司关联人主动提起适用公司人格否认制度，主动要求公司对其个人债务承担责任，允许公司独立人格滥用者主动提起适用公司人格否认制度不仅有违诚实信用原则，不符合公司人格否认制度制裁和惩罚公司独立人格滥用者的制度目的，而且还很容易造成公司人格否认制度被公司股东、公司关联人这些公司内部人所滥用，致使该制度沦为这些公司内部人逃避个人债务的工具。而在公司人格否认制度

---

[1] 参见王林清：《公司纠纷裁判思路与规范释解》（下），法律出版社 2017 年版，第 1281 页。

的外部逆向适用情形下，是由作为公司外部人的公司股东或者公司关联人的债权人提起适用公司人格否认制度、要求公司对其股东或者关联人的个人债务承担责任，此时对于公司股东或者公司关联人而言属于被动提起适用公司人格否认制度，被动要求公司对其个人债务承担责任，此种情形下既不违反诚实信用原则，也不会造成公司人格否认制度被公司内部人滥用的不良后果。

我国《公司法》第20条第3款仅规定"公司股东滥用公司法人独立地位和股东有限责任，逃避债务，严重损害公司债权人利益的，应当对公司债务承担连带责任"，显然只规定了公司人格否认制度的正向适用情形，未对公司人格否认制度的逆向适用情形进行规定。如何正确运用法律方法将我国《公司法》第20条规定的公司人格否认制度由正向适用情形扩展适用于逆向适用情形？如前所述，笔者认为，将我国《公司法》第20条规定的公司人格否认制度由正向适用情形扩展适用于逆向适用情形的操作，因已超越了该规定的最大可能文义范围，不再属于运用目的解释的方法进行扩张解释这一法律解释范畴，而已落入法律漏洞填补的范畴；那么，在对我国《公司法》第20条的规定进行漏洞填补操作时是运用类推适用方法还是目的性扩张方法？笔者认为，由于公司人格否认制度的逆向适用情形与正向适用情形两者之间属于平等并列关系，不存在任何包含、递进等关系，不符合目的性扩张这一法律漏洞填补方法的适用条件，而符合类推适用这一法律漏洞填补方法的适用条件。因此应运用类推适用法律方法将我国《公司法》第20条规定的公司人格否认制度由正向适用情形扩展适用于逆向适用情形。

八、关于公司股东、公司关联人的责任性质问题

对公司而言，公司人格否认制度的适用后果是在公司具体特定的某个法律关系中个案性地、部分性地、暂时性地否认公司独立人格和公司独立责任，而并非针对公司抽象一般的所有法律关系抽象地、全面性地、永久性地否认公司独立人格和公司独立责任。因此，公司人格否认制度的适用后果不同于公司解散制度，公司解散将导致公司人格抽象地、全面性地、永久性地、终极地、不可逆地消灭。

由于公司独立人格前提下的公司独立责任制度和股东有限责任制度是一体两面的实质等同关系，因此对公司独立人格和公司独立责任的否认必然意

味着对公司股东、公司关联人有限责任的否认。故而，对公司股东和公司关联人而言，公司人格否认制度的适用后果是要求公司股东、公司关联人对公司的债务直接承担责任。然而，关于此种责任的性质学理上分歧较大。首先，单独责任与共同责任之争。前者认为，公司股东、公司关联人对公司的债务责任性质属于公司股东、公司关联人的单独责任，不属于公司股东、公司关联人与公司之间的共同责任。后者则认为，公司股东、公司关联人对公司的债务责任性质属于公司股东、公司关联人与公司之间的共同责任，而且这种共同责任具体属于共同责任中的连带责任种类。其次，有限责任与无限责任之争。前者认为，公司股东、公司关联人对公司的债务责任性质属于有限责任，限于公司股东、公司关联人对债权人造成的损害范围内即债权人因公司股东、公司关联人滥权行为导致其债权不能实现部分。后者则认为，公司股东、公司关联人对公司的债务责任性质属于无限责任，公司股东、公司关联人应以其全部财产对公司债务承担责任。笔者认为，有限责任说错误地将责任范围和数额理解为有限责任，而任何一种责任都有其一定的数额范围；公司股东、公司关联人滥用公司独立人格制度损害特定债权人利益的行为属于第三人侵害债权的侵权行为，公司股东、公司关联人应对债权人的损害承担侵权损害赔偿责任，该损害赔偿责任的范围是侵权人因公司股东、公司关联人滥权行为所遭受的实际损失即其债权因公司股东、公司关联人的滥权行为而不能实现的部分；公司股东、公司关联人当然应以其全部财产对债权人的损失承担责任。因此，公司股东、公司关联人对公司的债务责任性质应属于无限责任。而且所谓有限责任与无限责任是以责任人承担责任的财产范围对民事责任的一种分类，而对任何一种民事责任而言，责任人均须以其全部财产而不是一定范围内的财产来承担责任。因此，一切民事责任均为无限责任，有限责任并不存在。[1]最后，无先后顺序的责任与有先后顺序的责任之争。

---

〔1〕 笔者认为，有限责任与无限责任的民事责任分类可能是出于对股东有限责任的错误理解。一般认为，股东有限责任是指股东以其认缴出资额或认购的股份为限对公司债务和其他义务承担责任，这种说法混淆了股东向公司的出资义务与股东对公司债务的责任这两种不同的民事法律关系。在公司独立人格制度下，由于股东与公司是两个相互独立的不同民事主体，因此股东与公司应各自对其债务承担责任。股东有限责任与公司独立责任是一体两面的等同关系，因此所谓股东有限责任的实质是股东只需向公司履行出资义务而无须对公司债务和其他义务承担责任，简言之，股东有限责任的实质是股东作为与公司相互独立的民事主体，无须对公司债务及其他义务承担责任。换言之，民事责任并无有限与无限之分，只有有无之别。一切民事责任都是无限责任。

前者认为，公司股东、公司关联人与公司两方责任人对公司的债务责任属于不分先后顺序的责任，债权人既可以选择首先要求公司承担责任，也可以选择首先要求公司股东、公司关联人承担责任。公司股东、公司关联人不享有先诉抗辩权，公司债权人等可以直接起诉公司股东、公司关联人，公司股东、公司关联人不得以债权人未先行起诉公司而提出抗辩。后者则认为，公司股东、公司关联人与公司两方责任人对公司的债务责任属于区分先后顺序的责任，债权人必须首先要求公司承担责任，才可以就公司无法承担部分要求公司股东、公司关联人承担责任。因此，公司的责任是首要的、第一位的，公司股东、公司关联人对公司的债务责任是补充性的、第二位的。公司股东、公司关联人享有先诉抗辩权，公司债权人必须先行起诉公司且其债权不能从公司得到实现时，才能起诉公司股东、公司关联人要求其承担责任。

笔者认为，公司股东、公司关联人对公司的债务责任性质属于公司股东、公司关联人与公司之间的共同责任，具体而言属于共同责任中的非真正连带责任种类；并且在这种共同责任中公司股东、公司关联人的责任是首要的、第一位的。单独责任与共同责任的区别在于责任人的人数不同，单独责任下只有一个责任人，而共同责任下有两个以上责任人。对于公司债务，一方面，公司本身是理所当然的责任人；另一方面，滥用公司独立人格制度的公司股东、公司关联人也是责任人。因此，在公司人格否认制度下，公司股东、公司关联人对公司的债务责任性质属于公司股东、公司关联人与公司之间的共同责任。但是，该种共同责任并不属于共同责任中的连带责任范畴，而属于不真正连带责任范畴。

根据传统民法债法的一般理论，共同责任有连带责任、按份责任、不真正连带责任三种类型，连带责任是指两个以上责任人根据法律规定或者当事人意思表示，连带性地向请求权人承担全部责任的共同责任形态。在此种责任形态下，请求权人有权要求责任人中的任何一个承担全部责任。连带责任对于责任人而言是一种严格责任，须以责任人之间存在主观上的意思联络或客观上的关联共同性为适用条件，且须有法律的明文规定或者当事人的意思表示才能成立。按份责任是指两个以上责任人各自按照一定份额向请求权人承担责任的共同责任形态。在此种责任形态下，请求权人只能按照各个责任人的份额要求各个责任人分别承担责任。按份责任是共同责任中的默示和常规形态。共同责任中最特殊的是不真正连带责任，不真正连带责任也就是传统民法中所说的不真正连带债务，不真正连带债务从权利人角度而言属于广义的请求权竞合范畴。按照传统民法学说，不真正连带债务是指数个债务人基于不同的发生原因，而对于同一债权人负有以同一给付为目的的数个债务。此时数个债务人之间所负的责任为不真正连带责任。

连带责任与不真正连带责任的共同之处在于，都属于两个责任人以上的共同责任范畴，且两个以上的责任之间没有先后顺序之分，对于各个责任人而言，其所负责任都是第一位的首要责任；但连带责任与不真正连带责任的区别也很明显，前者通常是数个责任人基于共同的原因而产生的一个共同的责任，责任人之间通常存在着主观上的意思联络或客观上的关联共同性。因此，各连带责任人因其主观上或客观上的关联共同性其内部仍为按份责任，当某个连带责任人对外承担责任超过其应有份额时，可以就超过其应有份额的部分对其他连带责任人行使追偿权；而后者是数个责任人基于不同的原因而产生的数个独立的责任，数个责任的产生大多具有偶然性，责任人之间一般不存在主观上的意思联络或客观上的关联共同性。因而，各个不真正连带责任人内部之间并非按份责任，相互之间不具有追偿权。在公司人格否认制度下，公司股东、公司关联人与公司虽然对公司债务均负有责任，但是这两方责任人是各自基于不同的原因而对公司债务负有责任，两个责任之间是数个独立的责任之间的关系，两方责任人之间事先也不存在主观上的意思联络或客观上的关联共同性，其责任类型显然不属于连带责任范畴，而属于不真正连带责任种类。公司股东、公司关联人对公司债务的责任作为共同责任中的不真正连带责任，其与公司对其自身债务的责任之间没有先后顺序之分，均为第一位的首要责任；且公司债权人可以在公司股东、公司关联人或者公司这两方责任人之中自由选择而行使请求权，要求其中一方责任人或同时及先后要求两方当事人承担责任，直到其债权得到完全实现为止。为了避免公司债权人通过行使两个请求权而获得超出给付目的的不当得利，当债权人的一项请求权因给付目的实现的原因（如责任人的履行等）而消灭时，另一项请求权则因给付目的实现而消灭；反之，当债权人的一项请求权因给付目的实现以外的原因（如请求权人放弃权利等）而消灭时，则另一项请求权因给付目的未实现而仍然存续并仍可行使。

九、关于公司人格否认诉讼的管辖和举证责任问题

（一）公司人格否认诉讼的管辖问题

首先，关于公司人格否认诉讼的级别管辖问题，学界主要有两种观点。多数学者认为，公司人格否认诉讼宜由中级以上人民法院实行专属管辖，少数学者则认为，与其他民商事案件相同，公司人格否认诉讼也可由基层人民法院管辖，无需规定必须由中级以上人民法院管辖。笔者赞同多数学者的观点，鉴于大多数公司人格否认诉讼案件的复杂性、重大性和疑难性，该类案件宜交由中级以上人民法院管辖。因为，公司人格否认诉讼案件不仅涉及特定作为原告的特定公司债权人利益、作为被告的公司股东或公司关联人利益等小局和微观事宜，还涉及公司独立人格制度及该制度前提下的公司独立责任和股东有限责任制度的核心地位的维护和重要功能的发挥，从而关乎鼓励和促进股东投资以保证国家经济发展的大局和宏观事宜；加之我国公司人格否认法律制度规定乃概括和笼统的原则性规定，赋予了法官较大的自由裁量权；且该制度在我国实施年限还不长，关于该制度的司法实践经验还不够丰富和成熟。为了有力保护公司股东的投资权益和投资热情，合理平衡公司股东利益与公司债权人利益、社会公共利益和国家利益，更好促进我国社会主义市场经济的发展，对公司人格否认诉讼案件应由中级以上人民法院予以级别管辖，保证公司人格否认诉讼案件判决的正确性、确定性和可预测性。

其次，关于公司人格否认诉讼的地域管辖问题，学界也主要有三种观点。第一种观点认为，公司人格否认诉讼仍应按照民事诉讼地域管辖的一般原则，由被告即公司股东或公司关联人住所地人民法院管辖；第二种观点认为，一般情况下原告是在主张其他民商事实体权利诉讼过程中，同时提起公司人格否认诉讼。因此，须以基础法律关系之诉的地域管辖法院为依据，来确定公司人格否认诉讼的地域管辖法院。第三种观点认为，公司人格否认诉讼应根据《中华人民共和国民事诉讼法》（以下简称《民事诉讼法》）有关公司纠纷的地域管辖规定，由公司住所地法院实行专属管辖。笔者赞成第三种观点，我国《民事诉讼法》第26条明确规定："因公司设立、确认股东资格、分配利润、解散等纠纷提起的诉讼，由公司住所地人民法院管辖"，从而原则上将一切公司纠纷案件统一由公司住所地人民法院实行专属管辖。该条规定的理

据在于根据地域管辖的最密切联系原则，公司人格否认诉讼等公司纠纷的产生原因和结果均与公司有直接关系；且将公司人格否认诉讼等公司纠纷交由公司住所地人民法院专属管辖，还有利于方便诉讼当事人和诉讼经济。[1]

（二）公司人格否认诉讼的举证责任问题

公司人格否认诉讼属于民事诉讼，按照民事诉讼的原理，民事诉讼原则上应实行"谁主张谁举证"的举证责任分配原则。因此，在公司人格否认诉讼中，公司债权人等作为原告须对其要求公司股东、公司关联人对公司债务承担责任的主张负举证责任。具体而言，公司债权人等作为原告须举证证明被告实施了滥用公司独立人格的行为；主观上存在损害公司债权人利益、社会公共利益和国家利益的故意或重大过失；客观上公司债权人利益、社会公共利益和国家利益遭受严重损害以及滥用行为与损害之间具有合理必要的因果关系。

但是，鉴于公司股东、公司关联人滥用公司独立人格损害公司债权人利益、社会公共利益和国家利益的行为属于第三人侵害债权行为，第三人侵害债权行为具有明显的间接性和较大的隐蔽性，作为原告的公司债权人等主体通常情况下属于公司外部人，无法掌握也很难获知公司股东、公司关联人的滥权行为、主观过错等公司内部相关信息，作为原告的公司债权人等主体在证据掌握方面处于劣势和弱势地位；相反，公司股东、公司关联人作为公司内部人，因与公司之间存着直接的股权投资关系或对公司具有控制权和实质影响力，不仅可以影响甚至控制公司经营管理，而且可以掌握和获知公司内部相关信息，作为被告的公司股东、公司关联人在证据掌握方面处于优势和强势地位。在公司人格否认诉讼中，如果要求作为原告的公司债权人等主体承担完全和终极举证责任，则对于原告而言过于苛刻且不公平，可能导致公司人格否认制度形同虚设，无法发挥有效保护和救济公司债权人利益、社会公共利益和国家利益的重要制度功能。因此，笔者认为，在公司人格否认诉讼中，不可过分拘泥和固守"谁主张谁举证"的民事诉讼举证分配原则，应适度降低和弱化作为原告的公司债权人等主体的举证责任，相应地适度提高和强化作为被告的公司股东、公司关联人的举证责任。具体而言，作为原告的公司债权人等主体只需对以上公司人格否认制度适用条件提供初步性、具

---

[1] 参见王林清：《公司纠纷裁判思路与规范释解》（下），法律出版社 2017 年版，第 1252 页。

有中等程度证明力的部分证据，其他由作为被告的公司股东、公司关联人或者公司掌握而原告无法获取和知悉的证据，根据诚实信用原则和公平原则，应由法院责令公司股东、公司关联人或者公司提供。

在公司人格否认诉讼中，针对原告和被告证据信息占有和取得能力极为悬殊的某些特殊情形，为了特殊和倾斜保护处于证据信息弱势地位的原告，还可以实行举证责任倒置，直接推定被告存在公司人格否认制度的某种特定适用情形。此时，原告无须对被告存在公司人格否认制度的某种特定适用情形负举证责任；被告若要推翻此种推定，须举证证明其不存在公司人格否认制度的某种特定适用情形，从而实际上将举证责任由处于证据信息劣势地位的原告转移给了处于证据信息优势地位的被告。一般认为，有两种特殊情形可以实行举证责任倒置。其一，针对公司实际控制人提起的公司人格否认诉讼。由于公司实际控制人不具备股东身份和董事、监事、经理等高级管理人员身份，其对公司的影响和控制是借助股权优势、经营管理者身份之外的其他隐秘方式如经营控制契约、销售协议或原材料控制等，因此公司实际控制人与作为公司外部人的公司债权人等公司权利人之间存在着严重的信息不对称问题，公司实际控制人与公司之间的内部控制关系不易为作为公司外部人的公司债权人等公司权利人得知，要求作为原告的公司债权人等公司权利人举出充分证据以有力证明被告的实际控制人身份和地位实属不易。此时应实行举证责任倒置，直接推定被告为公司实际控制人，因此原告无需举证证明被告的实际控制人身份和地位；被告若要推翻此种推定，须举证证明其对公司不具有实质控制力而不是实际控制人。

其二，针对一人公司提起的公司人格否认诉讼。由于一人公司只有唯一一个股东，因此该唯一股东对公司享有完全和绝对的控制权，一人股东利用其对公司的极大控制权极易滥用公司独立人格制度，导致公司资本显著不足或者公司独立人格形骸化，造成公司丧失独立人格以及公司债权人利益、社会公共利益和国家利益的严重损失。鉴于一人公司中一人股东滥用公司独立人格情形的多见性和频发性，为了特殊和倾斜保护一人公司债权人利益、社会公共利益和国家利益，此时应实行举证责任倒置，推定一人股东存在适用公司人格否认制度的情形，因此原告无需举证证明被告存在适用公司人格否认制度的情形；被告若要推翻此种推定，须举证证明其不存在适用公司人格否认制度的情形。我国《公司法》第63条规定："一人有限责任公司的股东不能证明公司财产独立于股东自己的财产的，应当对公司债务承担连带责任"，可见我国现行立法仅在针对一人公司因财产混同提起的公司人格否认诉讼中，实行了举证责任倒置的举证责任分配机制。[1]笔者认为，宜在针对一人公司提起的公司人格否认诉讼中，全面实行举证责任倒置制度，原则上推定被告实施了财产混同、组织机构混同、营业混同等人格混同等滥用公司独立人格制度的行为，原告无须就被告存在以上事实进行举证，被告若欲推翻以上事实，则须自己举证证明自己不存在财产混同、组织机构混同、营业混同等人格混同等滥用公司独立人格制度事实，以达到特殊和倾斜保护处于弱势地位的一人公司债权人利益、社会公共利益和国家利益的目的。

值得探讨的是，一人公司的一人股东提供了经会计师事务所审计的财务会计报告，是否可视为一人股东已履行了证明其不存在适用公司人格否认制度的财产混同情形的举证责任？按照我国《公司法》第62条的规定，"一人有限责任公司应当在每一会计年度终了时编制财务会计报告，并经会计师事务所审计。"因此，编制和提交经会计师事务所审计的财务会计报告是一人公司的法定义务，目的是通过强制性的外部审计要求，确保一人公司财务会计报告的真实性，防止一人股东将公司的财产、业务与自己的财产、业务混合操作，损害公司债权人利益、社会公共利益和国家利益。因此，笔者认为，此种经外部审计的财务会计报告具有一定的可信度，可以视为一人股东已初步完成和履行了证明其不存在适用公司人格否认制度的财产混同情形的举证责任；但鉴于一人股东对公司享有绝对性和实质性的控制力，一人股东可以决定和操控对外部审计机关的选择，因此该项证据的证明力和可信度又不宜被评估得过高。在案件审理过程中，法官应主持对该项证据进行质证，作为原告的债权人等可以就该项证据提出异议和质疑；作为被告的一人股东等应

---

[1] 由于我国《公司法》第20条概括性规定了公司人格否认制度，第63条又规定了针对一人公司的公司人格否认制度，因此关于这两个条款之间的关系问题学界有一定的争议。有部分学者认为，这两个条款之间是平行关系，因此多人公司只能适用第20条，实行"谁主张谁举证"的原则；一人公司只能适用第63条，实行举证责任倒置原则，完全没有适用第20条的可能。大部分学者认为，这两个条款之间是一般条款与特别条款之间的关系，其中第20条是针对包括多人公司和一人公司在内的所有类型公司的一般规定。因此，多人公司和一人公司都应适用第20条，第20条规定的公司人格否认制度的主体、行为、结果和因果关系四大适用要件同时适用于多人公司与一人公司，只是在一人公司出现财产混同的滥用事实时还应适用第63条，就财产混同这一事实实行举证责任倒置原则；若一人公司出现财产混同之外的其他滥用事实时仍应适用第20条实行"谁主张谁举证"的原则。

对原告的异议和质疑给出合理的解释，若一人股东对此无法给出合理的解释，则该项证据应视为被推翻，一人股东应就其不存在适用公司人格否认制度的财产混同情形继续负举证责任。

第三节　案例之研究启示

一、公司人格否认制度的严格审慎适用

公司独立人格制度前提下的公司独立责任制度和股东有限责任制度是公司制度的核心和支撑，是公司作为现代企业较个人独资企业、合伙企业等古典企业的本质区别和魅力所在。在赋予公司以独立法人人格的前提条件下，公司作为一个独立的民事主体和法人型企业，既独立于作为公司投资者的股东，也独立于作为公司经营管理者的董事、监事、经理等高级管理人员，还独立于对其拥有控制权或实质影响力的公司关联人。因此，公司应对其债务独立承担责任，公司的股东或董事、监事、经理等高级管理人员以及关联人无须对公司债务承担责任，公司的独立责任与股东等主体的有限责任成为一体两面的实质等同概念。公司独立责任与股东有限责任制度的首要和最大功能是极大地降低和分散了股东的投资风险，鼓励和刺激了股东的投资热情和积极性，有力地促进了公司的规模化发展。公司独立责任与股东有限责任制度还具有诸多次要和附带功能，一则，促使股东多元化和分散化，有利于形成公司内部股东之间的相互制衡机制，避免单个或少数股东对公司的不当控制而损害其他股东的利益和公司债权人的利益；二则，促使公司所有权和经营管理权两权分离，有利于公司经营决策和经营管理的专业化、科学化和民主化；三则，使股东股权的自由、便捷流转成为可能，促进了证券市场的形成和发展，有利于实现社会资源的优化配置。

鉴于公司独立人格制度前提下的公司独立责任制度和股东有限责任制度的核心地位和重要作用，公司独立人格乃至公司独立责任和股东有限责任制度成为公司制度的基石和本体。公司人格否认制度是对公司独立人格制度的有益补充和必要完善，是在公司独立人格制度遭受滥用时，维护和贯彻公司独立人格制度的价值追求，规制和惩罚公司独立人格制度的滥用者，保护和救济因滥用而受损的债权人利益、社会公共利益和国家利益。因此，公司独

立人格制度与公司人格否认制度之间是原则与例外、常态与矫正、本位与补充的关系。在两者的关系中，公司独立人格制度才是原则、常态和本位，而公司人格否认制度是在特殊情况下对公司独立人格制度的例外、矫正和补充。故而，法院在适用公司人格否认制度时应严格审慎，[1]持谦抑和保守的态度，不能随意扩大该制度的适用范围，以免背离该制度设立的初衷和目的，动摇和颠覆公司独立人格制度的本体性和根本性地位，减损公司独立人格制度的功能价值。

首先，法院原则上不主动适用公司人格否认制度。公司人格否认诉讼属于民事诉讼，应遵循民事诉讼"不告不理"的原则，法院仅在原告诉讼请求范围内进行审查，而不应作出超越原告诉讼请求范围的裁判。在作为原告的债权人没有自行提起公司人格否认主张和诉讼时，法院原则上不应主动适用公司人格否认制度；除非社会公共利益或者国家利益因公司独立人格制度被滥用而遭受严重损失，且没有相关国家机关和社会组织代表社会公共利益或者国家利益提起公益性公司人格否认诉讼时。在此种例外情形下，为了切实保护社会公共利益和国家利益，法院可以主动适用公司人格否认制度，直接追加滥用公司独立人格制度者为被告，要求滥用者承担相应责任。当然，法院原则上不主动适用公司人格否认制度与法院承担必要的释明义务并不矛盾。由于法院在民事诉讼中对当事人的诉讼权利和实体权利负有相应的提示、解释和说明义务，因此，当利益遭受损害的债权人等主体并未提起公司人格否认诉讼且对其享有的权利不了解和明晰时，法院应对债权人等主体提起公司人格否认诉讼权利、公司人格否认制度适用条件以及相应举证责任进行提示、解释和说明，以维护债权人或受害人的诉讼权利和实体权利。

其次，法院应严格化和具体化公司人格否认制度的适用条件，不随便和轻易适用公司人格否认制度以否认公司独立人格。我国《公司法》第 20 条关于公司人格否认制度的规定乃抽象、模糊与笼统的原则性规定，属于概括性的一般条款。与内容确定、细致的具体条款相比，法官在适用一般条款时享有较大的自由裁量权，因此公司人格否认制度的规定作为一般条款极易被滥

---

[1] 最高人民法院 2019 年召开的第九次全国法院民商事审判工作会议纪要中明确指出，公司人格独立是公司法的基本原则，否认公司独立人格只是例外情形。因此，人民法院在审理否认公司人格案件时，应当坚持慎用原则。

用。加之公司人格否认制度的适用后果是在特定法律关系中个案性地否定公司独立人格和独立责任，要求公司股东或者公司关联人对公司债务承担责任，或者要求公司对其股东或者关联人的债务承担责任。因此，公司人格否认制度适用过宽、过滥很容易冲击和破坏公司独立人格以及公司独立责任和股东有限责任这一公司核心制度，严重损害公司股东的合法权益，显著影响公司股东的投资热情，实质阻碍社会经济的发展。故而，在公司人格否认诉讼中，一者，法院应该严格遵守和依循公司人格否认制度的适用条件，认真并实质审查原告提起诉讼及诉讼请求是否符合法定的公司人格否认制度的所有适用要件。对于仅有公司资产显著不足或者公司与其股东、关联人人格混同等滥用事实表象，但公司资本显著不足或者公司与股东、关联人人格混同并非是公司股东向公司投入资本过少或股东、关联人不正当控制及影响公司所导致，或者滥用者主观上并无损害公司债权人利益或者社会公共利益、国家利益的故意和重大过失的，或者滥用事实和行为尚未造成公司债权人利益或者社会公共利益、国家利益损害后果的，则不能判决否认公司独立人格和公司独立责任，要求公司股东或公司关联人对公司债务等义务承担责任。二者，应在长期的司法实践中，根据个案不同事实情境，归纳和总结公司人格否认制度一般条款的适用情形和适用条件，对抽象和模糊的公司人格否认制度一般条款予以具体化和细致化，将公司人格否认制度的适用情形合理地控制在一定的限度之内，确保和提升公司人格否认诉讼裁判的确定性和可预期性，减少和解决同案不同判的现象和问题。三者，应重视个案性的利益衡量，适度平衡和兼顾不同利益主体之间的利益需求和利益冲突。在符合公司人格否认制度适用条件的公司人格否认诉讼中，虽然最终可以作出否认公司独立人格的判决，但是，一方面法院应根据个案不同事实情境进行个案性的利益衡量，适度平衡和协调公司股东和公司债权人以及社会公共利益和国家利益之间的利益冲突，作出有利于各方利益主体双赢或者多赢的合法与合理兼顾的判决。另一方面，法院应加强和重视对判决结果的论证和说理义务，在判决书中着重对判决结果的事实和法律两个方面的理由细致和详尽地加以说明和论证，提高判决书的说服力和可接受性，真正做到讼结争止。

最后，法院在执行程序中不能适用公司人格否认制度以否认公司独立人格。法院在执行程序中能否直接适用公司人格否认制度是一个值得思考的问题，具体而言，在生效判决的执行程序中，法院可否根据公司债权人的申请或者依职权追加公司股东、公司关联人为被执行人，从而适用公司人格否认制度，追究公司股东、公司关联人的责任？笔者认为，法院在执行程序中不能适用公司人格否认制度以否认公司独立人格。因为，公司人格否认制度作为公司独立人格制度的例外和补充，会对公司股东、公司关联人的利益产生实质性重大影响，涉及公司股东、公司关联人与公司债权人利益、社会公共利益和国家利益之间的平衡这一关键性问题，关乎公司独立人格制度这一公司核心制度的贯彻和维护以及公司的稳定和发展。因此，法院不经公开、中立与权威的审判程序，在执行程序中直接适用公司人格否认制度以否认公司独立人格，直接追加公司股东、公司关联人为被执行人，对公司股东、公司关联人的财产予以强制执行，这种做法具有极大的危害性。不仅侵害和剥夺了公司股东、公司关联人的法定诉讼权利和实体权利，而且极易造成公司人格否认制度的滥用，将冲击和破坏公司独立人格制度这一公司制度的基石。故而，法院在执行程序中不能直接适用公司人格否认制度以否认公司独立人格。法院既不能依职权追加公司股东、公司关联人为被执行人，在公司债权人等主体申请追加公司股东、公司关联人为被执行人时，法院也不应准许，而应责令公司债权人等主体另行起诉。

二、公司人格否认制度的适用应针对不同情形予以区别对待

公司人格否认制度的适用将涉及公司股东或公司关联人利益、其他股东利益、公司债权人利益以及社会公共利益和国家利益等诸多复杂利益关系，为避免各种利益之间严重失衡而有失公允，法院在适用公司人格否认制度时应力求精准化和类型化，针对不同情况进行区别对待，保证公司人格否认诉讼判决能够兼顾一般正义和个案正义、合法性与合理性、确定性与可接受性。

（一）公司人格否认制度的适用应针对开放性公司与封闭性公司予以区别对待。

以公司的股份是否对外公开发行以及股份是否允许自由转让为标准，可将公司分为开放性公司与封闭性公司，这是英美法系国家公司法对公司所作的基本分类。开放性公司又称公开招股公司、公众公司，是指股东人数无上限，可以向社会公开招股，其股份可以在证券市场公开交易的公司。一般认为，英美法系国家的开放性公司大体相当于大陆法系国家的已上市的股份有限公司（上市公司）。封闭性公司又称未公开招股公司、私人公司，是指股东

人数有上限限制，不能向社会公开招股，其股份不能在证券市场公开交易的公司。一般认为，英美法系国家的封闭性公司大体相当于大陆法系国家的有限责任公司和未上市的股份有限公司。

公司资本和运营的开放性是开放性公司的本质特征。开放性公司资本的开放性表现为，其一，公司资本的形成具有开放性。开放性公司可以通过发行股票的形式向社会公开募集资本，任何人只要购买公司的股票就能成为公司的股东；因此，开放性公司股东众多且股权分散，一个股东或少数股东依据其股权优势控制公司的可能性大大降低。其二，股东可以自由地转让所持股份和股票。开放性公司尤其是上市公司的股东，可以方便快捷地在证券交易所公开自由地转让其持有的股份和股票。由于开放性公司的股东可以方便地通过用脚投票、退出公司而控制投资风险，其通过兼任经营管理者的两权合一方式控制投资风险的必要性大大降低，故开放性公司更倾向于两权分离并且更为彻底，股东一般不兼任董事、经理等经营管理者职务，股东借助其经营管理者身份控制公司的必要性也明显降低。故而，在开放性公司中，股东利用其对公司的控制力或实质影响力、滥用公司独立地位致使公司丧失独立人格的现象不太突出和多见。开放性公司运营的开放性表现为其股东人数广泛众多、规模较大，涉及人数众多的中小股东利益、债权人利益等社会公共利益，因此开放性公司的会计账簿和财务会计报告及其他经营活动信息必须向社会公开，其运营也表现出较明显的开放性。鉴于开放性公司股东滥用公司独立地位致使公司丧失独立人格的现象不太突出，且公司对外信息公开程度比较高而易于被公司债权人等公司外部人获知，开放性公司适用公司人格否认制度应更为严格和谨慎，不能轻易和随意否认开放性公司的独立人格；在公司人格否认诉讼中，作为原告的公司债权人等公司外部人的举证责任应适度增强。

公司资本和运营的封闭性是封闭性公司的本质特征。封闭性公司资本的封闭性表现为，其一，公司资本的形成具有封闭性。封闭性公司的资本由数量有限的股东认缴而形成，公司不能向社会公开发行股份而募集资本。因此，封闭性公司股东人数较少且股权集中，某个股东或少数股东依据其股权优势控制公司的可能性大大提高。其二，股东的股权转让受到较大的限制。例如，根据我国《公司法》第 71 条的规定，有限责任公司股东向股东以外的人转让股权，应当经其他股东过半数同意；经股东同意转让的股权，在同等条件下，其他股东还有优先购买权。因此，封闭性公司因退出公司途径受限而投资风险较大，更倾向于通过兼任经营管理者的两权合一方式来控制投资风险，股东兼任董事、经理等经营管理者的现象较为常见，股东借助其经营管理者身份控制公司的必要性也明显提高。故而，在封闭性公司中，股东利用其对公司的控制力或实质影响力、滥用公司独立地位致使公司丧失独立人格的现象更为突出和多见。由于封闭性公司股东人数较少、规模较小，不像开放性公司一样涉及人数众多的中小股东利益、债权人利益等社会公共利益，因此封闭性公司的会计账簿、财务会计报告及其他经营活动信息无须向社会公开，其运营也表现出较明显的封闭性。鉴于封闭性公司股东滥用公司独立地位致使公司丧失独立人格的现象更为突出，且公司对外信息公开程度较低而难以被公司债权人等公司外部人获知，封闭性公司适用公司人格否认制度应较为宽松和容易，法院会更倾向于作出否定公司独立人格的判决；在公司人格否认诉讼中，作为原告的公司债权人等公司外部人的举证责任应适度减弱。

（二）公司人格否认制度的适用应针对自愿债权人与非自愿债权人予以区别对待

根据债权发生的原因，公司债权人可分为自愿债权人和非自愿债权人。自愿债权人又称为契约债权人、交易债权人，是最重要的公司债权人，是指基于债权人意思自治自愿与公司形成债权债务关系的公司债权人。依据债权内容，自愿债权人又可分为资金交易债权人（又称为特殊交易债权人如贷款人和债券持有人）和非资金交易债权人（又称为普通交易债权人如供应商、销售商等）。非自愿债权人又称为法定债权人，是指基于法律的规定与公司形成债权债务关系的公司债权人，主要包括不当得利债权人、无因管理债权人和侵权行为债权人等。

鉴于自愿债权人与公司建立债权债务关系的意思自治性、自愿性和主动性，其在决定与公司形成债权债务关系之前和之时，有时间和机会调查和获知公司内部重要信息如公司净资产数额、公司关联人情况等而判断公司偿债能力和债权实现的风险，据此自愿和理性地作出与公司建立债权债务关系的决定。对于自愿债权人而言，由于其事前有机会了解和知悉公司内部信息而评判交易风险和债权实现风险，可以自由选择与之建立交易和债权债务关系的特定债务人，应对其自愿达成的交易和债权债务关系承担交易风险和债权实现风险。鉴于非自愿债权人与公司建立债权债务关系的法定性、非自愿性和被动性，其依据法律规定而被动性地与公司形成债权债务关系之前和之时，根本没有时间和机会调查和获知公司内部重要信息如公司净资产数额、公司关联人情况等，从而判断公司偿债能力和债权实现的风险，无法自由选择与之建立交易和债权债务关系的特定债务人，因而要求其对此依据法律规定而被动性形成的债权的实现承担全部和完全的风险，显然不太合理；尤其是对非自愿债权人中的侵权行为债权人即侵权行为的受害人极为不公，对处于弱势地位的受害人的保护和救济极为不利。因此，法院在适用公司人格否认制度时，应针对自愿债权人和非自愿债权人予以区别对待。对于自愿债权人提起的公司人格否认诉讼，法院应坚持从严和从紧的态度，不轻易和随便地作出否认公司人格的判决，只有当公司人格否认诉讼完全和严格符合公司人格否认制度的所有适用要件时，法院才能作出否认公司人格、要求公司股东或公司关联人对公司债务承担责任的判决。而对于非自愿债权人提起的公司人格否认诉讼，法院应持适度放宽和放松的态度，原则上无须考虑公司股东或公司关联人主观上是否具有损害债权人利益、社会公共利益和国家利益的故意或重大过失，只要存在公司资本显著不足或公司独立人格形骸化等滥用公司独立人格的情形，就可适用公司人格否认制度，要求公司股东或公司关联人对公司债务承担责任，以倾斜和特殊保护处于被动和弱势地位的非自愿债权人的利益。

（三）公司人格否认制度的适用应针对多人公司与一人公司予以区别对待

根据公司投资者的人数，公司可以分为多人公司与一人公司。多人公司是指投资者为两人或两人以上的公司，多人公司是公司的通常和典型形态。按照传统公司法的理论，公司作为社团法人，其成立基础在于作为社员的复数股东的联合，因此，股东的社员性和股东的复数性成为公司的普遍特征。公司的社团性具有重大的意义，首先，公司的社团性有利于分散投资者的投资风险并促进规模经济的形成。公司由两个以上的复数股东共同投资所形成，绝大多数的公司特别是募集设立的股份有限公司其股东人数众多，可以极大地分散单个股东的投资风险，形成众多股东之间共同投资、共担风险的风险分担机制；人数众多的股东共同出资，可以快速地集聚和形成雄厚的公司注册资本和公司资产，从而促进大型企业和规模经济的形成和发展，公司因而成为大型企业和巨型企业的主要组织形态。其次，公司的社团性有利于股东之间的相互分权与制衡机制的形成，限制和避免单个股东或少数股东对公司的不当和过度控制，保障公司的财产独立和意志独立，从而保护全体股东的利益和公司债权人等股东之外的公司利益相关者的利益。因为，人数众多的所有股东作为公司的投资者和成员，均享有参与重大决策和选择管理者等间接管理和控制公司的权利，在公司中均有权通过股东会或股东大会形式间接掌控和管理公司。故而，股东人数的复数性和众多性有助于股东之间形成分享权利、相互制约、相互平衡的分权制衡机制，防止单个股东以及少数股东滥用对公司的控制权或实质影响力以损害其他股东和公司债权人等股东之外的公司利益相关者的利益。

一人公司是指投资者为一人的公司，一人公司是公司的非常规和非典型形态。一方面，一人公司与传统公司法强调的公司社团性具有明显的矛盾和冲突；另一方面，一人公司形态极不利于公司债权人利益的保护。如上所述，多人公司中由于有多个股东，多个股东之间形成的相互分权与制衡机制可以防止和避免单个股东或少数股东过度控制公司。一人公司只有唯一一个股东，该唯一股东对公司享有完全和绝对的控制权，其权力结构与个人独资企业完全一样，但后者的唯一投资者须对企业的债务承担责任从而可以有力地维护债权人的利益；而一人公司作为公司类型的一种，其一人股东原则上仍然可以享受股东有限责任的优惠和权利，无须对公司债务负责，因而对债权人利益保护极为不力。而且一人公司的一人股东极易利用其对公司的绝对控制权滥用公司独立人格，导致公司资本显著不足或者公司独立人格形骸化，造成公司丧失独立人格以及公司债权人利益、社会公共利益和国家利益的严重损失，因此，传统公司法不承认一人公司尤其是原生型一人公司和形式意义上的一人公司。[1]然而，现代公司法基于保护和促进投资自由的理念，大都开始部分或全面承认一人公司存在的合理性和合法性，一人公司成为一种重要的法定公司形态。我国2005年修订的《公司法》顺应各国公司立法趋势，也明确规定了一人有限责任公司和国有独资公司两种一人公司形态。

鉴于多人公司与一人公司的以上重大差异，法院在适用公司人格否认制

---

〔1〕 原生型一人公司与继发型一人公司相对称，前者是指公司成立时就只有一个股东的一人公司，后者是指公司成立时有多个股东，但公司成立后的存续期间因股权转让等原因而只有一个股东的一人公司。形式意义上的一人公司与实质意义上的一人公司相对称，前者是指只有一个股东，公司全部股权或股份由该一人股东拥有的一人公司，后者是指公司表面上、形式上有多个股东，但实质上公司全部股权或股份仅由一个股东所拥有的一人公司。

度时，应将多人公司和一人公司予以区别对待。针对多人公司提起的公司人格否认诉讼，法院应坚持从严和从紧的态度，不轻易和随便地作出否认公司人格的判决，只有当公司人格否认诉讼完全和严格符合公司人格否认制度的所有适用要件时，法院才能作出否认公司人格、要求公司股东或公司关联人对公司债务承担责任的判决。而针对一人公司提起的公司人格否认诉讼，法院应在起诉资格、适用条件和举证责任等方面适度从宽和从松，以有效规制和惩罚处于强势和有利地位的一人股东的滥权行为，倾斜和特殊保护处于弱势和不利地位的一人公司的债权人利益、社会公共利益和国家利益。

（四）公司人格否认制度的适用应针对仅涉及特定第三人利益的场合和涉及社会公共利益、国家利益的场合予以区别对待

如前所述，公司股东、公司关联人滥用公司独立人格制度以及该制度前提下的公司独立责任和股东有限责任制度的行为和事实，既可能仅损害公司某个或某几个特定债权人的利益，因此涉及的利益主体较少从而利益受损的范围较小；也可能损害消费者利益、劳动者利益、国家税收利益等社会公共利益和国家利益，涉及人数众多的利益主体且利益受损的范围较大。因此，笔者认为，法院在适用公司人格否认制度时，应将仅涉及特定第三人利益的场合和涉及社会公共利益、国家利益的场合予以区别对待。对于仅涉及特定第三人利益的公司人格否认诉讼，法院应坚持从严和从紧的态度，不轻易和随便地作出否认公司人格的判决，只有当公司人格否认诉讼完全和严格符合公司人格否认制度的所有适用要件时，法院才能作出否认公司人格、要求公司股东或公司关联人对公司债务承担责任的判决。而对于涉及社会公共利益、国家利益的公司人格否认诉讼，法院应适度从宽和从松，一者，在没有国家机关和社会组织代表社会公共利益和国家利益提起诉讼时，法院在相关诉讼中可以主动适用公司人格否认制度，以主动和积极地对受损的社会公共利益和国家利益进行救济；二者，法院可以在适用条件和举证责任方面适度放宽要求，以倾斜和特殊保护社会公共利益和国家利益。

三、严格区分公司人格否认制度与其他类似债权人保护制度之间的界限

公司人格否认制度作为公司法中一种重要的债权人保护制度，其与其他类似的债权人保护制度尤其是瑕疵出资股东对债权人的补充清偿责任制度极易混淆，法官在适用这些制度时应注意加以界分，以正确、精准地适用相关

制度，保证判决的确定性和可预期性。

理论与实务中，公司人格否认制度最易与瑕疵出资股东对债权人的补充清偿责任制度相混淆。瑕疵出资股东对债权人的补充清偿责任制度，是指当股东瑕疵出资造成公司债务完全或部分不能清偿时，公司债权人有权请求瑕疵出资股东在其瑕疵出资本息范围内，对其债权不能实现部分承担补充清偿责任的债权人保护制度。《公司法解释（三）》第13条和第14条确认了该制度，[1]但关于瑕疵出资股东对债权人的补充清偿责任制度的理论基础，学界争议极大，主要有公司债权人代位权说、公司人格否认说、第三人侵害债权说三种观点。其中公司债权人代位权说认为，根据公司章程的规定股东负有向公司出资的义务，公司股东瑕疵出资同时构成对其他履行了出资义务的股东和公司的违约行为，其他履行了出资义务的股东和公司有权要求瑕疵出资股东依章程规定履行出资义务。因此，公司对瑕疵出资股东享有要求该股东给付出资的债权。若公司怠于行使其已到期的要求瑕疵出资股东给付出资的债权，对公司债权人造成损失的，根据《中华人民共和国合同法》（以下简称《合同法》）第73条规定的债权人代位权制度，公司债权人可以向人民法院请求以自己的名义代位行使公司的该项债权以保护自己的合法利益。而公司人格否认说认为，公司股东瑕疵出资构成滥用公司独立人格制度以及该制度前提下的公司独立责任和股东有限责任制度的行为，若该滥用行为致使公司债权人等主体的权利完全或者部分不能实现而严重损害其利益的，可以适用公司人格否认制度，要求公司股东对公司债务等义务直接承担责任。第三人侵害债权说则认为，当公司股东瑕疵出资导致公司财产不足以清偿公司债务时，公司债权人的利益因此遭受损失，此时已构成第三人侵害债权行为，公司股东应对公司债权人承担侵权损害赔偿责任。

根据我国现行立法的规定，瑕疵出资股东对债权人清偿责任属于补充责任、有限责任和一次性责任。首先，瑕疵出资股东对债权人清偿责任属于第

---

[1]《公司法解释（三）》第13条第2款规定："公司债权人请求未履行或者未全面履行出资义务的股东在未出资本息范围内对公司债务不能清偿的部分承担补充赔偿责任的，人民法院应予支持；未履行或者未全面履行出资义务的股东已经承担上述责任，其他债权人提出相同请求的，人民法院不予支持。"第14条第2款规定："公司债权人请求抽逃出资的股东在抽逃出资本息范围内对公司债务不能清偿的部分承担补充赔偿责任……的，人民法院应予支持；抽逃出资的股东已经承担上述责任，其他债权人提出相同请求的，人民法院不予支持。"

二位的补充性责任，瑕疵出资股东对债权人的偿债请求享有先诉抗辩权。详言之，公司对其债权人负有第一位的首要清偿责任，公司债权人只有在公司不能清偿其债务时，才能请求瑕疵出资股东对其未受公司清偿的债务承担清偿责任。其次，瑕疵出资股东对债权人清偿责任属于有限责任。瑕疵出资股东不是以其全部财产对债权人负清偿责任，而是仅以其未出资本息范围内的财产为限对债权人负清偿责任，属于典型的有限责任范畴。最后，瑕疵出资股东对债权人清偿责任属于一次性责任。当瑕疵出资股东已根据某个债权人请求对其债权承担了相应清偿责任，且金额达到了未出资本息这一责任限额时，其他债权人不得再以相同事由向该股东提出赔偿请求。

笔者认为，只有公司债权人代位权说符合我国现行立法关于瑕疵出资股东对债权人清偿责任性质的界定，公司债权人代位权说可作为我国现行瑕疵出资股东对债权人清偿责任制度的理论依据。根据债权人代位权理论，公司债权人行使代位权必须以公司怠于行使其到期债权并对债权人造成损害为前提要件。因此，公司债权人只有在公司不能清偿其债务时，才能通过行使代位权请求瑕疵出资股东对其未受公司清偿的债务承担清偿责任。故而，瑕疵出资股东对债权人清偿责任属于第二位的补充性责任。同样根据债权人代位权理论，代位权的行使范围须以债权人的债权为限。因此，公司债权人只能请求瑕疵出资股东在其未出资本息范围内（也即公司对瑕疵出资股东的请求给付出资债权范围内）对其债务承担清偿责任，瑕疵出资股东对债权人的清偿责任属于有限责任。而且当某个公司债权人对瑕疵出资股东行使了代位权并且已就该股东全部未出资本息范围行使了代位权，则其他公司债权人不得再对该瑕疵出资股东行使代位权。故而，瑕疵出资股东对债权人清偿责任属于一次性责任。公司债权人代位权说可以对我国现行立法规定的瑕疵出资股东对债权人补充清偿责任制度进行充分和完美的诠释。

如前所述，由于第三人侵害债权是公司人格否认制度的理论依据。因此笔者认为，公司人格否认说与第三人侵害债权说的观点实质等同，实际上都是以第三人侵害债权理论来解释瑕疵出资股东对债权人的补充清偿责任。然而，根据公司人格否认和第三人侵害债权理论，瑕疵出资股东对债权人债务的清偿责任与公司对债权人债务的清偿责任应构成共同责任中的不真正连带责任种类。因此，瑕疵出资股东对债权人债务的清偿责任与公司对债权人债务的清偿责任是不分先后顺序的，瑕疵出资股东对债权人债务的清偿责任应属于第一位的首要责任而不是第二位的补充责任；而且，瑕疵出资股东应以其全部财产，而不是以其未出资本息限额内对债权人承担责任，瑕疵出资股东对债权人债务的清偿责任应属于无限责任而不是有限责任。故而，公司人格否认说与第三人侵害债权说无法圆满地对我国现行立法规定的瑕疵出资股东对债权人补充清偿责任制度进行解说和支撑。

我国现行的公司人格否认制度与瑕疵出资股东对债权人补充清偿责任制度的理论基础迥然不同，虽然这两种制度有一定交叉之处而容易混淆，但两者具有实质上的区别，是两种完全不同的制度。这两种制度的交叉之处在于，一方面，股东瑕疵出资构成股东对其他履行出资义务的股东和公司的违约行为，公司因此对瑕疵出资股东享有请求给付出资的债权，若公司对瑕疵出资股东怠于行使请求给付出资的到期债权而损害债权人利益的，公司债权人可以代位行使公司的到期债权以保护自己的利益；另一方面，股东瑕疵出资又可能造成公司资本显著不足，从而构成股东滥用公司独立人格以及公司独立责任和股东有限责任制度的行为，若股东滥用行为是出于损害债权人利益的目的，且事实上造成了公司债权人利益严重损害，则瑕疵出资股东应对公司债务直接承担责任。这两种制度的实质区别在于，其一，责任性质不同。在瑕疵出资股东对债权人补充清偿责任制度下，公司债权人对于瑕疵出资股东的偿债请求权并非是其自身享有的独立权利，而是在代位行使公司对瑕疵出资股东的给付出资请求权和债权。因此，此时瑕疵出资股东对公司债权人的责任属于补充责任和有限责任。而在公司人格否认制度下，股东瑕疵出资作为滥用公司独立人格以及公司独立责任和股东有限责任的行为，若瑕疵出资股东主观上存在着过错且造成了公司债权人利益严重损害，则瑕疵出资股东的行为构成第三人侵害债权的侵权行为，公司债权人对瑕疵出资股东享有侵权损害赔偿请求权，公司债权人所享有的此种请求权是其自身享有的独立权利。因此，此时瑕疵出资股东对公司债权人的责任属于首要责任和无限责任。其二，适用条件不同。瑕疵出资股东主观上具有过错不是瑕疵出资股东对债权人补充清偿责任制度的适用条件，只要股东有瑕疵出资行为且该行为客观上损害了债权人利益，不管其主观上是否具有损害债权人利益的故意或者过失，公司债权人均可请求瑕疵出资股东对公司债务承担补充清偿责任。而瑕疵出资股东主观上具有过错却是公司人格否认制度的适用条件，股东不仅要有瑕疵出资行为且该行为客观上损害了债权人利益，其主观上还必须具有损害债权人利益的故意或者重大过失，公司债权人才可请求瑕疵出资股东直接对公司债务承担责任。

四、引入其他配套制度以有效规制和惩罚公司独立人格滥用行为

公司人格否认制度作为对公司独立人格制度的有益补充和有效救济，可以有力地规制和惩罚公司独立人格滥用行为，保护遭受滥用行为严重损害的公司债权人等相关主体的利益。但仅仅依靠和借助公司人格否认制度这一个制度工具和手段，对于公司独立人格滥用行为的规制和惩罚作用和力度还不够，有必要同时适用其他相关配套制度和措施，多项制度之间相互配合、共同协力，以周延和全面地规制和惩罚公司独立人格滥用行为，保护遭受滥用行为严重损害的公司债权人等相关主体的利益。

根据大多数国家的公司法理论和实践，次级债权规则是一项与公司人格否认制度相配套的重要制度。次级债权规则又称为债权居次规则，是指公司控制股东、实际控制人等公司关联人对于公司享有的债权，不论该债权上是否附有担保权或者优先权，均应次于和劣于公司的其他债权人受清偿。与公司人格否认制度适用条件有所不同，次级债权规则的适用不要求债权人利益受损的客观结果要件，因此该制度较之于公司人格否认制度其适用范围更广。与公司人格否认制度适用后果不同，次级债权规则仅将股东债权列为次级债权和劣后债权，并不要求股东对公司债务直接承担责任，不易造成对公司独立责任和股东有限责任制度的冲击。因而，其较之于公司人格否认制度，是一种更为柔性与温和的债权人保护制度。该制度与公司人格否认制度相互配合、共同作用，可以更好地规制公司独立人格滥用行为、保护公司债权人等相关主体的利益。

通说认为，次级债权规则的理论依据有两个，第一，实质控制理论。该理论认为，公司控制股东、公司实际控制人等公司关联人作为公司控制人或实质影响人对于公司具有实质控制力或者实质影响力，有可能利用其对公司的控制力或者实质影响力，虚构对公司的债权及债权担保或者不正当、不公平地优于公司其他债权人受偿，人为造成其与公司其他债权人之间的不公平待遇，损害公司整体利益和公司其他债权人利益。因此，法律应强行规定公司控制股东、实际控制人等公司关联人对公司的债权次于和劣于公司的其他债权人受清偿，以平衡处于强势地位的公司控制股东、实际控制人等公司关

联人利益与处于弱势地位的公司其他债权人利益，对处于弱势地位的公司其他债权人利益予以特殊和倾斜保护。第二，股东债权资本化理论。该理论认为，在各国公司法普遍实行法定资本制下的认缴资本制或授权资本制并取消最低注册资本制的制度环境下，在公司设立时，公司股东可以自由约定公司的资本总额以及分期实缴资本的期限、次数和数额，这样在公司设立时以及公司成立后存续过程中，公司有可能只有极少的实收资本及其净资产，与其经营范围、经营项目以及经营规模、经营风险显著不匹配，造成公司债权人债权实现的极大风险，极大地损害了公司债权人的利益。因此，该理论认为，股东对公司的债权尤其是贷款债权不应被视为对公司的负债，与公司其他债权人的债权同等对待而处于平等受保护地位；[1]股东对公司的债权尤其是贷款债权应被视为对公司的债权性出资，由此，股东的股权性出资和债权性出资共同构成公司资本和公司净资产的原始来源，共同作为公司其他债权人债权实现的偿债基础和一般担保财产。因此，股东对公司的债权尤其是贷款债权的性质是股东对公司的出资，理应次于和劣于公司的其他债权人受清偿。

次级债权规则又可细分为自动性次级债权规则和衡平性次级债权规则，[2]自动性次级债权规则属于无限制的次级债权规则，要求公司控制股东、实际控制人等公司关联人对公司的债权一律次于和劣于公司的其他债权人受清偿，无论公司控制股东、实际控制人等公司关联人是否滥用控制权或实质影响力以及主观上是否具有过错。学界主流观点认为，自动性次级债权规则对于公司控制股东、实际控制人等公司关联人过苛，会严重打击公司控制股东、实际控制人等公司关联人向公司提供贷款的积极性，长远来看会影响公司的生存和发展而最终不利于公司债权人债权的实现。因此，自动性次级债权规则为大多数国家所摒弃。而衡平性次级债权规则又被称为"深石原则"，属于有限制的次级债权规则，这一原则由1939年美国法院在审理泰勒诉标准石油电气公司之子公司深石石油公司案中创立，该案首次在母子公司之间适用次级债权规则，其判决要旨是若子公司资本不足且为母公司的利益而不按正常方式经营业务，则子公司进入破产清算、和解或者重整程序时，母公司

〔1〕 参见叶林：《公司法研究》，中国人民大学出版社2008年版，第116~117页。
〔2〕 参见赵旭东主编：《公司法学》，高等教育出版社2015年版，第62页。

对子公司的债权地位应次于和劣于优先股东和公司其他债权人。[1]可见，衡平性次级债权规则主张，仅在公司控制股东、实际控制人等公司关联人有滥用控制权或实质影响力的不正当行为以及主观上具有过错时，公司控制股东、实际控制人等公司关联人对公司的债权才次于和劣于公司的其他债权人受清偿。由于衡平性次级债权规则既对公司其他债权人利益提供了倾斜性的特殊保护，又适度平衡了公司控制股东、实际控制人等公司关联人利益与公司其他债权人利益，因此该规则被大多数国家所认可。

笔者也认为，较之自动性次级债权规则，衡平性次级债权规则的确是一种更为合理的制度。我国现行立法尚未规定和确认次级债权规则，仅最高人民法院 2015 年召开的第八次全国法院民商事审判工作会议纪要中指出，股东以过于微小的资本从事经营，在公司因不能清偿债务而破产时，股东债权的受偿顺序安排在其他普通债权人受偿之后。若要在我国公司立法中引入该项制度，宜采被大多数国家所认可的衡平性次级债权规则。但在对该项制度进行具体的制度设计时，不宜将衡平性次级债权规则的适用范围仅限于母子公司这一种典型的公司关联人与公司之间，而应扩展适用于一切公司关联人与公司之间；也不宜将衡平性次级债权规则的适用范围仅限于进入公司破产程序期间，而应同时扩展适用于公司正常经营期间和公司一切清算程序期间。只要公司关联人滥用了对公司的控制权或实质影响力且主观上具有过错，不管公司是处于破产程序期间还是正常经营期间或者破产程序之外的其他清算程序期间，其对公司的债权就次于和劣于公司的其他债权人受清偿，以周延和全面地规制和惩罚具有过错的公司关联人、保护和救济公司其他债权人的利益。

有观点认为，对我国《公司法》第 20 条的公司人格否认制度的规定运用当然解释方法进行操作，可为次级债权规则的适用创造空间。[2]因此，我国无须在立法上明确规定和引入次级债权规则。笔者对此不予赞同，将我国《公司法》第 20 条的公司人格否认制度的规定进行扩展以涵盖次级债权规则的操作，因超越了该条规定的最大可能文义而不再属于当然解释等法律解释范畴，已进入法律漏洞填补范畴。因为，所谓当然解释，是指某法律条文对

〔1〕　参见范健、王建文：《公司法》，法律出版社 2006 年版，第 248 页。
〔2〕　参见王林清：《公司纠纷裁判思路与规范释解》（下），法律出版社 2017 年版，第 1285 页。

某事实虽无明文规定，但出于对该法律条文立法目的之考量，如果某事实较该法律条文规定的事实更有适用的必要和理由，则某事实可以直接适用该法律条文。[1]当然解释方法具体包括"举重以明轻"和"举轻以明重"两种方法，其中"举重以明轻"方法适用于权利（力）性规定，而"举轻以明重"方法则适用于义务和责任性规定。我国《公司法》第20条的公司人格否认制度显然属于义务和责任性规定，而公司人格否认制度中规定的事实又较次级债权规则中的事实严重。故而，既无法对我国《公司法》第20条的公司人格否认制度规定进行"举重以明轻"的当然解释操作，也无法对我国《公司法》第20条的公司人格否认制度规定进行"举轻以明重"的当然解释操作。因此，运用当然解释方法无法将我国《公司法》第20条的公司人格否认制度的规定进行扩展以涵盖次级债权规则，而应运用法律漏洞填补方法对我国《公司法》第20条进行漏洞填补操作。具体而言，在我国立法明确规定次级债权规则之前，法官应当运用类推适用这一法律漏洞填补方法将我国《公司法》第20条的公司人格否认制度的规定进行扩展以容纳次级债权规则。因为次级债权规则适用情形与公司人格否认制度适用情形两者之间属于平等并列关系，不存在任何包含、递进等关系，不符合目的性扩张这一法律漏洞填补方法的适用条件，但符合类推适用这一法律漏洞填补方法的适用条件。因此，应运用类推适用法律方法将我国《公司法》第20条规定的公司人格否认制度扩展适用于次级债权规则情形。由此，在公司关联人滥用其对公司的控制权或实质影响力且主观上具有过错时，公司关联人对公司的债权应次于和劣于公司的其他债权人受清偿。若公司关联人滥用其对公司的控制权或实质影响力，主观上具有损害公司债权人利益、社会公共利益和国家利益的故意或重大过失，优先清偿自身债权，造成公司丧失偿债能力从而损害公司其他债权人利益、社会公共利益或国家利益的，则构成对公司独立人格制度的滥用，应适用公司人格否认制度，对公司债务及其他义务直接承担责任。

---

〔1〕 参见王利明：《法学方法论》，中国人民大学出版社2012年版，第398页。

公司董事会决议撤销之经典案例研究

第一节 案例之案情简介及法院判决

一、案情简介 [1]

原告李建军诉称：被告上海佳动力环保科技有限公司（以下简称"佳动力公司"）免除其总经理职务的决议所依据的事实和理由不成立，且董事会的召集程序、表决方式及决议内容均违反了公司法的规定，请求法院依法撤销该董事会决议。

被告佳动力公司辩称：董事会的召集程序、表决方式及决议内容均符合法律和章程的规定，故董事会决议有效。

法院经审理查明：原告李建军系被告佳动力公司的股东，并担任总经理。佳动力公司股权结构为：葛永乐持股 40%，李建军持股 46%，王泰胜持股 14%。三位股东共同组成董事会，由葛永乐担任董事长，另两人为董事。公司章程规定：董事会行使包括聘任或者解聘公司经理等职权；董事会须由 2/3 以上的董事出席方才有效；董事会对所议事项作出的决定应由占全体股东 2/3 以上的董事表决通过方才有效。2009 年 7 月 18 日，佳动力公司董事长葛永乐召集并主持董事会，三位董事均出席，会议形成了"鉴于总经理李建军不经董事会同意私自动用公司资金在二级市场炒股，造成巨大损失，现免去其总经理职务，即日生效"等内容的决议。该决议由葛永乐、王泰胜及监事签名，李建军未在该决议上签名。

---

〔1〕 该案为最高人民法院 10 号指导性案例，案件全称为李建军诉上海佳动力环保科技有限公司公司决议撤销纠纷案。

二、法院判决

上海市黄浦区人民法院于 2010 年 2 月 5 日作出（2009）黄民二（商）初字第 4569 号民事判决：撤销被告佳动力公司于 2009 年 7 月 18 日形成的董事会决议。宣判后，佳动力公司提出上诉。上海市第二中级人民法院于 2010 年 6 月 4 日作出（2010）沪二中民四（商）终字第 436 号民事判决：1. 撤销上海市黄浦区人民法院（2009）黄民二（商）初字第 4569 号民事判决；2. 驳回李建军的诉讼请求。

第二节　案例之相关问题研究

一、董事会决议概述

（一）董事会决议的概念和特征

董事会作为公司日常经营的最高决策机关，与股东会或股东大会一样亦为会议体机关，主要通过召开董事会会议并对公司重要事项作出决议的方式行使其日常最高经营决策权。根据召开时间的不同，董事会会议可分为定期会议和临时会议。定期会议是指按照法律或公司章程规定的时间必须定期按时召开的董事会会议。临时会议是指基于公司经营管理的需要，在法律或公司章程规定的时间之外，不定期临时召开的董事会会议。关于股份有限公司的董事会，我国《公司法》第 110 条规定："董事会每年度至少召开两次会议，每次会议应当于会议召开 10 日前通知全体董事和监事。代表 1/10 以上表决权的股东、1/3 以上董事或者监事会，可以提议召开董事会临时会议。董事长应当自接到提议后 10 日内，召集和主持董事会会议。董事会召开临时会议，可以另定召集董事会的通知方式和通知时限。"而对有限责任公司董事会会议的召开时间及召开通知未作规定，实际上是授权公司以公司章程自行决定。根据我国《公司法》第 47 条和第 109 条第 2 款的规定，有限责任公司和股份有限公司董事会会议由董事长召集和主持；董事长不能履行职务或者不履行职务的，由副董事长召集和主持；副董事长不能履行职务或者不履行职务的，由半数以上董事共同推举一名董事召集和主持。因此，董事会决议是董事会会议上针对提请董事会会议审议的公司重要经营决策事项，依法律和公司章程规定的程序进行表决而形成的决定，董事会决议是董事会成员集体意志的体现。

与股东会决议一般实行一股一票和资本多数决的原则不同，董事会决议实行一人一票和人头多数决原则，每一个董事对提请董事会会议审议的事项均有一票表决权，董事会决议以简单多数或绝对多数股东通过即可以作出。各国和地区的公司法大多规定董事会决议的表决原则为一人一票和董事人数多数决，即每一名董事对提请董事会审议事项均有一票表决权，董事会决议的作出须经多数董事同意才能通过。为了保证董事会决议代表大多数董事的意志，大多数国家和地区的公司法还规定了双重多数原则，不仅要求董事会决议的作出须经出席会议的多数董事同意才能通过，而且要求出席董事会的董事符合法定最低人数。考虑到公司经营决策的非公开性，董事原则上应亲自出席董事会会议并进行投票表决，但有正当理由不能亲自出席的，也可委托其他董事代理出席并进行投票表决。此外，大多数国家和地区的公司法还规定了董事表决回避制度，即当董事与董事会会议审议事项存在特别的利害关系从而与公司形成利益冲突，有可能损害公司利益的，该董事不能参与对该事项的表决，其他董事也不能代理其参加表决，该董事也不能代理其他董事参加表决。

根据我国《公司法》第48条的规定，有限责任公司董事会的议事方式和表决程序，除公司法有规定的外，由公司章程规定。董事会决议的表决，实行一人一票。根据我国《公司法》第111条和第112条第1款的规定，股份有限公司董事会会议应有过半数的董事出席方可举行。董事会作出决议，必须经全体董事的过半数通过。董事会决议的表决，实行一人一票。董事会会议，应由董事本人出席；董事因故不能出席，可以书面委托其他董事代为出席，委托书中应载明授权范围。根据我国《公司法》第124条的规定，我国仅在上市公司中规定了关联董事表决回避制度，即上市公司董事与董事会会议决议事项所涉及的企业有关联关系的，不得对该项决议行使表决权，也不得代理其他董事行使表决权。该董事会会议由过半数的无关联关系董事出席即可举行，董事会会议所作决议须经无关联关系董事过半数通过。出席董事会的无关联关系董事人数不足三人的，应将该事项提交上市公司股东大会审议。

为了加强董事对公司经营管理工作的责任心，各国和地区的公司法大多规定了董事对董事会决议承担民事责任制度，即董事会决议违反法律、行政法规或公司章程及股东会决议，致使公司遭受严重损失的，参与决议并对决议未明确表示异议的董事应对公司承担损害赔偿责任。根据我国《公司法》第112条第2款和第3款的规定，股份有限公司董事会应当对会议所议事项的决定作成会议记录，出席会议的董事应当在会议记录上签名。董事应当对董事会的决议承担责任。董事会的决议违反法律、行政法规或者公司章程、股东大会决议，致使公司遭受严重损失的，参与决议的董事对公司负赔偿责任。但经证明在表决时曾表明异议并记载于会议记录的，该董事可以免除责任。对有限责任公司，我国公司法未规定董事对董事会决议承担民事责任制度，这无疑是我国公司立法上的一个缺陷。

（二）董事会决议的性质

关于董事会决议等公司机关决议的性质问题理论界具有较大的争议，一般认为，董事会决议等公司机关决议是一种多方法律行为；而董事会决议等公司机关决议具体属于何种多方法律行为，主要有契约行为说、共同行为说和决议行为说等观点。

按照大陆法系传统民法学理论，所谓法律行为是指私法主体将设立、变更或终止私法关系的内心意思以一定方式表达于外部从而发生私法主体意欲的法律效果的意思表示行为。根据法律行为成立所必需的意思表示的数量，法律行为分为单方法律行为和多方法律行为。单方法律行为又称单独行为，是指依一方当事人之意思表示即可成立和发生效力的法律行为，主要包括单方权利处分行为、单方义务设定行为和形成权人行使形成权的行为；多方法律行为，是指依双方或双方以上当事人之意思表示才可成立和发生效力的法律行为，多方法律行为又可分为契约法律行为、共同法律行为和决议法律行为。契约法律行为即合同行为，是指依双方当事人之相互对立的意思表示全体一致而成立和发生效力的法律行为，以买卖、借贷等交易行为为代表；共同法律行为又称协同行为、协定行为，是指依双方或双方以上当事人之相互平行的意思表示全体一致而成立和发生效力的法律行为，以合伙协议、社团法人设立协议等组织体的设立行为为典型。[1]决议法律行为是指依双方或双方以上当事人之相互平行的意思表示多数一致而成立和发生效力的法律行为，

---

〔1〕 参见王泽鉴：《民法总则》（增订版），中国政法大学出版社2001年版，第260~261页。

如董事会决议等公司机关决议行为。传统民法学通说认为，决议法律行为与契约法律行为及共同法律行为具有本质上的差异，决议法律行为的特点是实行人数多数决或资本多数决原则，只需半数以上的多数当事人意思表示一致或持有半数以上多数资本的当事人意思表示一致即可成立和生效，因此，决议一旦作出，不仅对参加决议且投赞成票的当事人具有约束力，而且对未参加决议的当事人以及虽参加决议但投弃权票或反对票的当事人也具有约束力；契约法律行为及共同法律行为的特点是实行全体一致决原则，须全体当事人意思表示一致才可成立和生效，即契约法律行为和共同法律行为须全体当事人共同参与且一致赞成才可成立和生效。

笔者对以上传统民法学见解有两点不同看法，其一，不管是契约法律行为还是共同法律行为，其实质均为受契约约束的双方或双方以上的全体当事人意思表示一致而成立和发生效力的法律行为，两者并无本质区别，对两者采取不同称谓并加以区分实无必要。其二，决议法律行为表面看来仅多数当事人或持有多数资本的当事人真正和实质地参与了决议，而其他当事人即未参加表决投票或参加表决投票但投弃权票或反对票的当事人并未真正和实质地参与决议；但实际上，由于受决议约束的全体当事人事前已知悉并一致同意遵循人数多数决或资本多数决原则作出决议，受决议约束的全体当事人事实上已预先自愿接受决议对其的管辖和约束，决议对全体当事人的约束力仍来源于全体当事人的意思自治和自主决定，决议仍可视为受决议约束的全体当事人意思表示达成一致的结果和产物。可见，决议法律行为与契约法律行为和共同法律行为也并无本质上的不同，将决议法律行为单列出来与后两者加以明确区分并不符合逻辑。综上所述，鉴于契约法律行为、共同法律行为和决议法律行为三者并无本质差异，三者同为受契约约束的全体当事人意思表示一致而成立和生效的多方法律行为。因此，笔者认为，可将三者合称为契约法律行为，构造一个涵盖面更广、容纳力更强的契约法律行为概念，由此契约法律行为与多方法律行为成为可以互换的等同概念。

在以上较为宽泛的整合性契约法律行为概念之下，再将契约法律行为进一步划分为典型契约法律行为和非典型契约法律行为。典型契约法律行为是契约法律行为中的一般和典型形态，是指双方或双方以上的当事人意思表示全体一致而成立和发生效力的契约法律行为如买卖合同、合伙合同等。而非典型契约法律行为是契约法律行为中的特殊和非典型形态，是指双方或双方以上的当事人意思表示多数一致而成立和发生效力的契约法律行为如公司董事会决议等公司机关决议行为。由于典型契约通常只有人数极少的双方或几方当事人且变动性不强，人数有限的当事人完全可以采取全体当事人人数一致决的通过方式来订立契约，不仅方便易行，而且成本低廉。可见，典型契约订立的自治性和自愿性程度极高，是对私法自治原则和理念的完美体现。而非典型契约的当事人人数众多且具有开放性，人数如此众多的当事人若采取全体当事人人数一致决的通过方式来订立契约，并不具有可行性。此种做法不仅费时费力，造成缔约成本和交易费用高昂，不利于促成和鼓励交易；而且由于每个当事人均有一票否决权，还可能出现以敲诈为目的的策略性行为，阻碍和抑制交易的达成，最终损害交易效率和交易公平。因此，当事人众多的非典型契约通常允许采用人数多数决或资本多数决的通过方式来订立，以降低和控制缔约成本和交易费用，促成和鼓励交易的达成，提高和增进交易效率。可见，非典型契约订立的自治性和自愿性程度有所下降和减弱，不能完全契合私法自治原则和理念。[1]

综上可知，董事会决议等公司机关决议的性质为多方法律行为中的非典型契约法律行为。

二、董事会决议瑕疵制度概述

(一) 董事会决议瑕疵的含义和分类

所谓董事会决议瑕疵，是指董事会决议因程序或者内容违反法律的强行性规定或者公司章程而导致处于无效、可撤销或不成立的状态。由此可见，首先，董事会决议瑕疵可以分为程序瑕疵和内容瑕疵。董事会决议程序瑕疵，是指董事会决议的通知、召集、表决等程序违反法律的强行性规定或者公司章程的瑕疵状态，董事会决议程序瑕疵既可能影响决议的效力，也可能影响决议的成立；董事会决议内容瑕疵，是指董事会决议的内容违反法律的强行性规定或者公司章程的瑕疵状态，[2]董事会决议内容瑕疵只影响决议的效力。其次，董事会决议瑕疵还可以分为成立瑕疵和效力瑕疵。具体而言，董事会

---

[1] 参见唐英：《公司章程司法适用研究》，法律出版社2016年版，第30~34页。

[2] 根据传统民法关于法律行为的一般理论，法律行为的合法性既指狭义合法性，合乎法律的规定，也指广义合法性，合乎公序良俗。因此，董事会决议作为多方法律行为中的一种，其内容违反公序良俗也构成内容瑕疵，也会影响决议的效力。

决议成立瑕疵，是指董事会决议因程序违反法律的强行性规定或者公司章程而导致处于不成立的瑕疵状态；而董事会决议效力瑕疵，是指董事会决议因程序或者内容违反法律的强行性规定或者公司章程而导致处于无效、可撤销等效力瑕疵状态，董事会决议效力瑕疵主要有决议无效和决议可撤销两种情形。

　　一般情况下，董事会决议作为多方法律行为只需参与决议的董事做出了意思表示，且做出意思表示的董事人数和表决权数达到法律和公司章程规定的最低下限，董事会决议即为成立；但若董事会决议违反法律和公司章程对决议的程序性规定，导致事实上参与决议的董事未做出意思表示或者做出意思表示的董事人数和表决权数未达到法律和公司章程规定的最低下限，则董事会决议可能被法院判决不成立，此即大多数国家和地区公司法规定的董事会决议不成立诉讼制度这种董事会成立瑕疵诉讼制度。具体而言，董事会决议不成立诉讼制度，是指董事会决议程序违反法律的强行性规定或违反公司章程导致其事实上不成立时，股东等利害关系人请求法院确认该决议不成立的制度。我国现行《公司法》并未规定董事会决议不成立制度，最高人民法院《关于适用〈中华人民共和国公司法〉若干问题的规定（四）》［以下简称《公司法解释（四）》］补充确认了我国的董事会决议不成立制度。

　　一般情况下，作为多方法律行为的董事会决议一经成立即发生法律效力。但若董事会决议不符合法律行为的三个一般有效要件，即行为人具有相应的民事行为能力、意思表示真实、合乎法律的强行性规定和公序良俗，则董事会决议可能被法院宣告无效或被法院撤销，此即大多数国家和地区公司法规定的董事会决议无效制度、董事会决议撤销制度两种董事会决议效力瑕疵制度。其中董事会决议无效制度，是指董事会决议内容违反法律的强行性规定时，任何人均可请求法院宣告该决议当然无效、绝对无效和确定无效的制度。而董事会决议撤销制度，则是指董事会决议程序违反法律的强行性规定或违反公司章程，或者内容违反公司章程时，股东等利害关系人有权在一定期限内请求法院撤销该决议而使该决议丧失效力的制度。我国《公司法》第22条确立了董事会决议无效与董事会决议撤销制度，该条明确规定公司董事会的决议内容违反法律、行政法规的无效。董事会的会议召集程序、表决方式违反法律、行政法规或者公司章程，或者决议内容违反公司章程的，股东可以自决议作出之日起60日内，请求人民法院撤销。股东依照前款规定提起诉讼的，人民法院可以应公司的请求，要求股东提供相应担保。公司根据股东会或者股东大会决议已办理变更登记的，人民法院宣告该决议无效或者撤销该决议后，公司应当向公司登记机关申请撤销变更登记。我国《民法总则》第85条也总括规定了营利法人执行机构决议撤销制度，即营利法人的执行机构作出决议的会议召集程序、表决方式违反法律、行政法规、法人章程，或者决议内容违反法人章程的，营利法人的出资人可以请求人民法院撤销该决议，但是营利法人依据该决议与善意相对人形成的民事法律关系不受影响。

值得注意的是，我国现行立法仅规定了针对股东会决议和董事会决议的无效、撤销和不成立制度，而没有规定针对监事会决议的无效、撤销和不成立制度，那么在我国公司股东等利害关系人可否向法院提起监事会决议的无效、撤销和不成立诉讼？笔者认为，一者，监事会决议与股东会决议和董事会决议一样也会因内容或程序违反法律、公司章程而产生效力瑕疵和成立瑕疵，监事会决议的瑕疵也会直接或间接损害到公司股东等利害关系人的合法利益。因此，理应赋予公司股东等利害关系人向法院提起监事会决议的无效、撤销和不成立诉讼的权利。二者，由于监事会与股东会之间是下级机关与上级机关之间的关系，因此监事会决议与股东会决议之间也存在着下级决议与上级决议之间的关系，根据"举重以明轻"的当然解释方法和规则，我国现行立法既然已明确赋予了公司股东等利害关系人向法院提起作为上级决议的股东会决议无效、撤销和不成立诉讼的权利，不言而喻、理所当然也就赋予了公司股东等利害关系人向法院提起作为下级决议的监事会决议无效、撤销和不成立诉讼的权利。

（二）董事会决议效力瑕疵与董事会决议成立瑕疵的区别

如前所述，董事会决议效力瑕疵，是指董事会决议因程序或者内容违反法律的强行性规定或者公司章程而导致处于无效、可撤销等效力瑕疵状态，董事会决议效力瑕疵主要有无效和可撤销两种情形；而董事会决议成立瑕疵即董事会决议不成立，是指董事会决议因程序违反法律的强行性规定或者公司章程而导致处于不成立的瑕疵状态。必须指出的是，董事会决议效力瑕疵与董事会决议成立瑕疵的性质截然不同。因为按照民法关于法律行为的一般原理，应严格区分法律行为的成立与法律行为的生效。前者属于事实判断，是对法律行为是否做出和是否存在的事实判断，其判断的标准是行为人是否做出了意思表示，对于多方法律行为而言还须判断行为人之间的意思表示是否达成一致。后者属于价值判断，是对法律行为是否符合法律规定的生效要件和价值目标而具有法律约束力进行评判，其判断的标准是行为人是否具有相应的行为能力、行为人做出的意思表示是否自愿和真实以及内容是否合法和合乎公序良俗。因此，应严格区分法律行为的效力瑕疵与法律行为成立瑕疵，前者是法律行为因不符合法定的有效要件而导致无效、可撤销等效力瑕疵状态；后者是法律行为因行为人欠缺意思表示或意思表示尚未达成一致而事实上未成立和不存在。董事会决议等公司机关决议作为一种多方法律行为中的非典型契约法律行为，理应适用《中华人民共和国民法通则》（以下简称《民法通则》）和《民法总则》以及《合同法》中关于法律行为和契约行为成立和有效的一般规定，严格地界分董事会决议效力瑕疵与董事会决议不成立。

我国现行《公司法》并未明确规定董事会决议不成立制度，故而，根据我国民法的相关规定和原理，《公司法解释（四）》补充确认了我国的董事会决议不成立制度，首先，与有权提起董事会决议无效之诉的主体范围一样，有权向法院提起董事会决议不成立之诉的主体也是公司股东、董事、监事等利害关系人。其次，董事会决议不成立的具体情形包括：（1）公司未召开会议的；（2）会议未对决议事项进行表决的；（3）出席会议的人数或者表决权不符合公司法或者公司章程规定的；（4）会议的表决结果未达到公司法或者公司章程规定的通过比例的；（5）导致决议不成立的其他情形。笔者认定，我国现行立法规定公司股东、董事、监事等有权提起董事会决议无效之诉和董事会决议不成立之诉，该规定不仅较为模糊且不太妥当合理。首先，立法中使用了"公司股东、董事、监事等"这样模糊的用语，易造成理解上的歧义和适用上的混乱。笔者认为，按照体系解释方法中的同类解释规则，[1]此处的"等"应解释为与公司股东、董事、监事同类的人，其中董事是以决议行为人的身份和决议利害关系人身份享有提起诉讼的权利，[2]监事是以对董事会决议的法定监督权享有提起诉讼的权利，股东是以决议利害关系人的身

---

[1]　同类解释规则，是指如果法律上列举了具体的人或物，然后将其归属于一般性的类别，那么这个一般性的类别就应当与具体列举的人或物属于同一类型。参见王利明：《法学方法论》，中国人民大学出版社 2012 年版，第 395 页。

[2]　在董事会决议不成立和董事会决议无效诉讼中，董事是以决议行为人和决议利害关系人的双重身份享有提起诉讼的权利。因为，一旦董事会决议被认定无效或不成立，董事有可能被追责而承担赔偿责任。必须指出的是，对董事会决议持赞成票和弃权票的董事提起董事会决议无效或不成立诉讼的，人民法院应不予受理，已经受理的应驳回起诉，否则将违背禁止反言规则和诚实信用原则，

份享有提起诉讼的权利，因此，笔者认为此处的"等"可具体解释为股东之外的其他决议利害关系人。例如，决议其权利受到限制、剥夺或承担某种义务的人。其次，将有权提起董事会决议无效之诉和董事会决议不成立之诉的主体范围规定得完全相同，没有考虑和体现这两种制度的本质区别。由于董事会决议无效的事由是决议内容违反法律的强行性规定而导致其无效，不仅涉及公司当事人利益，而且还涉及公司当事人之外的特定第三人利益、社会公共利益和国家利益，应允许利益受损的特定第三人为自己利益以及有关国家机关和社会组织及任何人〔1〕均可代表社会公共利益及国家利益提起董事会决议无效之诉，而不应仅仅允许公司股东、董事、监事等决议利害关系人提起董事会决议无效之诉董事会决议不成立的事由是决议程序违反法律的强行性规定或者公司章程而导致其不成立，一般而言，仅涉及当事人利益，应该仅仅允许作为决议行为人的董事、对董事会决议有监督权的监事、公司股东等决议利害关系人提起董事会不成立之诉。

按照我国现行立法，程序瑕疵可同时为董事会决议可撤销和董事会决议不成立的适用事由，那么如何对两者进行区分呢？笔者认为，我国现行立法关于董事会决议可撤销和董事会决议不成立适用事由存在交叉之处，造成了适用上的尴尬。在《公司法解释（四）》第5条列举的董事会决议不成立的具体情形中，只有第一种"公司未召开会议的"情形和第二种"会议未对决议事项进行表决的"情形，只属于董事会决议不成立的情形而不构成董事会决议可撤销情形，从而没有适用冲突和选择的问题；而第三种"出席会议的人数或者表决权不符合公司法或者公司章程规定和"和第四种"会议的表决结果未达到公司法或者公司章程规定的通过比例的"两种程序瑕疵情形，既属于董事会决议不成立的情形，也属于董事会的会议召集程序、表决方式违反法律、行政法规或者公司章程的董事会决议可撤销情形，此时是适用董事会决议不成立制度还是董事会决议可撤销制度成为一个难题。因此，宜在立法上进一步澄清董事会决议可撤销和董事会决议不成立的制度界限，其一，程序瑕疵的法律后果和严重程度不同。前者的程序瑕疵限于不影响决议成立但对决议效力有一定影响的轻微的程序瑕疵，后者的程序瑕疵限于欠缺决议

---

〔1〕 根据我国《民事诉讼法》第55条的规定，法律规定的机关和有关组织以及人民检察院为公共利益向人民法院提起民事公益诉讼。

成立要件而影响决议成立的严重的程序瑕疵。其二，程序瑕疵是否可补正的不同。前者的程序瑕疵一般可以事后补正而由当事人决定是否请求撤销，后者的程序瑕疵无法事后补正而只能认定决议不存在。[1]

（三）董事会决议效力瑕疵与一般法律行为效力瑕疵的区别

笔者认为，我国现行公司法规定的董事会决议效力瑕疵与民事法律规定的一般法律行为效力瑕疵制度有明显不同，首先不仅董事会决议内容和程序违反法律、行政法规会导致董事会决议的效力瑕疵，而且董事会决议内容和程序违反公司章程和股东会决议也会导致董事会决议的效力瑕疵。这是因为公司章程是受章程约束的公司内部成员创制的公司内部自治规范，在公司内部自治规范体系中在权威和价值层面均处于最高位阶和最高等级，堪称公司内部的宪章和根本大法。[2]而董事会决议是董事会根据公司法和公司章程以及股东会或者股东大会的授权，对有关公司经营决策和经营管理的重大事项行使决策权而作出的决定。由于董事会的决策权来源于公司法、公司章程和股东会或者股东大会的明确授权，董事会决议权的性质是对公司章程和股东会或者股东大会决议的执行权和实施权，因此董事会决议仅能对公司章程和股东会或者股东大会决议的规定予以具体化、细致化和明晰化，而不得与公司章程和股东会或者股东大会决议的相应规定相冲突，除非公司章程和股东会或者股东大会决议特别授权董事会对公司章程和股东会或者股东大会决议规定进行变通和修改。因此，当董事会决议内容和程序违反公司章程和股东会或者股东大会决议也会导致董事会决议无效、被撤销等效力瑕疵状态。我国现行立法仅规定了董事会决议内容和程序因违反法律、行政法规或者公司章程而导致的效力瑕疵，并未规定董事会决议内容和程序因违反股东会或者股东大会决议规定的效力瑕疵，应予补正。

其次区分董事会决议内容违反法律、行政法规与董事会决议程序违反法律、行政法规两种情形规定不同的效力瑕疵状态，前者属于决议无效的情形，而后者属于可以请求撤销的情形。这主要是考虑到董事会决议内容违反法律、行政法规情形属于严重的违法行为且无法补救，应给予绝对无效的法律评价；而董事会决议程序如召集程序、表决程序违反法律、行政法规情形属于较轻

---

[1]　参见王林清：《公司纠纷裁判思路与规范释解》（下），律出版社 2017 年版，第 862 页。

[2]　参见唐英：《公司章程司法适用研究》，法律出版社 2016 年版，第 216~217 页。

微的违法行为且通常可以补救，应给予相对无效的法律评价。除此之外，还应区分董事会决议内容违反法律、行政法规与董事会决议内容违反公司章程两种情形规定不同的效力瑕疵状态，前者属于决议无效的情形，而后者属于可以请求撤销的情形。这主要是考虑到董事会决议内容违反法律、行政法规一般会导致公司当事人之外的特定第三人利益、社会公共利益和国家利益的损害，属于确定无效、当然无效、绝对无效，应允许任何人向法院提起无效之诉；而董事会决议内容违反公司章程通常只涉及公司当事人利益的损害，属于或然无效、相对无效，应由受损害的公司当事人依意思自治自己决定是否请求法院予以撤销。[1]

最后，民事法律规定的一般法律行为撤销的事由主要是行为人意思表示瑕疵，如欺诈、胁迫等，有权请求法院撤销的主体是意思表示有瑕疵的行为人；而董事会决议撤销的事由是董事会决议程序违法、违反公司章程或者董事会决议内容违反公司章程，有权请求法院撤销的主体是公司股东这一董事会决议利害关系人，[2]而未规定作为决议行为人的董事、对董事会决议享有监督权的监事以及股东之外的其他决议利害关系人为有权向法院请求撤销董事会决议的主体。这是由于董事会决议等公司机关决议作为公司意思表示的形式和载体，其效力之有无不仅涉及多个决议行为人的利益，更为重要的是还涉及了公司整体利益以及公司股东、债权人、职工等众多公司利益相关者的利益，不宜轻易否决其效力以免影响公司正常运营、损害众多公司利益相关者的利益和危及交易安全。笔者认为，当董事作出董事会决议时存在意思表示瑕疵情形，虽然其仍可以按照一般民事法律的规定以意思表示瑕疵为由向法院请求撤销其意思表示，[3]一旦法院作出撤销该意思表示的判决，则视

---

〔1〕 值得注意的是，有些国家对于董事会决议等公司机关决议撤销事由是区分内容违法或违反公司章程与程序违法或违反公司章程两种情形规定不同的效力瑕疵状态，前者属于决议无效，后者属于决议可撤销。笔者认为，鉴于公司章程作为公司内部自治法规，其只具有公司内部约束力，对公司外部人不具有约束力。因此，决议内容违反公司章程一般只涉及公司当事人利益且具有可补救性，仍宜规定为可撤销。我国现行立法规定更合理妥当。

〔2〕 由于公司股东作为公司投资者是公司最重要的利害相关者，因此无论董事会决议是否导致股东利益受损，公司股东都可以作为董事会决议利害关系人而享有请求法院撤销董事会决议的权利。

〔3〕 有观点认为，以意思表示瑕疵为由请求撤销决议的董事是否仅限于在表决时投反对票的董事，在表决时投赞成票和弃权票的董事不得请求撤销决议。笔者认为，为了周全保护意思表示有瑕疵的董事的利益，不宜做此限制。因为，投赞成票和弃权票的董事在表决时可能并不知悉其意思表示存在瑕疵。

为该董事作出的意思表示自始无效而不存在，但若该董事意思表示无效而不存在后该决议仍符合法定和公司章程规定的决议成立和通过的最低人数和表决权数时，则该董事意思表示无效并不影响该决议本身的成立和效力；只有当该董事意思表示的无效和不存在使得该决议已不符合法定和公司章程规定的决议成立和通过的最低人数和表决权数时，该董事意思表示无效才会影响该决议本身的成立和效力。

至于对董事会决议享有监督权的监事是否有权提起董事会决议撤销诉讼的问题，笔者持肯定见解。由于董事会决议的撤销事由不限于行为人意思表示瑕疵，还包括决议程序违法或违反公司章程以及决议内容违反公司章程。当董事会决议程序违法或违反公司章程以及决议内容违反公司章程时，该决议有可能损害股东利益和公司整体利益，而监事对董事会决议享有监督职权，理应有权提起董事会决议撤销诉讼，以尽到其监督职责并维护股东和公司利益。至于股东之外的其他决议利害关系人如依董事会决议其已有权利受到限制、剥夺或承担某种义务的主体是否有权提起董事会撤销诉讼的问题，笔者也持肯定见解。因为，依董事会决议其权利受到限制、剥夺或承担某种义务的主体作为该决议的利害关系人，其与董事会决议之间具有直接和较大的利害关系，应允许其以董事会决议程序违法、违反公司章程或者董事会决议内容违反公司章程提起撤销诉讼，以保护股东之外的其他利害关系人的合法利益。而我国现行立法只允许股东作为决议利害关系人提起董事会撤销诉讼，股东之外的其他决议利害关系人只能以诉讼第三人的身份参与股东提起的诉讼，应予修正。

在本指导性案例中，佳动力公司股权结构为：葛永乐持股40%，原告李建军持股46%，王泰胜持股14%。三位股东共同组成董事会，由葛永乐担任董事长，另两人为董事。因此，原告李建军作为佳动力公司的经理和董事，同时也是佳动力公司三位股东中的持股比例最大的一个股东，按照我国现行立法，其只能以股东的身份提起撤销董事会解聘其经理职务的决议，而其既不能以董事身份提起撤销诉讼，也不能以股东之外的其他利害关系人身份提起撤销诉讼。因此，若原告李建军不具有佳动力公司股东的身份，按照我国现行立法，原告李建军无法主动提起撤销董事会解聘其经理职务的决议，只能在其他两位股东提起撤销诉讼时作为有独立请求权的第三人参与诉讼。而在本指导性案例中，其他两位股东同时又作为董事会的另外两位董事，在董事会决议上对解聘原告李建军经理职务均持赞成意见，他们根本不可能提起撤销董事会决议的诉讼，最终将导致原告李建军这一决议利害关系人的合法权益得不到救济。

（四）董事会决议无效与董事会决议撤销的区别

董事会决议无效与董事会决议撤销作为两种性质不同的董事会效力瑕疵制度，其区别明显。其一，效力瑕疵严重程度不同。董事会决议无效的事由是决议内容违法，不仅会涉及公司当事人利益，而且通常还会涉及公司当事人之外的第三人利益、社会公共利益和国家利益；该瑕疵属于严重瑕疵且一般无法补正，其无效属于当然无效、绝对无效和确定无效，任何人均可以请求法院宣告无效；且法院还可以主动适用。而董事会决议的撤销事由是决议程序违法、违反公司章程或内容违反公司章程，一般只涉及公司当事人利益；该瑕疵属于较轻微的瑕疵且一般可以补正，其无效属于相对无效、或然无效，其是否无效取决于股东等决议利害关系人是否向法院请求撤销。换言之，可撤销的董事会决议在撤销之前仍为有效，仅在被撤销时才自始无效；且法院不能主动适用。其二，保护对象不同。董事会决议无效侧重于保护公司当事人之外的特定第三人利益、社会公共利益和国家利益，而董事会决议撤销侧重于保护受害一方的公司当事人利益。其三，主张方式不同。由于董事会决议无效属于当然无效，故董事会决议无效既可通过提起诉讼的方式主张，该诉讼属于确认之诉，任何人均可提起诉讼，也可通过诉讼以外的方式主张；并且董事会决议无效的主张无期限限制。而董事会决议撤销只能通过提起诉讼的方式主张，该诉讼属于形成之诉，是利害关系人行使其法定的撤销决议的这一形成权的手段和途径；且利害关系人行使该权利受一定的除斥期间的限制，以避免决议所涉及的法律关系长期处于不稳定状态。

（五）董事会决议瑕疵制度的价值目标

董事会决议无效、可撤销、不成立等董事会决议瑕疵制度的作用和功能是对董事会决议瑕疵提供司法救济，以维护决议行为人以及股东等决议利害关系人的合法利益、社会公共利益和国家利益。因此，董事会决议瑕疵制度的首要价值目标是公平和正义，保护和救济受瑕疵董事会决议损害的决议行为人利益、股东等决议利害关系人利益、社会公共利益和国家利益。但是，鉴于董事会决议无效、撤销或不成立不仅涉及决议行为人利益、股东等决议利害关系人利益，还会涉及公司整体利益以及公司债权人、职工等公司众多利益相关者的利益，不能轻易否决董事会决议的效力和存在，以免影响公司正常运营、损害众多公司利益相关者的利益和危及交易安全。因此，董事会决议瑕疵诉讼制度还应兼顾和遵行效率价值目标，以保障公司正常经营秩序和维护交易安全与便捷，平衡和缓解公平与效率价值之间的冲突和对峙。

第一，适当限制董事会决议无效、撤销和不成立判决的溯及力。基于商法的外观主义原理和交易安全便捷原则，董事会决议无效、撤销和不成立判决的溯及力只及于公司内部法律关系，对于依据该决议形成的、涉及善意相对人和第三人的公司外部法律关系不具有溯及力。《公司法解释（四）》第6条据此明确规定："股东会或股东大会、董事会决议被人民法院判决确认无效或者撤销的，公司依据该决议与善意相对人形成的民事法律关系不受影响。"[1]但是该条规定并没有提及被法院判决不成立的董事会决议的溯及力问题，已构成法律漏洞。笔者认为，为了有效维护善意相对人和第三人的信赖利益以贯彻交易安全便捷原则，可对该条规定进行类推适用操作以填补法律漏洞，对董事会决议不成立判决的溯及力同样给予适当限制，将董事会决议不成立判决的溯及力限于公司内部法律关系，公司依据该决议与善意相对人和第三人形成的民事法律关系不受影响。

第二，适当扩张董事会决议无效和不成立判决的既判力。法院判决的既判力，是指法院的终局判决确定后，无论该判决结果如何，当事人及法院均应当接受判决内容的约束，当事人不得就该判决的内容再次进行相同的主张，法院也不得就该判决的内容作出相矛盾的判断。法院判决的既判力原则上仅约束诉讼当事人；但是，在特定案件比如必要共同诉讼中，法院判决的既判力范围能及于讼诉当事人之外的第三人。为了防止公司徒增讼累和司法资源的浪费，维护公司的正常经营秩序和运营效率，可以适度扩张董事会决议无效和撤销判决的既判力，明确规定若法院判决驳回原告请求确认董事会决议无效、不成立之诉讼请求的，其他当事人不得再以同一事实和理由提起确认董事会决议无效之诉和不成立之诉。但鉴于董事会决议可撤销事由具有个体差异性，对于法院判决驳回原告撤销董事会决议之诉讼请求的，其他当事人

---

[1]　我国《民法总则》也明确规定，营利法人依据被撤销的执行机构决议与善意相对人形成的民事法律关系不受该决议撤销的影响。

仍然有权提起诉讼。[1]

第三，适度允许董事会决议瑕疵的补正。董事会决议瑕疵的补正，是指在董事会决议瑕疵诉讼过程中，法院允许当事人采取一定措施以补救和修正董事会决议成立和效力方面的瑕疵，消除该董事会决议的瑕疵而使决议成立和有效。董事会决议瑕疵的补正不仅可以节约公司的诉讼成本和法院的司法成本，更重要的是通过补正使有瑕疵的董事会决议继续成立和生效，有利于确定公司法律关系和维护公司正常经营秩序的稳定及经营效率。

第四，合理限制股东等利害关系人的撤销请求权。为了防止和避免股东等利害关系人滥用董事会决议撤销权，危及公司正常运营和交易安全，损害其他股东利益、公司整体利益和债权人等相关者的利益，大多数国家包括我国对股东等利害关系人的撤销请求权予以了合理和适度的限制。其一，规定了诉讼担保制度。为避免少数股东等利害关系人滥用诉权，影响和扰乱公司正常运营，损害其他股东和公司整体利益，在股东等利害关系人提起决议撤销诉讼时，法院可以应公司的请求，要求提起诉讼的股东等利害关系人提供相应担保。[2]若股东等利害关系人恶意诉讼造成公司损失，应以担保金对公司损失承担赔偿责任。其二，授予了法院裁量驳回显著轻微效力瑕疵董事会决议撤销诉讼的权力。鉴于可撤销董事会决议的瑕疵与无效董事会决议的瑕疵相比较为轻微且一般可以补救。故而，为了尽可能维持公司法律关系的稳定和公司经营管理秩序，实现公平、正义与效率、安全价值之间的平衡，当股东等决议利害关系人提起董事会决议撤销诉讼时，法院根据个案的具体事实情境认为董事会决议瑕疵显著轻微对决议效力未产生实质性影响且可以予以补正的，可以依自由裁量权驳回股东等利害关系人的撤销请求。《公司法解释（四）》第4条据此规定："股东请求撤销股东会或股东大会、董事会决议，符合公司法第22条第2款规定的，人民法院应当予以支持，但会议召集

---

[1] 参见王林清：《公司纠纷裁判思路与规范释解》（下），法律出版社2017年版，第907～908页。

[2] 参见《公司法》第22条第3款："股东依照前款规定提起诉讼的，人民法院可以应公司的请求，要求股东提供相应担保。"必须指出的是，该种担保仅是对公司诉讼费用损失的担保，而不是针对公司资产总额的担保。因为，董事会决议撤销诉讼，属于形成之诉而非给付之诉，原告的诉讼请求与公司资产总额无关。参见王林清：《公司纠纷裁判思路与规范释解》（下），法律出版社2017年版，第892页。

程序或者表决方式仅有轻微瑕疵，且对决议未产生实质影响的，人民法院不予支持。"

在本指导性案例中，原告李建军以佳动力公司董事会的召集程序、表决方式及决议内容均违反了公司法的规定，请求法院依法撤销佳动力公司该董事会决议。而法院生效裁判认为，根据《公司法》第22条第2款的规定，董事会决议可撤销的事由包括：（1）召集程序违反法律、行政法规或公司章程；（2）表决方式违反法律、行政法规或公司章程；（3）决议内容违反公司章程。从召集程序看，佳动力公司于2009年7月18日召开的董事会由董事长葛永乐召集，三位董事均出席董事会，该次董事会的召集程序未违反法律、行政法规或公司章程的规定。从表决方式看，根据佳动力公司章程规定，对所议事项作出的决定应由占全体股东2/3以上的董事表决通过方才有效，上述董事会决议由三位股东（兼董事）中的两位表决通过，故在表决方式上未违反法律、行政法规或公司章程的规定。从决议内容看，佳动力公司章程规定董事会有权解聘公司经理，董事会决议内容中"总经理李建军不经董事会同意私自动用公司资金在二级市场炒股，造成巨大损失"的陈述，仅是董事会解聘李建军总经理职务的原因，而解聘李建军总经理职务的决议内容本身并不违反公司章程。法院据此认为，原告李建军请求撤销董事会决议的诉讼请求不成立，对其诉讼请求依法予以驳回。

三、关于董事会中心主义与董事会的职权问题

关于公司治理机关中股东会与董事会的性质及相互关系以及公司治理结构中权力中心的演变，一直是公司法理论与实务中的重要问题。股东会，在股份有限公司中又称股东大会，是指由公司全体股东组成的公司最高权力机关，是股东行使对公司重大事务决策权从而间接控制公司经营管理的法定组织。其具有四个方面的特征：（1）股东会由公司全体股东组成。公司股东不论其所持股份的数额和性质不同，均为股东会的当然成员，都有权依法出席股东会会议。（2）股东会是公司的最高权力机关，在公司组织机构中居于最高法律地位，是公司其他机关的权力来源。具体表现为，董事会成员和监事会成员原则上由股东会选举和更换；股东会对涉及公司经营管理和股东利益的重大事务拥有最高决策权；董事会应当执行股东会的决议，董事会的决议不能与股东会的决议相冲突。（3）股东会原则上是公司的法定必设机关。我

国现行《公司法》明确规定，股东会或股东大会是有限责任公司和股份有限公司的必设机关；但一人有限责任公司不设股东会；国有独资公司不设股东会，由国有资产监督管理机构行使股东会职权。我国有关外商投资方面的法律法规规定，外商投资的有限责任公司可以不设股东会，而由董事会作为公司的最高权力机关。（4）股东会是公司的非常设机关。股东会的职权仅限于公司特定、重大事务的决策权，无权执行公司业务和对外代表公司；且其职权的行使须以召集全体股东会会议的方式进行，股东会会议只能按照法律或公司章程规定的时间定期召开，或者在法定情形下不定期临时召开，因而股东会是公司的非常设机关。

董事会，是指由董事组成的公司经营决策机关和业务执行机关及对外代表机关。其具有五个方面的特征：（1）董事会成员即董事原则上由股东会选举和更换，因此董事会对股东会负责并报告工作，负责执行股东会的决议。（2）董事会是公司的经营决策机关。在现代公司中，董事会不仅仅是股东会下设的执行机关，而且是公司的日常经营最高决策机关，董事会对法律和公司章程明确规定的股东会职权之外的一切事务均享有决策权。（3）董事会是公司的集体业务执行机关和对外代表机关。原则上只能由董事会集体作为公司的业务执行机关和对外代表机关，以公司的名义执行业务并对外与第三人进行交易。但经法律或公司章程授权，也可由1名或数名董事会成员单独或共同执行公司业务并对外代表公司。我国对董事会的对外代表权采法定单独代表制，根据我国《公司法》第13条的规定，公司的法定代表人只能依照公司章程的规定，由董事长、执行董事或者经理担任，并依法登记。其他董事、高级管理人员不得作为法定代表人对外代表公司。（4）董事会原则上是公司的法定必设机关。根据我国《公司法》第50条的规定，只有股东人数较少或者规模较小的有限责任公司，可以设1名执行董事，不设董事会。这样有利于小规模的有限责任公司降低管理成本、及时决策与灵活经营。（5）董事会是公司的常设机关。董事会作为公司的日常经营最高决策机关和对外代表机关，其性质已决定了它必须为常设机关。

综上可知，从理论上来说，股东会是公司的最高权力机关，董事会是股东会选举产生的公司经营决策机关、业务执行机关和对外代表机关，股东会与董事会是上下级机关之间的关系，股东会是董事会以及公司其他机关权力的来源，董事会以及公司其他机关的权力来自于股东会的委托和授权，董事会须对股东会负责并报告工作。学界一般认为，公司治理结构中的权力中心经历了由股东会中心主义向董事会中心主义的演变过程。

　　早期公司由于规模较小、股东人数较少，业务较为简单，公司股东有能力和意愿亲自参与公司经营管理，由公司全体股东所组成的股东会作为公司的最高权力机关，股东会在公司组织机构中处于核心地位而成为公司的权力中心。因此传统英美公司法理论认为，公司是纯私法上的自治组织，是股东意思自治的产物，股东是公司的唯一成员和最终所有者，以全体股东组成的股东会是公司的最高权力机关，也是公司其他机关及其成员权力的来源。因此，董事会只不过是公司的集体受托人和代理人，其权力完全来自于作为委托人的股东会的授权，具有从属性和派生性；董事会不能拥有独立于股东会的法定权利，董事会的权力范围以及与股东会的权力界限完全由公司章程或股东会决议确立和修改，具有意定性和任意性，股东会有权推翻和否决董事会决议。此种股东会至高无上、董事会完全依附于股东会的公司权力分配格局和配置模式，即学者称之的股东会中心主义的公司权力分配格局和配置模式。

　　从 20 世纪初以来随着现代公司规模的不断扩张，股东人数增多，股权高度分散化、多元性，公司经营管理日益复杂化、专业化，公司外部经营环境的不确定性、竞争性加强，公司股东已无能力和意愿亲自直接参与公司经营管理，由分散、流动、不具备专业管理知识的众多股东组成的会议体形式非常设性公司机关的股东会已无法有效、灵活、迅捷地对公司事务做出经营决策。因此，股东会的权力不断缩小，仅限于法律和公司章程明确列举和规定的范围。相反，作为专业管理机关的董事会的权力逐步扩张，除法律和公司章程明示规定为股东会享有的最重要、最宏观性的经营决策权力之外，其他一切经营决策权几乎全部由董事会享有并行使，董事会在公司组织机构中逐渐处于核心地位，公司的权力中心开始由股东会移转于董事会。而且董事会的权力出现了法定化的趋势从而具有了固有性和强制性，即董事会的权力是法律的强制性规定明确赋予的，而不是来源于股东会的授权；虽然公司章程和股东会决议可以对董事会的权力加以限制和改变，但不能随意限制和完全剥夺董事会固有的法定权力，因此，股东会不能随意推翻和否决董事会决议。如 1935 年英国上诉法院的判例指出："正如董事会不能剥夺公司章程赋予股东会的权力一样，股东会也不得擅自剥夺公司章程授予董事会的权力。"英国

1985年公布的具有惯例性质的《示范公司章程》第70条明确规定："在遵守公司法、公司章程、章程细则以及股东会特别决议的指示的前提下，董事会可以行使公司的所有权力，公司的业务应由董事会管理。"美国《示范公司法》第8.01条（b）也明确规定："所有公司权力应当由董事会行使或在它的许可下行使，公司的业务和事务也应当在它的指导下经营管理，但上述一切均应受公司章程明示限制的约束。"

由此，股东会和董事会之间的权力分配实现了法定化，股东会的权力因法定化而不断限缩，基本限于选举和撤换董事、制定和修改公司章程、审议批准对股东有重大影响的非日常性及非常规性重大事项如公司改组、公司解散等事项；董事会的权力因法定化而逐步扩张，其享有广泛、概括的公司经营决策权和管理权，且董事会的经营决策和管理权不能由公司章程或股东会决议随意限制和剥夺以至实质性改变股东会与董事会的法定权力配置格局。学者将此种公司权力分配格局和配置模式称为董事会中心主义。

在现代公司董事会中心主义配置格局下，由于决定聘任或者解聘公司经理及其报酬事项属于专业性和常规性公司经营决策权和管理权的范畴，不宜由非专业化的股东组成的非常设性的股东会来行使，而属于宜由作为常设性专业管理机关的董事会来行使，因此各国公司法均将该决定权配置给了董事会享有和行使。我国《公司法》第46条和第108条第4款均规定，董事会享有决定聘任或者解聘公司经理及其报酬事项，并根据经理的提名决定聘任或者解聘公司副经理、财务负责人及其报酬事项。因此，在我国决定公司经理等高级管理人员的聘任、解聘以及报酬事项属于公司董事会的法定职权。当然，基于股东自治和公司自治的公司法基本理念，遵循意思自治原则，公司章程可以对法定的股东会、董事会基本权力配置和格局予以适度和酌情调整和改变，公司章程可以将股东会的部分非固有性决策权下移和授予董事会享有和行使，公司章程也可以将董事会的部分非固有性决策权上交和收回给股东会享有和行使，只要这种调整未实质性地改变股东会与董事会的法定基本权力配置格局。据此，我国《公司法》遵循以上理念，在具体列举股东会和董事会的法定职权的同时，还兜底性地规定除以上列举的法定职权外，股东会和董事会还享有公司章程规定的其他职权，从而事实上允许以公司章程适度调整和修正法定的股东会、董事会权力配置格局。

在本指导性案例中，遵照《公司法》的规定，佳动力公司章程明确授予董事会享有和行使聘任或者解聘公司经理的职权，该公司章程的规定与公司法的规定一致。因此，不管是根据我国《公司法》的规定还是佳动力公司章程的规定，聘任、解聘公司经理都属于董事会的应有职权，佳动力公司董事会有权聘任或者解聘公司经理，有权就解聘公司经理事项作出董事会决议。而且遵循董事会中心主义的理念，一旦该公司董事会作出解聘经理决议，即使该公司股东会对之也不能随意推翻和否决。

四、关于董事会无因解聘经理的合法性问题

董事会决议撤销诉讼实务中最容易引起争议的一个问题是董事会是否有权无原因、无条件地解聘经理？董事会无因解聘经理是否具有合法性？笔者认为，董事会有权无原因、无条件地解聘经理，董事会无因解聘经理具有合法性，主要有以下两个方面原因。

第一方面，从公司法角度来看，聘任和解聘经理是董事会的法定职权。

如前所述，在现代公司法董事会中心主义的理念下，由于决定聘任或者解聘公司经理及其报酬事项属于专业性和常规性公司经营决策权和管理权的范畴，不宜由非专业化的股东组成的非常设性的股东会来行使，而属于宜由作为常设性专业管理机关的董事会来行使。因此，各国《公司法》包括我国《公司法》均将该决定权配置给了董事会享有和行使。故而，除非公司章程另有规定，决定聘任或者解聘公司经理及其报酬事项属于董事会的法定职权，而且法律对于董事会的该项法定职权并没有进行任何限制，没有要求董事会解聘公司经理必须具有某种原因或相应条件如被解聘经理有不胜任、欠缺能力、损害公司利益等违反勤勉义务和忠实义务的过错行为。根据私法"法无禁止即允许"的原则，既然法律并未对董事会决定聘任或者解聘公司经理及其报酬事项的职权做出任何限制，若公司章程也未依意思自治原则对董事会决定聘任或者解聘公司经理及其报酬事项的职权进行任何限制，那么董事会理应有权无原因、无条件地解聘经理，董事会无因解聘经理具有合法性。

第二方面，从合同法角度来看，公司享有单方无因解除经理聘任合同的权利。

关于经理的法律地位问题也即经理与公司之间的关系问题，是公司法理论与实践中一个争议较大的问题。大陆法系国家一般认为，首先，经理作为个人是公司的商事使用人，即受雇于特定的公司，并受该公司的委托，以该

公司名义辅助公司对外进行商事业务的自然人。所谓商事使用人，是指通过雇佣关系，从属于特定的商事主体，以商事主体的名义补助商事主体进行对外商事业务的自然人，经理是最典型和主要的商事使用人。因此，一方面，经理与公司之间存在着雇佣合同关系。经理是雇员，公司是雇主；另一方面，经理与公司之间又存在着委托合同关系。公司是委托人，公司经理等高级管理人员是受托人。基于双方的相互信任关系，公司委托经理等高级管理人员以公司名义处理公司事务，除公司法另有规定外，两者之间的关系适用民法有关委托合同的规定。公司经理等高级管理人员根据委托合同，享有处理公司事务的权利，同时也负有处理公司的义务。公司经理等高级管理人员在处理公司事务时，对公司负有法定的附随义务，该附随义务包括勤勉义务和忠实义务。[1]

所谓勤勉义务又称为注意义务，是指经理等公司高级管理人员在履行其职责时，应善意、谨慎、勤勉地处理事务，尽到一个合理谨慎之人在相似情形下所应具有的注意。各国和地区的公司法对公司董事、监事、高级管理人员勤勉义务的规定比较抽象和原则，其具体标准应在司法实践中逐步确立和完善。实践中通常采客观标准为主，主观标准为辅的综合性标准。客观标准是指以抽象的善良管理人在同等情形下所应具有的合理注意程度作为判断标准，不考虑公司董事、监事、高级管理人员的个人特点和具体情况。主观标准是指以具体的各个董事、监事、高级管理人员是否尽到依个人的专业知识、能力和经验所应尽到的注意程度作为判断标准。将客观标准和主观标准相结合，一般情况下，公司董事、监事、高级管理人员只需尽到善良管理人合理的注意义务，但在公司董事、监事、高级管理人员具有特殊识别能力的场合，则应尽到与其识别能力相应的更高的注意义务。这样既可保证公司董事、监事、高级管理人员的整体素质，又有助于督促有特殊专业知识和能力经验的公司董事、监事、高级管理人员充分发挥主观能动性。

所谓忠实义务又称忠诚义务、诚信义务，是指公司董事、监事、高级管理人员应当忠实地为公司利益履行其职责，当自身利益与公司利益发生冲突时，应维护公司利益，不得将自身利益置于公司利益之上、牺牲公司利益为自己或第三人牟利。根据我国《公司法》第 147 条和第 148 条的规定，公司

---

[1] 参见王新、秦芳华：《公司法》，人民法院出版社 2000 年版，第 248 页。

董事、监事、高级管理人员忠实义务的具体内容主要包括：（1）不得利用职权收受贿赂或者其他非法收入，不得侵占公司的财产；（2）不得挪用公司资金；（3）不得将公司资金以其个人名义或者以其他个人名义开立账户存储；（4）不得违反公司章程的规定，未经股东会、股东大会或者董事会同意，将公司资金借贷给他人或者以公司财产为他人提供担保；（5）不得违反公司章程的规定或者未经股东会、股东大会同意，与本公司订立合同或者进行交易；（6）不得未经股东会或者股东大会同意，利用职务便利为自己或者他人谋取属于公司的商业机会，自营或者为他人经营与所任职公司同类的业务；（7）不得接受他人与公司交易的佣金归为己有；（8）不得擅自披露公司秘密；（9）不得违反对公司忠实义务的其他行为。董事、高级管理人员违反以上义务所得的收入应当归公司所有。

其次，经理作为一个职务，应当定位为董事会的辅助业务执行机关。[1]经理由董事会聘任和解聘，从属于董事会，本身不是独立的业务执行机关，而是辅助董事会执行公司日常微观经营业务的非独立常设机关，其职权的取得源自于公司章程和董事会的授权，公司章程和董事会对其职权可予以扩大或缩小；经理须直接对董事会负责，具体落实股东会和董事会的决议，主持公司的日常性、具体性、微观性经营管理工作。

英美法系国家则通常认为，一方面，经理是公司的高级雇员，因此，经理与公司之间存在着雇佣合同关系，经理本质上与公司的其他雇员并无区别。另一方面，公司经理等高级管理人员又是公司的受信人，公司经理等高级管理人员与公司之间为信托合同关系，公司是信托人，公司经理等高级管理人员是受托人。基于双方的相互信任关系，公司信托公司经理等高级管理人员为公司的利益管理和处分公司财产。公司经理等高级管理人员作为受托人，应对公司承担法定的受信义务，按其内容不同受信义务可分为注意义务和忠实义务。我国《公司法》未规定公司经理等高级管理人员与公司之间关系的性质，学界通说也认为公司经理等高级管理人员与公司之间为委托合同关系。

---

〔1〕 虽然各国《公司法》大都规定经理是依公司章程任意设立的公司机关，但在实务中，经理不仅事实上成为绝大多数公司组织机构中的不可或缺的必设、常设机关，而且其权力有不断膨胀和扩张的趋势。参见赵旭东主编：《公司法学》，高等教育出版社 2015 年版，第 306 页。根据我国《公司法》的相关规定，有限责任公司可以设经理；国有独资公司和股份有限公司应设经理。因此，在我国经理是有限责任公司的选设机关，是国有独资公司和股份有限公司的必设机关。

　　根据大陆法系和英美法系国家合同法的一般理论，委托合同和信托合同均属于以当事人之间信任关系为订立之根本和基础的特殊合同，由于该两类合同的内容是委托人或信托人将自身事务和财产委托或信托给受托人处理，其订立必须建立在双方当事人之间的相互熟悉、相互了解、相互信任的基础之上，只有双方当事人之间存在着某种相互信任关系，才会订立该类合同。因此，当事人之间若丧失信任关系或者委托人和信托人不再需要将自身事务和财产委托给受托人办理时，任何一方当事人均可单方无原因、无条件地任意解除合同。换言之，委托人和信托人原则上可以随时单方无原因、无条件地撤销委托，无需征得受托人的同意；受托人原则上可以随时单方无原因、无条件地辞去委托，也无需征得委托人和信托人的同意。我国《合同法》第410条因此规定委托合同的"委托人或者受托人可以随时解除委托合同"。

　　综上所述，笔者认为，经理与公司之间存在着双重法律关系。一方面，经理是公司的高级雇员，经理与公司之间存在着雇佣合同关系或劳动合同关系；另一方面，经理又是公司的受托人，经理与公司之间存在着委托合同关系。实务中，公司与经理之间一般不直接签订雇佣合同或劳动合同，公司经理与公司之间通常是以经理聘任合同的方式建立民事法律关系。因此，当董事会决定聘任经理并代表公司与经理之间签订聘任合同时，该聘任合同事实上具有双重性质，既具有雇佣合同的性质，又具有委托合同的性质。由于聘任合同的委托合同性质，公司享有单方无原因、无条件地任意解除该聘任合同而解聘经理的权利，董事会当然有权代表公司单方无原因、无条件地作出解聘经理的董事会决议。

　　必须指出的是，董事会作出解聘经理的决议只能构成对聘任合同中的委托合同部分的单方无原因、无条件的解除，不能构成对聘任合同中的雇佣或劳动合同部分的单方无原因、无条件的解除。因为，根据各国劳动法和合同法关于雇佣合同和劳动合同的相关规定，雇主或用人单位对于雇员或劳动者不享有单方无原因、无条件解除权，雇主或用人单位无权单方无原因、无条件地解雇员工或劳动者；只有在雇员或劳动者具有不能胜任现有工作、严重违反劳动纪律等法定原因时，雇主或用人单位才能单方解除雇佣或劳动合同，所以雇主或用人单位只具备有原因、有条件地单方解除雇佣或劳动合同的权利。故而，当董事会作出解聘经理的决议时，经理与公司之间的经理职务委托合同关系虽因决议而消灭，但该被解聘经理职务的经理与公司之间的雇佣或劳动合同关系未因决议而消灭、仍然存续。公司若欲终止与该经理之间的雇佣或劳动合同关系，则必须与该经理进行协议解除或在该经理具备法定原因时单方解除。

本指导性案例中的法院裁判要点指出，人民法院在审理公司决议撤销纠纷案件中应当审查：会议召集程序、表决方式是否违反法律、行政法规或者公司章程，以及决议内容是否违反公司章程。在未违反上述规定的前提下，解聘总经理职务的决议所依据的事实是否属实，理由是否成立，不属于司法审查范围。且在本指导性案例裁判理由部分，法院认为，涉诉董事会决议内容中"总经理李建军不经董事会同意私自动用公司资金在二级市场炒股，造成巨大损失"的陈述，仅是董事会解聘李建军总经理职务的原因，董事会决议解聘李建军总经理职务的原因即使不存在，也并不导致董事会决议撤销。首先，公司法尊重公司自治，公司内部法律关系原则上由公司自治机制调整，司法机关原则上不介入公司内部事务；其次，佳动力公司的章程中未对董事会解聘公司经理的职权做出限制，并未规定董事会解聘公司经理必须要有一定原因，该章程内容未违反公司法的强制性规定，应认定有效，因此佳动力公司董事会可以行使公司章程赋予的权力作出解聘公司经理的决定。故法院应当尊重公司自治，无需审查佳动力公司董事会解聘公司经理的原因是否存在，即无需审查决议所依据的事实是否属实，理由是否成立。

笔者认为，法院在本指导性案例中作出的裁判结论是正确的，但是该裁判结论的理由阐述得并不全面和充分。董事会解聘经理属于公司内部事务应由公司内部自治机制调整，司法机关应尊重公司自治，原则上不介入公司内部事务，这仅仅是董事会有权以决议无因解聘经理的较浅层面和表面层次的理由；股东自治和公司自治不是绝对的而是有一定限度的，法律以及司法机关在必要时仍可对公司内部事务进行适度干预和介入，只要该内部事务涉及当事人之外的特定第三人利益、社会公共利益、国家利益或处于弱势地位的当事人利益。因此，仅以司法机关尊重公司自治、原则上不介入公司内部事务作为判决的理由显然不够充分和全面。笔者认为，只有从经理与公司之间聘任关系具有的劳动合同和委托合同双重性质出发，根据委托合同建立在双方当事人信任基础之上以及委托人和受托人对委托合同享有的单方任意解除权来解释董事会的无因解聘经理的合法性，才能在更深层面和实质层次揭示和论证以上判决结论。

五、关于对董事会无因解聘经理权利的意定限制问题

公司自治是私法自治原则和理论在公司法上的具体体现和当然延伸，其实质为公司当事人自治，是指公司当事人享有自主设计和安排公司内部组织和治理制度以及自主决定、管理和实施公司内部事务的权利和自由，不受国家以及其他民事主体的非法和任意干预和管制。事实上，公司法人作为无形性和抽象性的民事主体，其自身无法成为实际的自治主体，作为自然人的公司当事人和公司成员才是公司自治的实际主体，公司自治最终仍要归结于公司当事人和公司成员自治。由于公司最重要的当事人和成员是公司股东，因此公司当事人和公司成员自治主要指向股东自治，作为自然人的公司成员尤其是公司股东才是公司自治的终极主体。公司章程作为公司当事人自主创制的、规范和调整公司当事人之间内部关系以及公司内部组织和治理关系的内部自治性成文社会规范，股东会决议作为公司全体股东对涉及公司经营管理和股东利益的重大事务行使最高决策权的主要形式，是公司自治和公司当事人自治尤其是股东自治的主要载体和重要手段。

公司自治作为公司法的核心理念，在公司法中处于原则和本体地位，而基于公司当事人之外的特定第三人利益、社会公共利益、国家利益或处于弱势地位的当事人利益保护而对公司自治的限制和干预则是例外和补充。因此，公司法规范以任意性规范为主，强制性规范为辅，公司法任意性规范的主要作用是为公司当事人提供经长期公司实践所检验和证明为成熟、科学、合理的标准公司契约一般条款，作为公司当事人订立公司契约的参考和模板，以提高订约效率、节约交易成本。公司法任意性规范与公司章程和股东会决议之间的关系属于一般规范与特别规范之间的关系，公司章程和股东会决议可以作出与公司法任意性规范不同的特别规定，从而限制和排除公司法任意性规范的适用。在董事会中心主义的理念下，大多数国家公司法包括我国《公司法》将聘任、解聘经理的决定权配置给作为公司专业经营管理机关的公司董事会，聘任、解聘经理的决定权成为公司董事会的法定职权，公司董事会可以董事会决议的形式无原因、无条件地单方任意解除经理与公司之间的聘任合同而无因解聘经理，法院无需也不能就解聘经理是否具有一定事由和原因进行司法审查，被解聘的经理以解聘不存在任何可归责性的事由和原因为由进行抗辩的，法院不予支持。

值得思考的是，公司章程和股东会决议以及经理与公司之间的聘任合同能否限制甚至剥夺董事会单方解聘经理的法定权利？笔者持肯定意见，因为《公司法》关于董事会聘任、解聘经理职权的规定属于任意性规范，根据公司自治理念，应允许公司章程、股东会决议以及经理与公司之间的聘任合同作出与《公司法》内容不同的规定。例如，规定董事会解聘经理的具体事由和原因以限制董事会单方解聘经理的权利，将董事会无因解聘权限缩为有因解聘权。在此情形下，董事会必须按照公司章程、股东会决议以及经理与公司之间的聘任合同规定的事由和条件行使有因解聘经理的权利，法院相应可以就解聘经理是否符合规定的事由和条件进行司法审查，解聘经理不符合规定事由和条件的，法院不予支持；又如将解聘经理的权利由董事会上调至股东会从而剥夺董事会解聘经理的权利，在此情形下，由于董事会无权作出解聘经理的决议，董事会越过股东会擅自作出的解聘经理决议因超越权限而无效，被解聘经理以此提出抗辩的，法院应予以支持。

综上，根据公司自治理念，公司可依意思自治自主限制甚至剥夺董事会无因解聘经理的权利。在本指导性案例中，由于公司章程、股东会决议以及经理与公司之间的聘任合同并未对董事会无因解聘经理的权力进行限制和剥夺，因此董事会依法律规定享有单方无因解聘经理的权利，法院不应也无需对解聘经理是否具备一定事由和条件进行司法审查。原告李建军以解聘决议所依据的事实和理由不成立而请求撤销董事会决议的诉讼请求不成立，应依法予以驳回。假设该案中公司章程、股东会决议或者经理与公司之间的聘任合同对董事会无因解聘经理的权利进行了某种限制甚至剥夺，则法院理应尊重股东自治和公司自治，按照公司章程、股东会决议或者经理与公司之间的聘任合同的相应规定，对董事会解聘经理决议是否符合公司章程、股东会决议或者聘任合同的规定进行司法审查，从而作出与指导性案例截然不同的判决结论。

六、关于对董事会无因解聘经理权利的法定限制问题

笔者认为，遵循公司自治理念，公司除了可以公司章程、股东会决议或者经理与公司之间的聘任合同对董事会无因解聘经理权利进行意定性限制之外；在特殊和例外情形下，为了保护和救济公司当事人之外的特定第三人利益、社会公共利益、国家利益或处于弱势地位的当事人利益，国家也可以立法或司法

的形式对董事会无因解聘经理的权利和自由进行法定性限制和适度干预。

例如，在英美法系国家的某些判例中，法院认为，在封闭性公司中若大股东滥用其优势股权通过董事会决议排挤、压制兼任经理的中小股东情形下，可适度限制董事会无因解聘经理的权利。因为，一方面封闭性公司股东人数有限且股权集中，另一方面封闭性公司股东常常兼任经理等公司高级管理人员。在封闭性公司中，大股东依据其股权优势不正当控制公司以损害甚至压榨、排挤中小股东的现象较为常见。此时，法院有权对董事会解聘中小股东身份的经理是否存在合理和正当的理由进行司法审查。若存在大股东滥用其优势股权通过董事会决议排挤、压制兼任经理的中小股东情形，且兼任经理的中小股东无明显过错行为而具有可归责性时，法院可以判决董事会决议无效，以制裁和惩罚滥用控制权的大股东，保护和救济受大股东排挤、压制的中小股东的合法利益。

笔者认为，英美法系国家判例中以上做法值得借鉴。其理据在于，一方面，基于股东平等原则，公司中的所有股东不管其持股比例大小其法律地位一律平等，均享有与其持股比例相适应的相应权利和待遇。此为形式意义上的股东平等原则，是股东平等原则的第一层含义；鉴于中小股东与大股东实质上的弱势与强势地位的对比，应对大股东的权利加以适度限制或对大股东科以特殊的义务，以对中小股东给予倾斜性的保护，维系中小股东与大股东的实质平等地位。此为实质意义上的股东平等原则，是股东平等原则的第二层含义。例如，对大股东表决权加以适度的限制，立法明确规定当股东拥有超过一定比例的股权，其超过部分不计算表决权或只能按一定折扣比例计算等；又如要求大股东对中小股东和公司负有法定的诚信义务，该诚信义务包括忠实义务和勤勉义务两个方面，当大股东违反对中小股东和公司的诚信义务造成中小股东和公司损失的，应对中小股东和公司的损失负赔偿责任。[1]另一方面，基于禁止权利滥用原则，大股东不得滥用其优势股权损害中小股东利益和公司整体利益，大股东滥用其优势股权损害其他股东尤其是中小股东利益和公司整体利益的，应对其他股东尤其是中小股东和公司的损害承担

[1] 参见我国《公司法》第20条第1款、第2款规定："公司股东应当遵守法律、行政法规和公司章程，依法行使股东权利，不得滥用股东权利损害公司或者其他股东的利益……公司股东滥用股东权利给公司或者其他股东造成损失的，应当依法承担赔偿责任。"

赔偿责任。

七、关于有因解聘经理情形下有因的判断问题

如前所述，公司章程、股东会决议或者经理与公司之间的聘任合同可以对董事会无因解聘经理权利进行意定性限制，规定董事会解聘经理必须具备一定的事由和符合一定的条件。实务中常见的是将经理不胜任经理职务、能力素质不足、其经营决策和经营管理行为不利于股东利益和公司利益等规定为董事会解聘经理的事由和条件。此时法院须对董事会解聘经理是否胜任经理职务、其经营决策和经营管理行为是否得当进行司法审查，因此就会产生法院依据何种标准来判断董事会解聘经理是否已具备公司章程、股东会决议或者经理与公司之间的聘任合同的规定的事由和条件问题，笔者将之称为有因解聘经理情形下有因的判断问题。笔者认为，法院应依据和遵照经营判断准则来进行审查和判断。

现代公司企业在经营管理上的显著特征是实行所有权与经营管理权两权分离，所有权与经营管理权两权分离简称两权分离，是现代公司企业区别于个人独资企业、合伙企业这些古典企业的重要特征之一，是指企业所有权与企业经营管理权分别由不同的主体享有，即股东仅享有对公司企业的所有权，而在公司企业中设置专门的经营管理机关——董事会及董事会聘请的高管人员，由其享有对公司的经营管理权，企业所有权与企业经营管理权呈现出分离状态。与两权分离相对称的是两权合一，两权合一的全称是所有权与经营管理权两权合一，两权合一是个人独资企业、合伙企业这些古典企业的重要特征，是指在个人独资企业、合伙企业这些古典企业中一般不设置专门的经营管理机关，企业所有权与企业经营管理权均由同一主体享有，即投资者既享有对企业的所有权，也享有对企业的经营管理权，企业所有权与经营管理权呈现出合一状态。

现代公司企业两权分离产生的动因是多元的，首先，由于公司企业的规模化和公司管理的专业化，股东已无能力亲自经营管理公司，必须委托专业人员代为管理公司。公司企业的股东有限责任制度使得公司投资者能够预期和限制自己的投资风险于其认缴的出资范围内，从而大大降低了投资者的投资风险，刺激和鼓励了投资者的投资热情。相应公司企业能够快速集聚巨额资本，使得公司企业的规模趋于大型化、巨型化。由于大规模企业的经营管

理是一项复杂的工作，需要经营管理方面的专业知识和专业技能。公司股东大都不具备相应的知识和能力以及时间和精力，只能委托董事会及董事会聘请的高管人员这些专业人员代为经营管理企业，所有权与经营管理权在公司企业中通常呈现出分离状态。而个人独资企业、合伙企业这些古典企业由于规模小，经营管理较为简单，投资者大都具备相应的能力和时间，能够亲自经营管理企业，所有权与经营管理权通常呈现出合一状态。其次，公司企业的股东有限责任制度使得公司投资者的风险大大降低并能够控制在一定的范围内，投资者既无动力也无必要通过亲自参与企业经营管理来控制自己的投资风险，公司投资者倾向于远离公司的经营管理；而个人独资企业、合伙企业这些古典企业的投资者须对企业债务承担无限责任，投资风险的巨大性和不可预期性会促使投资者主动参与企业的经营管理以控制自己的投资风险。最后，股东有限责任制度对于公司股东而言是一项有利制度，但对于公司债权人而言则大为不利。为了保护公司债权人利益，现代公司法往往通过两权分离这一制度设计来弱化股东对公司的直接控制力，从而达到维护公司债权人利益的目的。因此，两权分离属于公司法的强行性规范，股东不得以约定变更和排除其适用。而在个人独资企业、合伙企业这些古典企业中，企业投资者承担的是无限责任，无限责任对于债权人而言极为有利，而对于投资者而言不利。因此，两权合一属于任意性规范，投资者可以以约定变更和排除其适用。

现代公司企业两权分离的意义重大，第一，有利于公司企业经营管理的专业化与科学化，促进和提升公司企业经营管理效率和效果；第二，也有利于预防和控制股东滥权，保护处于弱势地位的公司债权人利益；第三，还有利于公司的长期存续和稳定发展。股东只享有对公司的所有权和最终控制权，而不享有对公司的经营管理权，无须亲自、直接参与公司的经营管理，使得公司运营和存续不再受股东个体情况的重大变更如死亡、丧失行为能力等的影响，有利于公司长期持久稳定地存续和发展，"百年公司""公司生命的永恒性"成为现实。然而，两权分离也会带来委托人与受托人之间的代理问题。公司股东只享有对公司的股权和终极所有权，公司的经营管理权委托给了董事会及经理阶层，由于委托人与受托人作为两个不同的利益主体，其之间的利益必然存在不一致和冲突的情形，受托人为追求自身利益最大化，有可能偷懒懈怠或从事损害股东利益和公司利益的行为。为了规范公司董事、经理等高级管理人员的行为，防止公司董事、经理等高级管理人员怠于行使职权或滥用职权，保护公司股东尤其是中小股东的利益和公司整体利益，各国公司法大多明确规定了公司董事、经理等高级管理人员对公司应承担的法定义务，即忠实义务和勤勉义务。我国《公司法》第147条第1款也明确规定："董事、监事、高级管理人员应当遵守法律、行政法规和公司章程，对公司负有忠实义务和勤勉义务。"

经营判断准则正是在现代公司企业两权分离格局下的必然选择和配套制度。所谓经营判断准则又称为商业判断准则，是美国法院在长期的公司法司法实践中摸索和创立的一项判例制度，是指公司董事、经理等高级管理人员在对公司进行经营管理时，只要当时是在善意且充分了解相关信息的情况下，为公司最大利益而作出了经营决策，即使事后看来这一决策存在失误或者给公司带来了损害，也可以免除公司董事、经理等高级管理人员对公司损害承担责任。美国法律学会起草的《公司治理计划》将经营判断准则的内容表述为："如果做出经营判断的董事或经理，符合下述三项条件，就应认为其诚实地履行了本节规定的义务：（1）与该决策对象无利害关系；（2）有正当理由相信其在当时情景下掌握的有关经营判断信息充分、妥当和可靠；（3）合理地认为该项决策符合公司的最大利益。"[1]笔者认为，经营判断规则，较好地的平衡了作为所有者的股东和作为经营管理者的董事、经理等高级管理人员之间的利益，一方面，为了有效保护股东利益和公司整体利益，要求董事、经理等高级管理人员在进行经营管理和经营决策时应尽到忠实义务和勤勉义务，不能为追求个人利益损害公司利益，且应善意、谨慎、勤勉地处理公司事务，尽到一个合理谨慎之人应有的注意义务。另一方面，鉴于现代公司经营管理的复杂性和时效性，公司董事、经理等高级管理人员在作出经营决策时，因客观原因其所掌握的信息无法达到完全充分，加上市场的风险性和变动性，无法保证每次经营决策都绝对正确并总是能给公司带来利益。因此，对董事、经理等高级管理人员应负的忠实义务和勤勉义务要求不能过高和过苛，不能仅以决策后给公司带来的结果的好坏作为唯一和主要的判断标准，而应以决策时公司董事、经理等高级管理人员主观上是否具有善意以及是否尽到合理的勤勉和注意义务为判断标准。如此，才能合理保护公司董事、经理等高

---

〔1〕　参见刘俊海：《公司法》，中国法制出版社2008年版，第176页。

级管理人员的经营自主权，鼓励公司董事、经理等高级管理人员的创新精神，提高公司经营管理效率，最终也有利于股东的长远利益和公司的长远发展。

因此，当公司章程、股东会决议或者经理与公司之间的聘任合同规定了公司董事会解聘经理的具体事由如不胜任职务、经营决策和经营管理行为损害股东利益和公司利益等时，法院应以经营判断准则为标准，审查被解聘经理是否胜任其职务、其经营决策和经营管理行为是否损害股东利益和公司利益，尊重商业决策的自身特点和规律，不以成败论英雄，仅仅考察某项经营决策事实上是给公司带来利益还是带来损失，而应着重考察决策时经理主观上是否具有善意以及是否尽到合理的勤勉和注意义务。经理在作出经营决策时是出于善意且尽到了合理的勤勉和注意义务，即使事后证明该经营决策并未给公司带来利益甚至带来了损失，也不能得出该经理不胜任职务或者其经营决策和经营管理行为损害股东利益和公司利益的结论。该经理依据经营判断规则提出相应抗辩并请求撤销董事会解聘决议的，法院应予以支持，判决董事会解聘经理决议因不符合公司章程、股东会决议或者经理与公司之间的聘任合同的规定而被撤销，该经理的经理职务相应恢复。

八、关于被解聘公司经理的救济问题

如前所述，公司经理与公司之间的聘任合同同时具有雇佣或劳动合同和委托合同的性质，作为雇佣或劳动合同，聘用合同建立了公司经理与公司之间的雇佣或劳动合同关系，公司是雇主或用人单位，而公司经理是公司的高级雇员或高级劳动者；作为委托合同，聘用合同建立了公司经理与公司之间的委托合同关系，公司是委托人，而公司经理是受托人，公司将其具体经营管理事务及权力委托和授予给公司经理执行。为了维护善意相对人和第三人的信赖利益，贯彻交易安全和交易便捷原则，各国商法或公司法均规定，公司经理作为公司的商事使用人和商事代理人，其代理权较一般委托代理权具有较大的特殊性，其享有依其经理职务外观而应具备的广泛的、表见性商事代理权，善意第三人可以合理信赖经理具有依其经理职务应具备的商事代理权限，公司内部对经理职权的限制不得对抗善意第三人。由于委托合同须以当事人之间的相互信任关系为订立和存续基础，法律因此赋予了任一方当事人单方任意解除委托合同的权利。故而，对于经理聘任合同中的委托合同部分，公司作为一方当事人享有单方任意解除从而单方任意解聘经理的权利，在法律将解聘经理权利配置给董事会且公司章程、股东会决议、经理聘任合同未有不同规定的前提下，董事会有权代表公司以董事会决议单方任意解除委托合同从而单方任意解聘经理。原则上董事会有权无因解聘经理，董事会决议无因解聘经理具有合法性，

　　然而，董事会有权无因解聘经理与被解聘经理的救济是两个不同的问题，如何在认可董事会无因解聘经理权利的前提下对被解聘经理的合法权益进行合理救济是一个具有独立性的重要论题。其中，被解聘经理能否适用劳动法予以救济是实务中争议较大的一个相关分支问题。有观点认为，公司经理作为公司的高级雇员或高级劳动者具有较大的特殊性，不能如公司普通劳动者一样适用劳动法而予以救济。笔者认为，公司经理作为公司的高级雇员或高级劳动者，较公司的普通劳动者的确具有一定的特殊性。由于公司普通劳动者与公司在经济地位和谈判能力方面差异巨大和实力悬殊，公司普通劳动者与公司之间处于显著的、实质上的弱势地位与强势地位。公司经理不是公司的普通雇员或普通劳动者，而是公司的高级雇员或高级劳动者，并且还是公司的受托人和商事代理人，公司经理依照公司的授权对内具有处理公司内部经营管理事务的权利，对外可以公司名义与第三人进行交易等商事行为，从而一定程度上改变了传统劳动关系中普通劳动者弱者角色和劣势地位，与普通劳动者相比，处于明显的优势地位。其一，公司经理拥有和提供的管理性劳动力是一种高级劳动力，因其知识密集性、高度创新性、综合复杂性的特征而成为一种供给有限的稀缺性资源，在劳动力市场上与公司关于劳动收入和劳动条件的谈判中呈均势或优势地位；而公司普通劳动者拥有和提供的是一种低级或一般劳动力，因其重复性、可替代性强而属于一种供过于求的劳动力资源，相较于作为用人单位的公司，在经济上处于相对弱势地位。其二，公司经理因具有稀缺性的管理劳动力常常可以要求参与对公司利润的分享，从而使管理劳动资本化，成为与财务性资本共享利润分成的人力性资本；而公司普通劳动者一般只能从公司得到补偿劳动力再生产条件的工资性收入。其三，公司经理作为公司的高级管理人员，其管理对象直接指向普通劳动者，即公司经理与普通劳动者之间是管理与被管理的上下级关系，这是由管理劳动的权威性内涵和公司内部劳动组织层级制度决定的；而且公司经理作为公司的受托人和代理人，与公司资方（公司股东）的利益和目标具有更多的一致性和相容性，加之管理劳动的资本化，公司经理也具有部分资方的身份。

因此，公司经理更有可能站在资方而不是劳动方的立场行事，甚至与资方联合在一起，共同限制、剥夺普通劳动者的合法权益。[1]

但是，公司经理作为公司的高级雇员或高级劳动者，其与公司之间具有雇佣或劳动合同关系。因此，其与公司之间仍然存在着依雇佣关系或劳动关系所产生的管理与被管理、监督与被监督、支配与被支配的关系，经理作为被管理者、被监督者和被支配者与公司相比仍处于相对弱势地位，原则上其依据雇佣或劳动合同享有的劳动权益受损时仍然可以适用劳动法予以救济。例如，实务中当经理被公司单方解聘经理职务后往往又会被公司单方解除劳动合同而解雇。鉴于用人单位与劳动者之间支配与被支配的关系以及经济上的强势与弱势的悬殊地位，各国劳动法包括《中华人民共和国劳动法》（以下简称《劳动法》）均规定劳动者享有单方无因任意解除劳动合同的权利，而用人单位单方解除劳动合同必须符合法定事由和情形，即用人单位仅享有单方法定有因解除权。我国《劳动法》第 25 条、第 26 条以及《中华人民共和国劳动合同法》（以下简称《劳动合同法》）第 39 条明确规定了用人单位可以单方解除劳动合同的八种法定情形：（1）劳动者在试用期间被证明不符合录用条件的；（2）劳动者严重违反劳动纪律或者用人单位规章制度的；（3）劳动者严重失职，营私舞弊，对用人单位利益造成重大损害的；（4）劳动者被依法追究刑事责任的；（5）劳动者患病或者非因工负伤，医疗期满后，不能从事原工作也不能从事由用人单位另行安排的工作的；（6）劳动者不能胜任工作，经过培训或者调整工作岗位，仍不能胜任工作的；（7）劳动合同订立时所依据的客观情况发生重大变化，致使原劳动合同无法履行，经当事人协商不能就变更劳动合同达成协议的；（8）劳动者同时与其他用人单位建立劳动关系，对完成本单位的工作任务造成严重影响，或者经用人单位提出，拒不改正的。我国《劳动法》第 28 条还规定，用人单位依据后四种情形单方解除劳动合同的，应当依照国家有关规定给予劳动者相应经济补偿。故而，若公司单方解除经理与公司之间的劳动合同不符合以上《劳动法》和《劳动合同法》规定的情形，或者没有依照国家有关规定给予经理相应经济补偿，则用人单位单方解聘经理行为违法，被解聘经理有权依据《劳动法》向劳动仲裁委员会申

---

〔1〕 参见唐英："公司高级职员劳动关系略论"，载《吉林财税高等专科学校学报》2003 年第 2 期。

请仲裁；被解聘经理对仲裁裁决不服的，还有权向人民法院提起诉讼。仲裁机构或者人民法院经审理查明公司单方解除经理劳动合同不符合《劳动法》规定的法定情形或者未给予经理合理经济补偿的，应作出恢复经理与公司之间劳动关系或者责令公司给予经理合理经济补偿的仲裁裁决或司法判决。

公司经理除了可以依据《劳动法》对其劳动者权益予以救济之外，还可以依据《合同法》关于委托合同的规定对其受托人权益予以相应救济。公司虽然对公司经理聘任合同中的委托合同部分享有单方任意解除权，公司董事会可以代表公司单方无因解聘经理，但是根据我国《合同法》第 410 条的规定，[1]公司因单方解除委托合同给经理造成损失的，除不可归责于公司的事由以外，公司应当对经理的损失负赔偿责任。因此，公司董事会决议无因解聘经理后，被解聘经理有权向公司就其因解聘而遭受的经济损失要求公司给予合理的赔偿。公司经理还可利用其相对普通劳动者更为优势的缔约能力和谈判能力，在与公司订立聘任合同时特别约定公司无因解聘其职务时的补偿范围以及补偿金额。这样一旦经理被公司无因解聘，则可以直接依据聘任合同约定的补偿范围和补偿数额要求公司给付解聘补偿金。公司解聘经理后不按照聘任合同的约定给付解聘补偿金的，经理可以向法院提起诉讼、寻求司法救济。

第三节　案例之研究启示

一、尊重公司自治、严格把握司法介入公司内部事务的边界

公司自治作为意思自治原则在公司法中的具体表现，是公司法的核心原则和基本理念，是市场经济条件下市场主体自治的必然推演。公司作为一个独立的民商事主体，是其自身利益的最佳判断者，其有权自主设计和安排公司内部组织结构和治理制度，以及自主决定公司内部经营决策和经营管理事务，国家以及其他民商事主体原则上不得介入和干预。公司自治主要以公司章程和股东会决议、董事会决议等公司机关决议为手段和载体。具体而言，公司股东等当事人通过自主制定和修改公司章程来自主安排公司内部组织机构和内部治理制度以及自主决定公司重大经营决策事项，股东会、董事会等

---

〔1〕　我国《合同法》第 410 条规定："委托人或者受托人可以随时解除委托合同。因解除合同给对方造成损失的，除不可归责于该当事人的事由以外，应当赔偿损失。"

公司机关按照公司法和公司章程赋予和配置的权利框架以机关决议的方式自主地决定公司内部经营决策和经营管理事务。因此，董事会决议等公司机关决议是公司行使自治权和独立决策权的重要方式，法院基于公司自治原则，不应随意介入和审查公司内部经营和管理事务，不应轻易裁判董事会决议等公司机关决议无效、可撤销或不成立。加之法院作为公正、中立的裁判者和国家机关，毕竟不是公司经营管理以及商业决策方面的专家，难以从专业和内行角度对公司内部经营和管理事务进行科学和正确的评判。

因此，当股东等利害关系人提起董事会决议无效、撤销或不成立诉讼时，法院应当尊重公司自治，保持谦抑和保守的司法态度，严格把握司法介入公司内部事务的边界和司法审查公司内部事务的范围。一者，应首先和着重审查董事会决议的程序是否合法以及是否合乎公司章程的规定。详言之，应严格遵循公司法和公司章程的规定，具体细致地审查董事会决议的召集程序和表决程序是否符合法律的强行性规定以及公司章程的规定。如我国《公司法》第47条规定，有限责任公司董事会会议由董事长召集和主持；董事长不能履行职务或者不履行职务的，由副董事长召集和主持；副董事长不能履行职务或者不履行职务的，由半数以上董事共同推举一名董事召集和主持。我国《公司法》第48条规定，有限责任公司董事会的议事方式和表决程序，除本法有规定的外，由公司章程规定。董事会应当对所议事项的决定做成会议记录，出席会议的董事应当在会议记录上签名。董事会决议的表决实行一人一票。我国《公司法》第110条规定，股份有限公司董事会每年度至少召开两次会议，每次会议应当于会议召开10日前通知全体董事和监事。代表1/10以上表决权的股东、1/3以上董事或者监事会，可以提议召开董事会临时会议。董事长应当自接到提议后10日内，召集和主持董事会会议。董事会召开临时会议，可以另定召集董事会的通知方式和通知时限。我国《公司法》第111条规定，股份有限公司董事会会议应有过半数的董事出席方可举行，董事会作出决议，必须经全体董事的过半数通过。董事会决议的表决，实行一人一票。我国《公司法》第112条第1款、第2款规定，股份有限公司董事会会议，应由董事本人出席；董事因故不能出席，可以书面委托其他董事代为出席，委托书中应载明授权范围。董事会应当对会议所议事项的决定作成会议记录，出席会议的董事应当在会议记录上签名。

在本指导性案例中，佳动力公司属于有限责任公司，其公司章程规定，董事会决议须由 2/3 以上的董事出席方才有效；董事会对所议事项作出的决定应由占全体股东 2/3 以上的董事表决通过方才有效。法院应当严格按照我国《公司法》和佳动力公司章程关于董事会决议召集和表决程序的规定，认真审查请求撤销的董事会决议是否符合我国《公司法》和佳动力公司章程关于董事会决议召集和表决程序的规定。若经审查认为，董事会决议的召集和表决严重违反我国《公司法》和佳动力公司章程关于董事会决议召集和表决的程序性规定而导致实质上决议不存在的，法院应作出董事会决不成立的裁决；若经审查认为，董事会决议的召集和表决仅轻微违反我国《公司法》和佳动力公司章程关于董事会决议召集和表决的程序性规定而构成程序上的轻微瑕疵，且该轻微瑕疵对该决议的成立和有效未产生实质性影响的，法院可以作出驳回撤销请求的判决。若经审查认为，董事会决议的召集和表决违反我国《公司法》和佳动力公司章程关于董事会决议召集和表决的程序性规定而构成程序上的瑕疵，且该瑕疵对该决议的效力已产生实质性影响的，法院可以作出撤销该决议的判决。

二者，即使是在需要对董事会决议内容进行司法审查的场合，法院也应只对董事会决议内容是否合法和合乎公司章程进行审查，而尽量避免对董事会决议内容在商业上和经济上是否妥当、合理进行判断和审查；特殊情形下若无法避免地需要对董事会决议内容在商业上和经济上的妥当性、合理性进行判断和审查的，也应遵循经营判断准则这一客观合理标准进行审查和判断，只要相关经营管理和经营决策行为出于追求公司最大或最佳利益的善意且尽到了应有的勤勉和注意义务，则可以认定该经营管理和经营决策行为具有商业上和经济上的妥当性与合理性。

二、发挥公司章程等公司自治机制作用、预防和避免经理解聘纠纷影响公司正常经营管理秩序

公司经理又称公司经理人，是由董事会聘任，对董事会负责，辅助董事会执行公司日常经营管理工作的公司高级管理人员。根据我国《公司法》第49条、第68条及第113条的规定，我国《公司法》中"经理"的含义与实践中"经理"的含义并不完全相同。我国《公司法》中"经理"仅指对公司日常经营管理工作负总责的公司高级管理人员，即公司总经理。而实践中"经理"的范围很广，不仅包括总经理，还包括在总经理的领导下、负责公司某一部门具体管理工作的部门经理等中级管理人员。

大多数国家和地区的公司法并未明确规定经理的职权，而是授权公司以公司章程或董事会决议及雇佣或委托合同规定及限制经理的职权范围。根据我国《公司法》第49条第1款、第68条第1款及第113条第2款的规定，有限责任公司、国有独资公司和股份有限公司经理可以行使下列职权：（1）主持公司的生产经营管理工作，组织实施董事会决议；（2）组织实施公司年度经营计划和投资方案；（3）拟订公司内部管理机构设置方案；（4）拟订公司的基本管理制度；（5）制定公司的具体规章；（6）提请聘任或者解聘公司副经理、财务负责人；（7）决定聘任或者解聘除应由董事会决定聘任或者解聘以外的负责管理人员；（8）列席董事会会议。（9）董事会授予的其他职权。公司章程对经理职权另有规定的，从其规定。由此可见，我国《公司法》虽明确列举了经理的法定职权，但《公司法》关于经理职权的规定并非法律的强行性规定，可由公司以公司章程予以变更或排除。根据我国《公司法》第13条的规定，依照公司章程的规定，经理还可担任公司法定代表人，成为公司的对外代表机关。

如前所述，现代公司企业的最大特点是所有权和经营权两权分离，向公司提供财务资本的股东一般不直接参与公司的经营管理，而由专门的经营管理机关董事会来负责公司的经营和管理，董事会享有股东会法定保留决定权的重要经营决策事项之外一切经营事项的广泛决策权，公司权力格局也由股东会中心主义转为董事会中心主义。然而，由于董事会主要为会议体公司机关，主要通过召开董事会会议作出董事会决议的方式集体行使其经营决策和经营管理权，事实上无法保证每时每刻、事无巨细、及时有效地对公司进行经营管理和作出经营决策；加之随着科技的发展以及公司管理和运作的日益复杂化和专业化，作为股东直接受托人和代理人的董事会及成员也不一定具备相应的专业管理才能有效胜任其管理职能。因此，公司董事会倾向于将公司的日常具体管理事务和决策事项委托给具有专门管理知识和经营才能的职业公司经理人。公司经理阶层享有和行使着广泛、重要的公司日常经营管理权、决策权以及对外代表权，已逐渐成为事实上的公司管理、运营的关键枢纽和公司权力的重心，这就是学者所说的经理革命和经理中心主义。

鉴于公司经理在现代公司经营管理中的重要作用和实质地位，公司经理的聘任和解聘事关公司经营管理秩序和经营管理效率，公司聘任和解聘纠纷和争议会极大地扰乱公司正常的经营管理秩序和降低公司经营管理效率。因此，应当有效发挥公司章程、公司与经理之间的聘任合同等公司自治机制的作用，预先在公司章程、经理聘任合同中合理规定经理解聘的具体事由与程序及被解聘经理的公司内部救济方式和途径，有效规范和控制董事会的解聘经理权利，尽量将经理解聘争议和纠纷经由公司内部机制和救济途径予以平息和解决，防止和避免经理解聘纠纷影响公司正常经营管理秩序和经营管理效率。

三、全面引入独立董事制度以及强化监事会对董事会的监督权和制约权以确保董事会解聘经理决议的公正性

在董事会中心主义的公司权力格局下，除非公司章程另有规定，一般是由董事会享有和行使单方解聘经理的权利。为了防止董事会尤其是在大股东的操纵下滥用权力，不正当和不公正地解聘经理，损害经理的合法权益，并影响公司正常经营管理秩序和运营的稳定，笔者认为，可以在董事会中引入英美法系国家公司治理制度中的独立董事制度，由独立董事行使经理的聘任和解聘权，确保董事会解聘经理决议的公正性与妥当性。

由于历史传统、文化底蕴以及政治经济制度及其他条件的不同，两大法系国家和地区的公司治理的具体模式表现出迥然不同的特点。大陆法系国家公司治理实行的是双层委员会制，在股东会之下，除了设置作为常设经营管理机关的董事会，还设置专门行使监督职权的监事会或监事，由监事会或监事代表股东会行使对董事会及经理的监督权。根据监事会与董事会之间关系的不同，大陆法系国家的双层委员会制又分为两种模式。一种是德国模式即上下级制，如德国、奥地利等。德国模式下，股东会下设监事会，由股东会选举监事组成监事会，监事会向股东会负责并报告工作；监事会下设董事会，由监事会选举董事组成董事会，董事会向监事会负责并报告工作。因此，监事会与董事会之间的关系是上下级关系，监事会的地位居于董事会之上，监事会是董事会的上位机关，监事会拥有制约董事会的极大权力，其不仅行使对董事会及经理的监督权，还有任免董事并决定其报酬的决策权以及重大业务批准权。[1]另一种是日本模式即并列制，如日本等。日本模式下，股东会下设监事，由股东会选举监事组成监事会，监事会向股东会负责并报告工作；同时股东会下设董事会，由股东会选举董事组成董事会，董事会向股东会负责

---

[1] 参见范健、王建文：《公司法》，法律出版社2006年版，第319页。

并报告工作。因此，监事会与董事会之间的关系是同级关系，监事会居于与董事会并列的地位。监事会除享有对董事会及经理的监督权外，对董事会无其他方面的制约权。

与大陆法系国家和地区公司治理实行董事会和监事会并设的双层委员会制不同，英美法系国家和地区的公司治理实行的是单层委员会制，在董事会之外不设专门行使监督职权的监事会或监事，而是在董事会内部设立各种专门委员会如审计委员会、提名委员会、薪酬委员会等，各专门委员会在董事会的授权下行使某些职权，其成员或主要成员为独立董事，由独立董事代表董事会行使对执行董事及经理的内部监督权，在董事会内部实行经营权和监督权的分离。在采用英美法系公司治理模式的公司董事会中，根据董事会成员作用的不同，董事会成员可分为执行董事和非执行董事。执行董事又称经营董事，是指与公司之间存在雇佣关系，兼任公司经理等高级管理职务、负责公司日常经营管理工作的董事。非执行董事又称非经营董事，是指与公司之间不存在雇佣关系，未兼任公司经理等高级管理职务、不负责公司日常经营管理工作的董事。根据董事会成员是否属于公司内部人员，董事会成员可分为内部董事和外部董事，内部董事是指具有公司股东身份或雇员身份，属于公司内部人员的董事。外部董事是指不具有公司股东身份或雇员身份，不属于公司内部人员的董事。根据董事会成员是否具有独立性，董事会成员可分为独立董事和非独立董事，独立董事是指不在公司中担任除董事外的其他职务，并与公司及其主要股东或实际控制人、董事经理等高级管理人员之间不存在可能影响其进行独立客观判断的重要关系的董事。显然，独立董事应为非执行董事和外部董事，而执行董事和内部董事均为非独立董事。简言之，独立董事是指具有独立性的非执行董事和外部董事。因此，独立董事在公司中具有显著的独立地位和中立性质，不代表或倾向于任一种类的公司利益相关者尤其是大股东的利益，而是从公司整体利益出发，独立、客观、中立、公正与科学地对公司经营作出决策，监督公司经营者的经营行为，防止和避免大股东利用其股权优势不正当控制公司董事会及公司，平衡、协调公司股东与股东之外其他利益相关者之间的利益冲突。

近年来，英美法系国家公司立法中开始不断增加董事会中独立董事的数量和比例，要求在董事会内部下设各种全部或大部分成员由独立董事组成的专门委员会，大大加强了董事会地位的独立性和中立性，董事会的经营管理决策行为不再仅仅以考虑和维护股东个体和短期利益为指针，而是以公司整体和长远利益为出发点。如英国的《Cadbury 报告》规定：非执行董事应独立判断战略、业绩、资源等问题，董事会应至少有 3 名非执行董事，其中 1 人可以任董事长，但不兼行政首脑；3 人中 2 人应具有独立性；董事会中多数非执行董事应独立于公司，即除董事报酬和持有股份外，非执行董事应独立于管理层，或其他可能干扰其独立判断能力的关系；为确保非执行董事的独立性，非执行董事不参加股票期权计划和公司的养老金计划；提名委员会主要由非执行董事组成，并且由董事长或非执行董事领导；审计委员会至少由 3 人组成，成员仅限于非执行董事且对于公司具有独立性；报酬委员会将全部或主要由非执行董事组成并由非执行董事领导。美国的《商业圆桌会议公司治理声明》也指出：对于大型公众公司的董事会而言，相对于管理层保持实质上的独立性是重要的，公司董事的多数应该是外部董事；薪金/个人委员会、提名/治理委员会及成员仅限于外部董事。

　　我国现行《公司法》并未全面推行独立董事制度，仅要求上市公司的董事会中设立独立董事。在上市公司这种股东众多而涉及众多中小股东利益的大型开放性公司中引入独立董事制度，有助于实现对经营董事和执行董事经营管理和经营决策以及公司财务的监督和控制，保护中小股东及公司债权人等公司利益相关者利益。鉴于我国公司治理结构实行的是大陆法系国家双层委员会制中的并列制模式，监事会与董事会同属股东会下属机关，两者之间处于一种平级并列关系，在董事会中心主义的公司权力构造下，事实上处于弱势地位的监事会及监事对事实上处于强势地位的董事会及董事难以形成真正有效的制约和监督，导致监事会及监事对董事会解聘经理决议合法性和公正性的审查权和监督权[1]的实际行使效果不佳。笔者认为，一者，我国《公

---

　　[1]　由于监事会的职责是对公司董事、经理等高级管理人员的经营行为和公司财务进行专门性和专业性的监督，一般情况下并不需要召开会议以集体决议的方式行使职权。因此监事个人与监事会一样享有监督职权。根据我国《公司法》第 53 条、第 54 条和第 118 条的规定，监事会、不设监事会的公司的监事有权对董事、高级管理人员执行公司职务的行为进行监督；监事可以列席董事会会议，并对董事会决议事项提出质询或者建议、根据《公司法解释（四）》第 1 条的规定，监事有权向法院提起董事会决议无效或者不成立诉讼。因此，我国现行立法赋予了监事会及监事对董事会决议的一定审查和监督权。至于监事会是否有权向法院提起董事会决议撤销诉讼的问题，笔者认为，根据举轻以明重的当然解释规则，既然立法明确规定作为监事会成员的监事有权提起董事会决议无效或者不成立诉讼，监事会当然更有权提起董事会决议撤销诉讼，此乃对立法不言而自明的解释结论。

司法》宜将现行的公司治理并列制模式修改为上下级模式，将监事会设置为董事会的上级机关，监事会作为董事会的上级机关享有任免董事、监督董事经营管理行为以及对公司重大经营事项的决定权或批准权，从而达到强化监事会对董事会的监督权和制约权的目的。

二者，我国《公司法》宜全面推行独立董事制度，不仅在上市公司董事会中可以设立独立董事，还应允许上市公司以及上市公司之外的其他公司根据自身情况在监事会制度和独立董事制度中自行选择其一，此种任意选择机制灵活而具有弹性，并充分尊重了股东自治和公司自治，并且避免了我国上市公司中监事会制度和独立董事制度并立下的权力交叉和权力冲突的弊端，是国际上公司治理制度的发展趋势和发展方向，[1]我国应予以借鉴和采纳。在此种任选制下，对于选择实施监事会制度的公司，由监事会行使解聘经理的权利或对董事会解聘经理决议的审查和监督权；对于选择实施独立董事制度的公司，则由独立董事行使解聘经理的权利或对董事会解聘经理决议的审查和监督权。这样，可以确保董事会解聘经理决议的公正性与妥当性，有效地防止董事会滥用权力、不正当和不公正地解聘经理，损害经理的合法权益，并影响公司正常经营管理秩序和运营的稳定。

四、对于无因解聘经理董事会决议的司法审查应针对封闭性公司与开放性公司予以区别对待

由于开放性公司股东人数众多且无上限，公司可以通过发行股票的形式向社会公开募集资本，任何人只要购买公司的股票就能成为公司的股东。因而，一方面开放性公司股权较为分散，另一方面公司资本总额较高而公司规模较大。加之开放型公司的股东可以自由转让所持股份和股票，尤其是上市公司的股东，可以方便、快捷地在证券交易所公开自由地转让其持有的股份和股票。故而，开放型公司的股东可以方便、快捷地退出公司以转移投资风险。再者，开放性公司因规模较大其经营管理趋向复杂化和专业化。因此，开放型公司的股东事实上不愿意或没有能力、时间及精力亲自、直接参与公司经营管理，从而自愿或非自愿地选择远离公司，不亲自和直接参与公司经

---

[1] 例如，法国和日本的公司法对公司治理模式实行任意选择制，允许公司根据自身情况在单层委员会制与双层委员会制中进行自由选择。

营管理，而将公司经营管理权委托给作为专门公司经营管理机关的董事会享有和行使。故而，开放性公司倾向于实行两权分离的公司治理模式和权力构造，股东兼任董事以及董事兼任经理的现象十分少见，股东只享有股权和公司终极所有权，而将公司经营管理权委托给常设经营管理机关董事会享有和行使；鉴于董事会的会议体形式的、集体决定的职权行使机制，董事会只宜对公司非日常具体性、中观甚至宏观层次的经营管理和经营决策事项行使决定权，而无法快速、有效地行使公司日常具体性、微观层次的经营管理和经营决策事项的决定权。因此，董事会通常又会将公司日常具体的微观性经营管理权委托给职业经理人享有和行使。故而，在开放性公司中，职业经理阶层成为公司实际的权力中心，职业经理人作为公司日常运营的实际操作者，在公司中处于内部控制人的优势地位，[1]这就是所谓的经理革命和经理中心主义现象。而职业经理人与股东作为不同的利益主体，其利益目标和利益追求不可能完全一致，加之职业经理人与股东之间委托代理关系的间接性和委托代理链条的加长导致两者之间存在着严重的信息不对称现象，为追求个人利益最大化，职业经理人有动机也有机会从事玩忽职守、滥用权力、谋取私利等机会主义行为以损害公司股东利益和公司整体利益。考虑到开放性公司中公司经理的优势地位和内部控制人身份以及股东尤其是中小股东的弱势地位，法院在审查开放型公司董事会解聘经理决议的合法性和合章程性时可适度从宽，应更倾向于认可董事会解聘经理决议的合法和合章程，尤其是在董事会解聘经理决议是由成员全部为独立董事或大部分成员为独立董事的董事会提名委员会作出时，一般不轻易否决董事会解聘经理决议的效力，以维护处于弱势地位的股东尤其是中小股东的合法权益。

由于封闭性公司股东人数较少且有限，公司不能向社会公开发行股份而募集资本，公司的资本由数量有限的股东认缴而形成。因而，一方面封闭性公司股权较为集中，大股东控制公司现象较为常见；另一方面封闭性公司资

---

[1]　在国际和国内的大公司中通常会设公司首席执行官（CEO），学界就公司首席执行官与公司经理是否等同的问题有一定的争议。笔者认为，公司首席执行官与公司经理大体类似，都属于由董事会聘任的公司高级管理人员和高级雇员范畴，但较传统公司经理的职权，公司首席执行官的职权有显著的扩大，除享有传统公司经理的职权，还享有董事会和董事长的部分职权如制定公司的年度经营计划与财务预算方案等董事会的决策权。因此，公司首席执行官不仅全面负责公司的日常决策和经营管理，而且是公司的主要协调人、政策制定者和推动者。参见赵旭东主编：《公司法学》，高等教育出版社2015年版，第308～309页。

本总额较低而公司规模较小。加之封闭性公司通常带有一定的人合性，股东之间的相互熟悉和相互信任关系是公司成立和存续的基础、为维系封闭性公司股东之间的人合性，各国公司法包括我国《公司法》对股东的对外股权转让予以了较大的限制，从而使得封闭性公司股东退出公司、转移投资风险的途径受限。因此，为了节约管理费用和治理成本以及控制投资风险，封闭性公司更倾向于选择两权合一的公司治理模式和权力构造，股东兼任董事以及董事兼任经理的现象较为常见，股东集公司所有权和公司经营管理权于一身，可以直接控制公司的经营管理和经营决策。故而，在封闭性公司中，股东以及作为股东直接代理人的董事会构成公司的实际权力中心，一般不会发生职业经理人控制公司管理和运营的经理革命和经理中心主义的现象。考虑到封闭性公司中公司股东以及作为股东直接代理人的董事会的强势与优势地位和作为公司劳动者的经理的相对弱势与劣势地位，法院在审查封闭性公司董事会解聘经理决议的合法性和合章性时可适度从严，特别是存在大股东滥用股权优势借助董事会决议压制和排挤兼任经理的中小股东情形时，应更倾向于对于董事会解聘经理决议的合法性和合乎章程性提出合理和适度的质疑甚至否决，以维护处于弱势地位的公司经理和公司中小股东的合法权益。

第四章 CHAPTER 4

公司章程与公司法相冲突之疑难案例研究

第一节　相关案例之案情简介及法院判决

一、案例一之案情简介及法院判决

（一）案情简介[1]

被告上海康达化工有限公司（以下简称"康达公司"）系注册资本为541万元的有限责任公司，其工商登记股东为49个自然人，其中13名原告均系被告的股东（其中童丽芳出资252 400元，陆康富出资174 300元，陈惠君出资168 600元，瞿慧珠出资158 800元，姚永康出资96 700元，蔡惠珍出资79 500元，朱志雄出资77 700元，徐竹英出资72 900元，张青出资55 600元，黄惠鑫出资36 100元，孙维一出资25 300元，王美红出资25 300元、陆爱珍出资8200元）。2006年7月29日，被告召开股东会会议，讨论关于修改公司章程的事宜，该会议对于表决情况和会议内容作出了《关于修改〈公司章程〉的决议》（2006）第3号，相关记录表明：应出席54 100股，实际出席53 891股，出席股东所持表决权占全部股权的99.60%；经表决，同意42 451股，不同意11 440股（其中13名原告的表决意见均为"不同意"），同意的比例为78.8%，不同意的比例为21.20%，同意的比例超过2/3，该议案获得表决通过而有效；公司将在完成增加注册资本之后，对形成的新公司章程进行工商登记。同时，将《康达公司章程》作为该决议的附件。该修改的公司章程第24条"自然人股东死亡后，其股权的处置办法"第（二）项规定"合法继承人继承二十五条股东权利中的第（一）、第（四）、第（五）、第（六）项的权利和所有义务"；第（三）项规定"继承人可以出席股东会，

---

[1]　本案案件全称为童丽芳等诉上海康达化工有限公司股权纠纷案。

必须同意由股东会做出的各项有效决议"。第 25 条"股东享有下列权利"中第（一）项规定"有权将自己的名称、住所、出资额及出资证明书编号等事项记载于股东名册内"；第（四）项规定"按照出资比例分取红利，公司新增资本时，按照股东会决议可以优先认缴出资"；第（五）项规定"股东依法转让其股权后，由公司将受让人的名称、住址以及受让的出资额记载于股东名册"；第（六）项规定"公司终止后，按照出资比例分得公司清偿债务后的剩余财产"。第 29 条规定"股东会作出的决议，须经出席会议的股东所持表决权过半数通过。但股东会作出有关公司增加或者减少注册资本、分立、合并、解散或者变更公司形式及修改公司章程的决议必须经出席会议的股东所持表决权的 2/3 以上通过"。第 41 条规定"公司不设监事会，设监事一名，由公司工会主席担任"。股东会决议还对被告原有章程的其他部分内容作了修改。之后，因原告认为被修改的公司章程中上述四条内容违法，故起诉到法院。

另查明，被告原有章程第 18 条"股东会行使下列职权"中的第 1 款第（十一）项规定"修改公司章程"。第 19 条规定："股东会决议须经代表 2/3 以上表决权的股东通过。但股东会作出有关公司增加或者减少注册资本、分立、合并、解散或者变更公司形式及修改公司章程的决议必须经代表 2/3 以上表决权的股东通过。"第 20 条规定："股东会会议由股东按照出资比例行使表决。"

原告诉称：2006 年 7 月 29 日，被告召开临时股东会，利用大股东优势表决权，操纵股东会强行通过了《康达公司关于修改（公司章程）的决议》。（1）该修改的公司章程第 24 条第（二）项"自然人股东死亡后，其股权的处置办法，合法继承人继承第 25 条'股东权利'中的第（一）、第（四）、第（五）、第（六）项的权利和所有义务"和第（三）项"继承人可以出席股东会，必须同意由股东会做出的各项有效决议"内容是对股东权利的违法限制，违反了"同股同权"的原则，存在违法性。（2）该修改的公司章程第 25 条第（四）项"按照出资比例分取红利，公司新增资本时，按照股东会决议可以优先认缴出资"的内容违反了《公司法》第 35 条的规定，侵犯了股东对于公司新增资本优先认缴的法定权利。（3）该修改的公司章程第 29 条"……股东会作出有关公司增加或者减少注册资本、分立、合并、解散或者变更公司形式及修改公司章程的决议必须经出席会议的股东所持表决权的 2/3 以上通过"的规定，是对法定的股东会的议事方式和表决程序的刻意篡改。（4）该修改的公司章程第 41 条 "公司不设监事会，设监事一名，由公司工会主席担任" 的规定，是对股东会选举和更换监事这一法定职权的侵犯。由于上述章程条款内容违法而无效，且基于上述无效条款是章程的一部分，故原告起诉要求确认 2006 年 7 月 29 日通过的《康达公司关于修改〈公司章程〉的决议》无效。

被告辩称：被告根据公司章程的规定，在召开股东会前的 2006 年 7 月 11 日通知了全体股东，股东会由董事长负责召集，于 2006 年 7 月 29 日顺利召开，因此被告股东会会议的召集程序合法。7 月 29 日的股东会按照出资比例行使表决权（为了统计方便，被告股东会以每 100 元折算一股的方式将 541 万元出资划分成 54 100 股），股东均按照 "一股一票" 的比例进行表决。当天出席股东会的股东所持有的表决权占全部股权的 99.60%。经出席股东的书面表决，对《关于修改公司章程的决议》内容表示同意的表决权为 40 769 股，占 75.6%，已达到股东所持表决权的 2/3 以上，符合《公司法》和公司章程关于修改公司章程的规定。因被告赋予了股东平等的表决权利，各股东在书面表决中，自主地表述了意见，故原告称被告 "操纵股东会强行通过" 的事实不成立。且被告系由股份合作制企业改制而来，股东人数较多，股东持有的股份较分散，故也不存在原告所述 "实质上是公司少数大股东利用优势表决权" 的问题。从修改的公司章程第 24 条内容看，公司法对于继承人继承股东资格的内容规定可以由公司章程另行约定，公司股东会表决通过的章程完全有权对 "股权继承" 的问题做出约定，故修改后的公司章程对继承股东资格进行限定，是为了更好地维护公司的 "人合性"。修改的公司章程第 25 条第（四）项的规定也符合《公司法》第 35 条关于新增资本认缴的规定，并未违法。修改的公司章程第 29 条关于股东会 "议事方式" 和 "表决程序" 按照 "出席股东所持表决权" 为标准，因公司法在此规定的表决权是 "有效表决权"，放弃表决权的股东所代表的股份是不计算在内的，故该章程规定与《公司法》第 44 条规定也是一致的。因工会主席是公司职工，符合法律要求的监事会中有职工代表担任的规定。且工会主席也是经职工选举产生，考虑到被告系由股份合作制企业改制而形成，选举出的工会主席也符合股东的意愿，符合民主集中制的原则。根据《公司法》第 38 条的规定，选举作为职工代表的工会主席担任监事亦不是股东会的职权，由此，修改的公司章程对监事的规定亦符合法律规定。由于被告通过正当、合法和有效的股东会会议，通过了修改公司章程的决议，其内容合法，故请求驳回原告的诉讼请求。

（二）法院判决

一审法院判决：1. 被告康达公司 2006 年 7 月 29 日通过的《康达公司关于修改（公司章程）的决议》中"康达公司章程"第 24 条第（二）项、第（三）项、第 25 条第（四）项、第 29 条、第 41 条的内容无效。2. 原告童丽芳等 13 人的其余诉讼请求不予支持。二审法院判决：驳回上诉，维持原判。

二、案例二之案情简介及法院判决

（一）案情简介[1]

原告山西洪达必高进口汽车维修服务有限公司（以下简称"洪达必高公司"）诉称，2012 年 9 月，原告和第三人何娟、田渝生协商股权转让事宜，其中，第三人何娟拟将其持有的被告山西新亨运汽车服务有限公司（以下简称"新亨运公司"）20% 的股权转让于原告，第三人田渝生拟将其持有的被告新亨运公司 30% 的股权转让于原告。2012 年 10 月 9 日，第三人何娟、田渝生将其股权转让的意愿书面通知了被告新亨公司的其他股东即第三人山西新千年工贸有限公司（以下简称"新千年公司"）、山西亨运汽车修配有限公司（以下简称"亨运公司"）以征求同意，但其他股东在接到书面通知之日起满三十日未予答复。根据《公司法》第 72 条之规定，其他股东自接到书面转让通知之日起合理期限内未答复的，应视为其放弃优先购买权并同意转让。于是，原告分别在 2012 年 11 月 13 日、14 日，与第三人何娟、田渝生签订了《股权转让协议书》，约定第三人何娟将其持有的被告 20% 的股权转让于原告，第三人田渝生将其持有的被告 30% 的股权转让于原告。随后，原告按约向两位第三人支付了全部股权转让款。至此，原告继受取得被告合计 50% 的股权，且不违反法律法规的强制性规定，已依法享有被告的股东资格。但是，被告拒不认可原告的股东身份，拒不履行为原告签发出资证明书、记载于股东名册及办理工商变更登记等法定义务。经与被告多次协商未果后，原告为维护自身合法权益，依法提起诉讼，请求判令：（1）确认原告享有被告公司股东

---

[1] 本案案件全称为山西洪达必高进口汽车维修服务有限公司诉山西新亨运汽车服务有限公司股权纠纷案。

资格，判令被告根据《公司法》的规定履行为原告签发出资证明书、记载于股东名册并将第三人何娟持有的被告的20%股权、第三人田渝生持有的被告的30%股权办理工商变更登记至原告名下的法定义务；（2）诉讼费用由被告承担。

被告新亨运公司辩称，股权转让协议不发生效力，公司的法人股东不同意股权转让给原告，根据公司章程的规定，股权转让须经所有股东同意。第三人何娟、田渝生、秦建中系国家工作人员（其中田渝生是名义股东，秦建中为实际股东），根据《中华人民共和国公务员法》（以下简称《公务员法》）的相关规定，公务员不得参加赢利活动，参照中纪委的相关文件，第三人何娟、田渝生、秦建中持有公司股权应该退股或者转让给公司其他股东，但不能转让给公司以外的其他人。所以，应当驳回原告诉求。第三人何娟、田渝生、秦建中述称，股权转让事宜曾在临时股东会上协商过，但未达成协议。后与原告协商，原告同意以600万元受让股权，第三人向法人股东发出股权转让通知书，30日内法人股东未做答复，根据《公司法》的规定，股权转让协议合法有效。关于何娟、田渝生、秦建中身份问题，被告方没有提交书面证据证明他们是公务员，何娟、田渝生、秦建中确实不是公务员，所以不能适用《公务员法》；关于秦建中是否是隐名股东问题，就本案来讲，首先没有证据证明秦建中是公司隐名股东，秦建中本人也表示其不是隐名股东；其次，秦建中对田渝生转让股权事宜没有异议。综上，第三人均认为，原告和第三人何娟、田渝生均履行了各自义务，原告的诉求应予以支持。第三人新千年公司述称，完全认可本案被告的答辩意见。另外，临时股东会本身召开程序不合法，没有按照法定要求在开会前15日将会议时间、地点、议程、议题送达给股东，且在开会时法人股东明确表示不同意对外转让故，原告诉求存在诸多问题，请求驳回原告诉求。第三人亨运公司同意被告及第三人新千年公司的意见。

经审理查明，被告新亨运公司由第三人新千年公司、亨运公司、何娟、田渝生四个股东组成。第三人新千年公司占注册资本的40%，第三人田渝生占注册资本的30%，第三人何娟占注册资本的20%，第三人亨运公司占注册资本的10%。2012年9月，第三人何娟、田渝生在临时股东会上向公司其他股东提出转让股权的意向。同年10月9日，第三人何娟、田渝生分别向第三人新千年公司、亨运公司发出股权转让通知书，表明"拟将所持股权转让给原告洪达必高公司，转让价款为人民币 600 万元。请第三人新千年公司、亨运公司在接到通知书之日起三十日内做出对上述股权转让事项是否同意的书面答复，在期限内未做答复的，视为同意；如不同意则在同等条件下享有优先受让权"。在股权转让通知书发出的期限内，第三人新千年公司、亨运公司均未做答复。2012 年 11 月 13 日，第三人何娟与原告洪达必高公司签署股权转让协议，约定第三人何娟将其持有的被告新亨运公司 20% 的股权转让于原告，转让价款为人民币 240 万元。同年 11 月 14 日，第三人田渝生与原告洪达必高公司签署股权转让协议，约定将第三人田渝生持有的被告新亨运公司 30% 的股权转让于原告，转让价款为人民币 360 万元。随后，原告按约向第三人何娟、第三人田渝生支付了全部股权转让款。但是，被告以公司章程规定，未经全体股东同意，不得对外转让出资为由，不认可原告的股东身份。另查明，被告在庭审中未提交第三人何娟、田渝生系国家公务员的证据，对第三人秦建中的隐名股东身份，被告提交了山西省纪律检查委员会驻山西煤炭工业厅纪检组谈话笔录，在该笔录中，秦建中陈述其是实际股东代表，其妻子田渝生担当名义股东。但在庭审中，被告陈述秦建中未行使过股东权利。以上事实，有公司章程、股权转让合同、股权转让通知书、银行付款凭证、山西省纪律检查委员会驻山西煤炭工业厅纪检组谈话笔录以及庭审笔录在案佐证。

（二）法院判决

一审法院判决：1. 原告洪达必高公司享有被告新亨运公司的股东资格。2. 被告新亨运公司于本判决生效之日起十五日内向原告洪达必高公司签发 50% 的股权出资证明书、记载于股东名册并将第三人何娟、田渝生持有的被告的股权办理工商变更登记至原告名下。案件受理费 200 元，由被告新亨运公司负担。二审法院判决：驳回上诉，维持原判。

三、案例三之案情简介及法院判决

（一）案情简介[1]

原告姜某为被告烟台某股份有限公司职工。2003 年 2 月，原烟台某国企改制成为股份有限公司，原告入股，取得改制后的公司股权。2005 年原告办理退休手续，后公司举行股东大会，将其章程第 17 条修改为"公司股权实行

---

〔1〕 本案案件全称为姜某诉烟台某股份有限公司股权纠纷案。

内部转让，股权转让价格的确定参考公司上一年度每股净资产值……除发起人外，股东离职后其持有的股权必须转让。离岗股东不同意转让其持有的股权，公司应召开股东大会就此进行表决，如代表 2/3 以上表决权的股东表示同意，则公司可以收购该股权"。被告据此条款向原告发出了关于退股的通知，令其退出其持有的 8% 股权中的 4.8%。原告起诉要求确认公司章程第 17 条无效。本案审理过程中公司召开股东大会，投票议决："大会股东表决通过姜某所持公司 8% 股权，按公司章程第 17 条之规定，以公司上一年度每股净资产 1.07 元的价格出让给本公司股东……"原告对决议投了反对票，并向法院增加诉求，请求确认被告股东大会此项决议无效。

（二）法院判决

一审法院审理认定：公司章程第 17 条和关于原告股权转让的股东大会决议无效。被告提起上诉，二审驳回上诉、维持原判。

四、案例四之案情简介及法院判决

（一）案情简介

常州百货大楼股份有限公司（以下简称"常州公司"）是一家改制而成立的股份有限公司，改制于 1993 年，公司章程中明确单个法人股东最大持有的公司股份原则上为股份总额的 5%，超过此一限额的法人股东在获得超过股份总额 5% 以上的股份时应当经由公司的许可。2003 年常州公司的 4 名法人股东分别与常州公司另外 18 家单位股东签订了 22 份股权转让协议，占总股本的比例为 7.292%。常州公司起诉请求确认转让协议无效，其理由为 4 名法人股东的行为属一致收购活动，实为对公司章程所设股权转让的限定性规定的规避行为。

（二）法院判决

一审判决结果：驳回原告的诉讼请求；二审判决结果：驳回上诉、维持原判。

第二节　关于公司章程性质问题的研究

一、关于公司章程性质的现有学说

公司章程性质作为公司法学的经典疑难论题，深受中外学者的青睐和关注。长期以来，已积累和存续了诸多观点不一和内容各异的理论学说，对这些繁杂多样的现有学说进行一定的梳理和总结可谓必要。

（一）对现有学说的概述

公司章程性质的现有学说主要有契约说、自治规范说、折衷说、宪章说、秩序说、权力法定说六种。

1. 契约说

契约说确切而言应称为公司成员契约说。该说认为，公司章程是公司成员之间以意思表示一致订立的契约，该说主要为英美法系国家学者所主张，其理论渊源于经济学的公司契约理论。传统公司法理论一般认为唯有股东才是公司的成员，因此公司成员契约说又可称为股东契约说。根据公司股东范围的大小，股东契约说又可细分为原始股东契约说和全体股东契约说。前者认为，公司章程是公司成立之前公司设立时的原始股东尤其是发起人股东之间的契约；而后者认为，公司章程是全体股东（既包括公司成立之前公司设立时的原始股东，也包括公司成立之后新加入公司的股东）之间的契约。由于公司成立之后新加入公司的股东并未参与和决定公司原始章程的制定，不符合传统民法学中的一般和典型契约的要求；而公司成立之前公司设立时的原始股东尤其是发起人股东大都直接参与和决定公司章程的制定，具备传统民法学中一般和典型契约的特征。因此，全体股东契约说往往成为反对者攻击的对象，原始股东契约说尤其是发起人股东契约说才是股东契约说的完美代表。

2. 自治规范说

自治规范说确切而言应称为公司自治规范说。该说认为，公司章程是公司这个独立的社团法人根据国家赋予的自治规范创制权而自主制定的、调整公司内部组织关系并对公司内部成员（包括股东、董事、监事、法定代表人及经理等高管人员）具有约束力的公司自治规范，该说主要被大陆法系国家学者所认同，其理论渊源于社会学的社团自治理论。根据是否承认公司章程具有法律规范性质，公司自治规范说又可细分为自治性法律规范说和自治性非法律规范说。前者承认公司章程的法律规范性质，从而认为公司章程是公司制定的自治性法律规范即公司自治法，对公司内部成员具有国家强制性和约束力；而后者不承认公司章程的法律规范性质，从而认为公司章程仅为公司制定的自治性非法律规范，对公司内部成员不具有国家强制性和约束力，仅具有公司内部纪律性质的强制性和约束力。由于公司章程是由非国家机关的民间主体创制形成，与国家机关制定的具有国家强制性而由国家强制力保障实施的狭义法即国家成文制定法迥然不同，因此学界大都不承认公司章程的法律规范性质，自治性非法律规范说是公司自治规范说中的主流观点。

3. 折衷说

由于股东契约说和公司自治规范说均无法独自周延地解释公司章程的性质，我国部分学者试图兼采股东契约说和公司自治规范说以界定公司章程的性质，此即所谓折衷说。[1]该说或将公司章程条款一分为二而区别对待，认为涉及股东与股东、股东与公司之间关系的公司章程条款属契约性质，而涉及公司机关设置和职权等公司治理关系的公司章程条款属自治规范性质；或将公司原始章程和公司修改章程予以割裂而分别定性，认为公司原始章程属契约性质，而公司修改章程属自治规范性质。[2]笔者认为，折衷说轻率、粗暴地将作为同一事物和现象的公司章程人为地切割为两个部分而彼此孤立定性，不符合对事物和现象定性的整合性和融贯性原则。

4. 宪章说

宪章说为部分英美法系国家学者所持有。该说将公司章程界定为调整公司内部成员之间关系的宪章性书面文件，强调公司章程作为公司自治规范在公司自治规范体系中的地位最高性和根本性，相当于公司内部的自治性宪法或宪章。笔者认为，该说实为以上公司自治规范说的另一版本和分支类型，因而仍可纳入公司自治规范说之中。

5. 秩序说

秩序说的主要倡导者是纯粹法学派的创立者凯尔森和法社会学派的代表人埃利希。该说视角独特、理论深邃，敏锐洞见到公司章程规范对于公司内部统一秩序的型构和公司组织体的创立所起的关键作用，深刻揭示了公司章程规范与公司内部秩序型构及公司组织体创立的逻辑递进和等同关系。诚如凯尔森所说，"构成社团秩序或组织就是社团的法律，……社团只有通过它的法律才算在法律上是存在的……社团及其法律、调整某些人行为的规范秩序

---

〔1〕 折衷说在我国学界颇为流行，前后有不少学者提出了各自内容不一的折衷说观点，折衷说在我国俨然有成为通说之势。

〔2〕 参见钱玉林："作为裁判法源的公司章程：立法表达与司法实践"，载《法商研究》2011年第1期。

以及由秩序所'构成'的联合（共同体），并不是两个不同的本体，它们是等同的"。[1]埃利希更是明言，"一个社会联合体是这样一群人，他们在相互关系中，承认一些行为规则具有拘束力，并且至少在通常情况下，实际上按照这些规则来调节他们的行为"，"社会规范只是人类联合体的秩序"。[2]笔者认为，秩序说是对公司自治规范说深层次的法理性解说，为后者提供了有力的理论支撑，因此该说并未脱离公司自治规范说的范畴，是对公司自治规范说的进一步深化和发展，从而也可划归公司自治规范说之中。

6. 权力法定说

权力法定说认为，公司章程条款完全是法定的，国家法对于股东、董事等公司内部成员及债权人等外部交易第三人均赋予了法定的权力和义务。该说仅为少部分英美法系国家学者所主张。由于该说将公司章程内容全部归于法定，完全否认公司章程的意定性和自治性，实际上是把公司章程等同于公司法或公司法的组成部分，[3]既不符合公司实际情况也有违公司自治原则和精神，因此该说并不具有代表性，已为大多数学者所否定。

（二）对股东契约说和公司自治规范说之争的质疑

综上所述，现有关于公司章程性质的六种主要学说实可缩减和归纳为股东契约说、公司自治规范说、折衷说三种。由于折衷说是对股东契约说和公司自治规范说的兼采和综合，因此公司章程性质学说之争实际聚焦和集中在股东契约说和公司自治规范说之间。长期以来，两说各执一端、针锋相对而无法定夺。笔者认为，股东契约说和公司自治规范说之争大体上只是一个假象，并无多大实质意义；两说之争很大程度上乃认识上陷入误区所致，勘破和走出这些认识误区是有效厘清和界定公司章程性质的必要之途。

1. 认识误区之一：公司章程制定行为定性与公司章程本身定性相脱节

笔者认为，将公司章程制定行为与作为公司章程制定行为结果的公司章程本身相互脱节进行定性是两说之争的首要认识误区。股东契约说主要专注

---

[1] 参见［奥］凯尔森：《法与国家的一般理论》，沈宗灵译，商务印书馆2013年版，第28页、第43页。

[2] 参见［奥］尤根·埃利希：《法律社会学基本原理》，叶名怡、袁震译，中国社会科学出版社2009年版，第28页、第43页。

[3] 参见温世扬、廖焕国："公司章程与意思自治"，载王保树主编：《商事法论集》（第6卷），法律出版社2002年版，第8~9页。

于从公司章程制定行为和过程的角度来探讨公司章程的性质，强调公司章程是公司成员（股东）通过订立契约的行为和方式创制出来的，将公司章程制定行为看作是公司成员（股东）之间的契约行为，因此公司章程本身是公司成员（股东）之间的契约。由于股东契约说主要专注于从公司章程制定行为角度考察公司章程性质，也就忽略了对公司章程本身的规范性质和本质的揭示，由此不能全面、深入地诠释公司章程的性质。而公司自治规范说主要着重于从作为公司章程制定行为结果的公司章程本身的角度来思考公司章程的性质，认为公司章程本身是公司自主制定的、调整公司内部关系及约束公司内部成员的公司自治规范，因此公司章程制定行为实为公司自治规范创制行为。同理，由于公司自治规范说仅着重于从公司章程本身的角度考察公司章程性质，也就遮蔽了对公司章程制定行为的法律行为性质和现象的揭示，同样无法全面、深入地诠释公司章程的性质。

由此可见，股东契约说和公司自治规范说之争正是将公司章程制定行为性质与作为公司章程制定行为结果的公司章程本身性质的界定相互脱节、分离操作所致，由于两说的立论角度和言说层面完全不同，两说之争在一定程度上也就成了自说自话的无谓之举。笔者认为，由于公司章程本身是公司章程制定行为的结果和产物，因此公司章程制定行为的性质决定了公司章程本身的性质，公司章程本身的性质也体现了公司章程制定行为的性质，公司章程制定行为的性质与公司章程本身的性质是一体两面的关系。欲全面和周延地界定公司章程性质，一方面，应立足于公司章程制定行为和公司章程本身这两个维度展开，同时探讨公司章程制定行为的性质和公司章程本身的性质；另一方面，也是更为重要的方面，应将公司章程制定行为的定性和公司章程本身的定性予以整合，使两者之间能够彼此对照和相互证立，最终对公司章程性质给出更为完整和融贯的解释。

2. 认识误区之二：公司原始章程定性与公司修改章程定性相割裂

笔者认为，将公司原始章程与公司修改章程相互割裂进行定性是两说之争的第二认识误区。股东契约说主要针对公司成立之前的公司设立时的公司原始章程制定阶段来分析公司章程的性质，由此认为，公司原始章程制定行为是公司成立之前的公司设立阶段的原始股东尤其是发起人股东意思表示一致而成立的契约行为，相应公司原始章程是原始股东尤其是发起人股东之间的契约。原始股东契约说尤其是发起人契约说可较合理地说明公司设立阶段以原始股东尤其是发起人股东全体意思表示一致为特征的公司原始章程的性质，却无法有效地诠释公司成立之后以资本多数决为特征的公司修改章程的性质。公司成立之后，公司本身成为具有独立法律人格的经营实体，修改公司章程成为公司最高权力机关的股东会的法定固有职权。公司章程的修改是由作为股东会成员的公司全体股东依资本多数决原则和方式进行，仅须全体股东或出席会议股东所持表决权绝对多数赞成即可通过公司章程修改决议，修改章程的效力不但及于参加表决并投赞成票的股东，而且及于未参加表决或虽参加表决但投弃权票或反对票的股东，还及于无权参加表决的公司董事、监事、法定代表人、经理等高管人员，公司章程修改行为与以全体当事人一致决为特征的典型契约行为显著不同，因此传统民法学将公司章程修改行为视为不同于契约行为的决议行为，将公司修改章程本身视为不同于契约的决议。正如汉密尔顿所言，"契约说并没有道出公司章程的全部真相"。

而公司自治规范说主要对应公司成立之后的公司章程修改阶段来分析公司章程的性质，由此认为，公司章程修改行为是公司成立之后的公司法人根据国家授予的自治规范创制权进行的自治规范创制行为，相应公司修改章程本身是公司法人创制的公司自治规范。公司自治规范说可以较好地解决公司修改章程定性问题。按照传统民法理论，公司成立之后即成为独立于其发起人之外的、具有独立目的和独立意志的法人实体，根据国家的授权，公司法人享有创制适用于公司内部成员的自治规范的权利。然而公司法人作为无形和抽象的民事主体，不具有自然人民事主体的有形性和实在性，公司法人的意志形成、表达和实现必须由公司机关代表为之，公司机关的职权行为可直接视为公司法人的行为。因此，公司最高权力机关——股东会依法定职权进行的章程修改行为可直接视为公司法人根据国家授予的自治规范创制权进行的自治规范创制行为，由此而形成的公司自治规范对公司内部全体成员（不仅包括参加表决并投赞成票的股东，也包括未参加表决或虽参加表决但投弃权票或反对票的股东，还包括无权参加表决的董事、监事、法定代表人、经理等高管人员）均具有约束力。然而，公司自治规范说无力解释公司成立之前公司设立阶段的公司原始章程的性质，此时公司尚未成立，也就无法将公司原始章程制定行为视为公司法人的自治规范创制行为，公司原始章程本身自然无法界定为公司法人创制的公司自治规范。

综上可见，股东契约说和公司自治规范说分别立基于公司原始章程制定阶段与公司章程修改阶段来探讨公司章程性质，均无法周延和全面地对公司章程性质予以合理界定，从而暴露了两说各自固有的理论解释力不足的缺陷。然而，可否轻率地得出这样的结论——不妨兼采股东契约说和公司自治规范说分别对原始章程和修改章程的性质予以解说？笔者认为，此种看法实又陷入了折衷说的泥沼而不可取。两说之争所带来的启示是，一方面，公司原始章程制定行为与公司章程修改行为之间的确存在较大差异，因此对公司章程性质的探讨必须同时针对公司原始章程和公司修改章程两个层面进行；另一方面也是更为重要的方面，应将公司原始章程定性和公司修改章程的定性加以贯通，使两者之间能够彼此呼应和相互勾连，最终达致对公司章程性质的统一和周全的解说。

3. 认识误区之三：公司章程部门法学进路的定性与公司章程理论法学进路的定性相隔膜

笔者认为，将公司章程的部门法学视角的定性与理论法学视角的定性相互隔膜是两说之争的又一认识误区。股东契约说主要是以民商法学这一部门法学视角和进路，运用传统民商法学理论框架对公司章程性质进行分析和界定；而公司自治规范说则主要是以法理学这一理论法学视角和进路，依据一般法理学学术资源对公司章程性质予以探讨和阐释。股东契约说与公司自治规范说之争很大程度上是长期以来我国学界部门法学与理论法学之间缺乏沟通、各自发展的产物和体现。立基于民商法部门法学视角的公司章程定性与立基于理论法学视角的公司章程定性相互隔膜、各说各话，从而极易忽视甚至无视股东契约说和公司自治规范说之间的内在相容和关联关系。两说表面看来似乎截然对立、无法沟通，实则存在隐秘、微妙的相通性和一致性，两说之争一定程度上成了无的放矢之举，有浪费学术资源之嫌。笔者认为，两说均彰显了公司自治的理念和精神，突出作为公司自治载体的公司章程的主体意定性和主体自治性，从而与突出公司章程国家法定性和国家干预性的权力法定说明显相异。只不过股东契约说认为，公司章程制定行为是公司成员之间的契约行为，相应公司章程本身是公司成员之间的契约，因而契约说强调的是公司成员自治，将股东尤其是发起人股东视为公司自治的主体。而公司自治规范说主张，公司章程制定行为是公司法人依据国家赋予的自治规范创制权进行的自治规范创制行为，相应公司章程本身是公司法人创制的自治规范，因而自治规范说强调的是公司法人自治。公司自治规范说简单笼统地将抽象的公司法人本身视为公司自治的主体，至于公司自治的具体主体和具体对象为何，自治规范创制的方式和程序如何，均未予以说明。[1]事实上，公司法人作为无形性和抽象性的民事主体，其自身无法成为实际的自治主体而从事自治规范创制行为，作为自然人的公司成员才是公司自治规范的实际创制主体，公司自治最终仍要归结于公司成员自治，作为自然人的公司成员才是公司自治的终极主体。由此可见，股东契约说和公司自治规范说并无不可调和的分歧和对立，两说均高扬公司自治的旗帜和精神，彰显了公司章程作为公司自治重要载体和主要手段的功能定位。综合运用部门法学与理论法学的学术资源和理论工具，揭示和重视两说的内在联系性和实质一致性，将部门法学视角的公司章程定性与理论法学的公司章程定性相互融贯和相互协调，应是合理界定公司章程性质的不二法门。

综上，笔者认为，欲完成公司章程性质学说之理论创新和重构任务，一方面应奋力超越现有股东契约说和公司自治规范说各自狭隘视域和认识误区，另一方面也应积极吸纳现有股东契约说和公司自治规范说理论内核中的合理成分。只有对现有学说进行有选择性的借鉴和扬弃，才能实现公司章程性质理论的螺旋式发展和提升。

二、笔者对公司章程性质的界定

(一) 传统股东契约说的缺陷及公司全体成员组织性契约说的提出

公司原始章程的制定作为公司成立的法定必要条件之一，是公司成立之前的公司设立阶段的重要任务。在一人公司场合，公司原始章程是由公司的唯一股东也是公司唯一的发起人制定，但原始章程不仅约束该唯一股东，还约束该唯一股东之外的公司其他成员即董事、监事、法定代表人及经理等高管人员；在多人公司中的有限责任公司和发起设立的股份有限公司场合，公司原始章程是由公司全体原始股东即公司全体发起人股东制定，但原始章程不仅约束公司发起人股东，还约束公司发起人股东之外的公司其他成员董事、监事、法定代表人及经理等高管人员；在多人公司中的募集设立的股份有限公司场合，由于认股人众多，公司全体原始股东中仅发起人股东能够参与公

---

〔1〕 参见温世扬、廖焕国："公司章程与意思自治"，载王保树主编：《商事法论集》（第6卷），法律出版社2002年版，第10页。

司原始章程内容拟定并以全体一致同意的方式通过章程，而认股人股东通常并未参与公司原始章程内容的拟定，且原始章程的通过无须认股人一致同意而只需持有多数资本的认股人同意即可。但公司原始章程不仅约束发起人股东，还约束发起人股东之外的公司其他成员认股人股东及董事、监事、法定代表人及经理等高管人员。显然，在公司设立阶段，仅发起人股东真正和实质地参与了公司原始章程的制定，而发起人之外的其他公司成员并未真正和实质地参与公司原始章程的制定，因此股东契约说论者更倾向于将公司原始章程制定行为仅看作发起人股东之间的契约行为，将公司原始章程仅看作发起人股东之间的契约，发起人股东契约说在契约说中居主导地位。然而，即使作为股东契约说完美体现的发起人股东契约说也具有十分明显的局限性，一者，其无法说明一人公司原始章程制定行为的性质；二者，其无法解释公司原始章程对未真正和实质参与公司原始章程制定的发起人股东以外的其他公司成员（包括公司设立时的认股人股东；董事、监事、法定代表人、经理等高管人员；公司成立后新加入公司的股东）具有约束力的事实和现象。可见，现有的股东契约说对于公司原始章程性质的解说力显然不足。

公司成立之后，公司章程可依法定程序进行修改。在一人公司场合，公司章程的修改是由公司唯一股东单方决定，但修改章程的效力不仅及于该唯一股东，还及于股东以外的公司其他成员即董事、监事、法定代表人及经理等高管人员，显然一人公司的章程修改行为无法理解为两人以上多数股东之间的契约行为；在多人公司场合，公司章程的修改是由作为股东会成员的公司全体股东依资本多数决原则和方式进行，仅须全体股东或出席会议股东所持表决权绝对多数赞成即可通过公司章程修改决议，但修改章程的效力不仅及于参加表决并投赞成票的股东，也及于未参加表决或虽参加表决但投弃权票或反对票的股东，还及于无权参加表决的股东之外的公司其他成员即董事、监事、法定代表人及经理等高管人员。可见，多人公司的章程修改行为并不符合受契约约束的全体当事人一致决的典型契约行为的要求，现有的股东契约说对公司修改章程的性质没有给出有效的诠释。

笔者认为，传统公司法理论仅将股东视为公司成员，从而将公司章程仅看作股东之间的契约，这并不科学也过于狭隘。公司法人作为无形和抽象的民事主体，不具有自然人民事主体的有形性和实在性，公司法人的意志形成、表达和实现必须由公司机关代表为之，最终是由作为自然人的公司机关成员代表为之。因此，公司全体机关成员均对公司成立和运作而言不可或缺。所谓公司成员应是包括股东在内的公司全体机关成员，股东并非唯一的公司成员而仅是公司成员之一。详言之，公司全体成员涵盖公司全体机关成员，既包括公司最高权力机关股东会的成员即股东，还包括公司经营决策和管理机关董事会的成员即董事、公司监督机关监事会的成员即监事、公司对外代表机关成员即法定代表人以及公司经营辅助机关成员即经理等高管人员。[1]在公司全体成员中，不只股东要受公司章程的管辖和约束，股东之外的其他公司成员同样要受公司章程的管辖和约束，而传统的股东契约说没有对股东之外的其他公司成员受公司章程约束的事实和现象提供适宜和周全的解释，这是传统的股东契约说的最大缺陷。是故，在将公司成员范围扩展至公司全体机关成员的基础上，以下笔者将提出一种较传统股东契约说更具解释力、涵盖面更广的全新观点——公司全体成员组织性契约说，该说不仅试图对包括股东在内的公司全体成员受公司章程约束的现象作出合理和周延的解说，而且力求对公司原始章程和修改章程性质同时给予统一性和融贯性的阐释。

（二）公司章程是受章程约束的公司全体成员之间的契约

笔者认为，在公司设立时公司原始章程的制定中，虽然从表面看来，仅发起人股东实质和真正地参与了公司原始章程的制定，募集设立的股份有限公司的认股人股东通常既未参与公司原始章程内容的拟定且对原始章程的通过也并非全体一致同意，而董事、监事、法定代表人及经理等高管人员以及公司成立后新加入公司的股东并未参与公司原始章程内容的拟定和通过，发起人股东之外的公司其他成员未实质和真正参与章程制定却要受章程约束的现象似乎无法以契约说来进行解释。然而从实质而言，由于公司乃自愿性社

---

〔1〕 至于经理等高管人员之外的普通职工是否为公司成员问题，有部分学者提出，基于劳动民主原则和公司利益相关者理论，普通职工作为公司的重要利益相关者也是公司的成员。笔者认为，广义的公司成员可涵盖普通职工、债权人等公司的一切利益相关者，而狭义的公司成员应仅指对于公司法人意志形成、表达和实现起至关重要作用的公司机关成员，后者是指依公司法或公司章程的一般授权，有权长期性、持续性和概括性代表或代理公司形成、表达和实现公司法人意志的主体，公司机关成员享有的代表权或代理权具有法定性或章定性、长期性、持续性、概括性的特点。而经理等高管人员之外的普通职工未经公司特别授权，不能代表或代理公司形成、表达和实现公司法人意志；即使经公司特别授权享有了一定的代表权或代理权，其享有的代表权或代理权也并非基于公司法或公司章程的一般授权而呈现出短期性、暂时性和限定性的特点。因此，普通职工并非公司机关成员，不能划归狭义的公司成员之中。本书所指的公司成员乃狭义层面上的公司成员。

会组织，公司成员享有自由加入和退出公司的自由和权利，因此公司设立时认股人股东自愿加入拟组建公司的行为（表现为签署认股书）即可合理推定为其已自愿接受和同意公司原始章程对其的管辖和约束，公司原始章程对其而言是以作为的默示方式与发起人股东订立的格式契约条款。作为格式契约的接受方，认股人通常无权对公司原始章程内容进行讨价还价，只能表示全盘接受（表现为签署认股书而加入拟组建公司）或干脆"走人"（表现为不签署认股书而不加入拟组建公司）。[1]同理，董事、监事、法定代表人及经理等高管人员虽未参与公司原始章程内容的拟定及通过，但其自愿加入公司的行为（表现为签署委任合同或聘用合同）即可合理推定为其已自愿接受和同意公司原始章程对其的管辖和约束，公司原始章程对其而言也是以作为的默示方式与发起人股东订立的格式契约条款。[2]同理，公司成立后新加入公司的股东虽未参与公司原始章程内容的拟定及通过，但其自愿加入公司的行为（表现为签署入股协议）即可合理推定为其已自愿接受和同意公司原始章程对其的管辖和约束，公司原始章程对其而言也是以作为的默示方式与发起人股东订立的格式契约条款。由此可见，公司原始章程制定行为的性质是受原始章程约束的公司全体成员之间的契约行为，相应公司原始章程的性质是受原始章程约束的公司全体成员之间的契约。

而在公司成立后的公司章程修改中，公司章程修改是由一人公司中的唯一股东决定或多人公司中由全体股东依资本多数决原则决定，因此从表面看来，在一人公司中，仅一人股东参与了公司章程的修改，董事、监事、法定代表人及经理等高管人员无权参与公司章程的修改。在多人公司中，仅参加公司章程修改决议表决并投赞成票的股东实质和真正地参与了公司章程的修改，董事、监事、法定代表人及经理等高管人员无权参与公司章程的修改，

---

〔1〕　当然，由于认股人在创立大会上对公司原始章程的通过享有表决权，因此在一定程度上，认股人也有可能影响和改变发起人单方拟定的公司原始章程的内容。总体而言，公司原始章程的内容拟定主要由发起人负责和主导，可看作是发起人单方拟定的格式契约。

〔2〕　值得思考的问题是，经理等高管人员之外的普通职工与公司订立劳动契约的行为可否推定为其已自愿接受公司原始章程的管辖和约束？公司原始章程对其而言是否也是以作为的默示方式与发起人订立的格式契约条款？笔者认为，基于普通职工的事实上的经济弱势地位，普通职工与公司订立劳动契约的行为不能推定为其已自愿接受公司原始章程的管辖和约束，公司原始章程对普通职工而言不是以作为的默示方式与发起人订立的格式契约条款。因此，普通职工原则上不受公司原始章程的管辖和约束，除非其以明示方式（如在劳动契约中明确约定）同意公司原始章程对其的管辖和约束。

未参加公司章程修改决议表决的股东以及虽然参加表决但投弃权票或反对票的股东并未实质和真正地参与公司章程的修改，契约说对于一人股东及参加公司章程修改决议表决并投赞成票的股东之外的公司其他成员要受公司修改章程约束的现象似乎失去了解释力。然而从实质而言，公司原始章程作为受契约约束的公司全体成员之间的契约，不仅约定了公司的机关设置及职权、公司成员与公司以及公司机关之间的权利义务关系，而且还约定了公司成立后公司章程的修改主体、程序及方式——一人公司中由唯一股东单方修改、多人公司中由全体股东依资本多数决原则修改，该约定实质相当于公司全体成员以契约约定方式授权公司部分成员——一人公司中的唯一股东和多人公司中的持有半数以上多数资本的股东单方修改公司章程从而变动公司全体成员之间的法律关系的权利，该约定也实质相当于公司全体成员以契约约定方式事先自愿接受和一致同意公司修改章程对其的统一管辖和约束；况且，由于公司乃自愿性社会组织，未真正和实质参与公司章程修改的公司成员完全可通过随时、自由地退出公司而轻易摆脱公司修改章程对其的管辖和约束，[1]因此一人股东以及参加公司章程修改决议表决并投赞成票的股东以外的公司其他成员虽然未真正和实质地参与公司章程修改，但这些主体受公司修改章程约束仍出于其自由意志和自主选择，体现了当事人意思自治的私法自治原则和理念，公司修改章程仍为受修改章程约束的公司全体成员意思表示一致的结果和产物，公司章程修改行为的性质同样是受修改章程约束的公司全体成员之间的契约行为，相应公司修改章程的性质同样是受修改章程约束的公司全体成员之间的契约。

（三）公司章程是受章程约束的公司全体成员之间的组织性契约

如前所述契约行为与多方法律行为是可以互换的等同概念，在此广义的契约行为概念之下，可根据契约行为的目的不同，将契约行为进一步划分为交易性契约行为和组织性契约行为。交易性契约行为是契约行为中的一般和典型形态，是指双方当事人以相互之间一次性经济资源交换或交易为目的的契约行为，传统民法中的契约行为主要指的就是此种交易性契约行为；而组

---

〔1〕 基于维系有限责任公司和发起设立的股份有限公司人合性的考虑，法律或公司章程通常对其股东对外转让股权予以一定的限制，加之有限责任公司和发起设立的股份有限公司缺乏有效的股权转让公开市场，从而使得有限责任公司和发起设立的股份有限公司的股东退出公司的途径和自由受到实质限制。

织性契约行为是契约行为中的特殊和非典型形态，是指双方或双方以上的当事人以设立及运营某一长期存续的组织体为目的的契约行为，组织性契约行为主要属于商法（公司法）领域的契约行为，较传统民法学中的交易性契约行为，具有诸多不容忽视的不同特征。笔者认为，公司章程制定行为属于受章程约束的公司全体成员的组织性契约法律行为，相应公司章程的性质为受章程约束的公司全体成员的组织性契约。公司章程作为组织性契约较之交易性契约，两者存在着以下诸多不容忽视的差异。

第一，两者的有效和存续期限及当事人人数不同。由于组织性契约是以设立某一长期存续的组织体为订立和创制目的，通常为长期性甚至永久性契约，其有效期限与设立的组织体的存续期限等同。而交易性契约是以一次性经济资源交换为订立和创制目的，其通常为短期性甚至即时性契约，双方当事人之间的一次性经济资源交换行为一旦履行完毕契约效力即告终止，所谓"迅即进入，迅即结束"的一锤子买卖。组织性契约的当事人主体是人数众多的组织体内部成员，且由于设立的组织体通常具有成员对外开放性，在组织体的长期存续期间，组织体的内部成员常常处于流动、变化和更替之中，因此存在着众多的不特定的欲加入组织体的利益第三人。而交易性契约只有人数极少的双方当事人，且由于交易性契约有效和存续期间较短，其转让和流动性不强，具有一定的成员固定性和封闭性，因此涉及的利益第三人也极为有限。

第二，当事人之间的人身信任关系的紧密程度不同。由于组织性契约乃长期重复性结算型契约，经过长期持续密切的接触与合作，当事人之间通常会形成和建立起紧密的人身信任和依赖关系，形成荣辱与共的利益共同体观念。而交易性契约乃短期一次性结算型契约，当事人之间的接触、联系与合作既短暂又松散，难以建立起人身信任和依赖关系，也难以形成荣辱与共的利益共同体观念。麦克尼尔因此恰如其分地将组织性契约和交易性契约称为关系性契约和个别性契约并主张对两者进行严格和明确的界分。"个别性契约是这样一种契约，当事人之间除了单纯的物品交换外不存在任何关系"，而关系性契约"不只是一次个别性的交换，而是交涉到种种关系"。〔1〕

---

〔1〕　参见［美］麦克尼尔：《新社会契约论》，雷喜宁、潘勤译，中国政法大学出版社2004年版，第10页。

第三，契约内容的抽象性和完备性程度不同。由于组织性契约有效和持续期限很长，并涉及人数众多的多方当事人之间的复杂利益关系安排，其内容涉及"如何经营和如何建构运作关系而不是简单地确定要交换什么的计划"，[1]因此属于复杂的契约类型。正由于其内容的高度复杂性，组织性契约受当事人有限理性和缔约成本的制约作用更为明显，内容复杂的组织性契约条款不可能在订约时点一次性予以精确、详尽、完备的计划和安排，组织性契约条款及规定通常倾向于较为抽象概括、开放灵活且完备性不足甚至存在诸多遗漏。而交易性契约有效和持续期限短暂，仅涉及人数极少的双方当事人之间简单利益关系安排，其内容只是对双方当事人之间一次性经济资源交换的规划，因此属于简单契约类型。正由于其内容的极端简易性，交易性契约受当事人有限理性和缔约成本制约的影响不太明显，内容简单的交易性契约条款完全有可能在订约时点一次性进行精确、明晰、详尽、完备的计划和安排，从而达致完美的"现时化"——"将未来拉回到现在"而"对未来百分之百的计划"，[2]因此交易性契约条款及规定通常表现为较为具体特定、封闭僵硬且完备无遗。

第四，契约的订立方式和通过方式不同。由于组织性契约的当事人人数众多且具有开放性，人数如此众多的多方当事人若全部采取书面或口头等明示意思表示形式以及全体当事人人数一致决的通过方式来订立契约，并不具有可行性。此种作法不仅费时费力，造成缔约成本和交易费用高昂，不利于促成和鼓励交易；而且由于每个当事人均有一票否决权，还可能出现以敲诈为目的的策略性行为，阻碍和抑制交易的达成，并最终损害交易效率和交易公平。因此，当事人众多的组织性契约通常允许采用作为或不作为的默示意思表示形式以及人数多数决或资本多数决的通过方式来订立契约，以降低和控制缔约成本和交易费用，促成和鼓励交易的达成，提高和增进交易效率。可见，组织性契约订立的自治性和自愿性程度有所下降和减弱，不能完全契合私法自治原则和理念。而交易性契约只有人数极少的双方当事人且变动性不强，人数有限的双方当事人完全可以采取书面或口头等明示意思表示形式

---

〔1〕［美］麦克尼尔：《新社会契约论》，雷喜宁、潘勤译，中国政法大学出版社2004年版，第43页。

〔2〕［美］麦克尼尔：《新社会契约论》，雷喜宁、潘勤译，中国政法大学出版社2004年版，第55页。

以及双方当事人人数一致决的通过方式来订立契约，不仅方便易行，而且成本低廉。可见，交易性契约订立的自治性和自愿性程度极高，是对私法自治原则和理念的完美体现。

第五，契约条款的拟定主体和拟定方式不同。由于组织性契约的当事人人数众多且具有较大开放性，人数如此众多的多方契约当事人全部参与契约条款的拟定并对契约条款逐条进行个别协商，基本不具有可行性和经济性。因此，组织性契约条款通常采取由部分当事人单方预先拟定、其他当事人只能事后概括予以接受或拒绝的格式契约方式订立。而交易性契约只有人数极少的双方当事人且变动性不强，人数有限的双方当事人完全可以共同参与契约条款的拟定并对契约条款逐条进行个别协商，不仅可行而且经济。因此，交易性契约通常采取双方当事人共同逐条协商交涉、讨价还价的非格式契约方式订立。格式契约与非格式契约相对称，前者又可称为附从契约或标准契约，是指契约条款的拟定并非全体当事人共同参与协商和交涉而形成，而是由契约部分当事人单方预先拟定而形成契约条款，其他当事人只能附从性地对契约条款表示全盘接受或拒绝的契约类型。非格式契约又称为个别协商契约，是指契约条款的拟定由全体当事人共同参与、逐一进行个别协商和交涉而形成的契约类型。格式契约作为特殊、非典型的契约，较之非格式契约，具有如下特点：（1）契约内容和条款拟定的非全体协商性。格式契约条款是由部分当事人单方预先拟定而形成，其他当事人未实际参与契约条款的协商、交涉及拟定，其应有的意思自治和契约自由及权利受到了较大的限制，因此格式契约订立的民主性和自治性程度较非格式普通契约大为逊色。（2）当事人地位的不对等性。由于格式契约条款是由部分当事人单方预先拟定和提供，该部分当事人对契约内容的决定起着控制和主导作用而在契约订立中处于事实上的优势和强势地位和状态；其他当事人只能对契约条款整体地予以接受或拒绝而不能对其提出修改或补充意见，此部分当事人对契约内容的决定基本丧失控制权而在契约订立中处于事实上的劣势和弱势地位和状态。在格式契约中，参与格式条款拟定和提供的当事人与未参与格式条款拟定和提供的当事人之间存在着控制与被控制、主导与附从的不平等和不对等关系，格式契约内容和条款易出现利益关系及格局严重失衡的不公平与不合理现象。（3）契约适用主体和对象的不特定多数性。格式契约是部分当事人出于促进和鼓励交易达成及提高交易效率的目的、为了将来与不特定的一切潜在的相对人订约之用而单方预先拟定和提供的，可批量、反复、多次、普遍地适用于一切潜在的不特定的订约相对人。（4）契约内容和条款的定型化、标准化、统一化和规格化。由于格式契约适用主体和对象的不特定多数性和普适性，契约内容和条款并不因相对人身份的不同及相对人所处的事实情境的不同而有所区别，而是对身份及事实情境不同的一切相对人提供平等和统一的契约条款和交易条件，契约内容和条款呈现定型化、标准化、统一化和规格化的特征。

综上，由于交易性契约属于短期性、简单性、完备性和个别性契约，契约主体是人数极少的双方当事人，契约订立方式多为明示契约及非格式性的个别协商契约形式，契约通过方式实行双方当事人人数一致决原则。因此交易性契约订立的自治性和民主性程度极高，是对私法自治原则和精神的完美体现，交易性契约是契约中的一般和典型形态。而组织性契约属于长期性、复杂性、不完备性和关系性契约，契约主体是人数众多的多方当事人，契约订立方式多为默示契约及格式契约形式，契约通过方式多实行人数或资本多数决原则。因此，其订立的自治性和民主性程度较交易性契约大为降低和减弱，不能完全契合私法自治原则和理念，组织性契约是契约中的特殊和非典型形态。

（四）小结

相对于传统的契约说即股东契约说，笔者将以上观点称为公司全体成员组织性契约说。较之传统契约说，笔者提出的公司全体成员组织性契约说具有三个方面的特点和优点，第一方面，传统契约说狭隘地将公司章程仅视为公司部分成员——公司股东之间的契约，从而无法解释公司章程对股东之外的公司其他成员具有约束力的事实和现象；而笔者提出的公司全体成员组织性契约说强调公司章程是包括股东在内的受公司章程约束的公司全体成员之间的契约，深刻表明受公司章程约束的公司全体成员的意思自治和自愿服从是公司章程约束力的根源，突出彰显了公司章程的意定性和自治性，既符合公司自治的理念和精髓，又能合理、周延地说明公司全体成员受公司章程约束的事实和现象。正如拉伦茨所言，"社团章程仅对加入社团而自愿服从这些规则的人有效"；[1]埃利希在其著作中也强调，"联合体章程由当事人协议创

---

〔1〕参见［德］卡尔·拉伦茨：《德国民法通论》（上册），王晓晔等译，法律出版社 2003 年版，第 201 页。

立，只要选择就要受其拘束。该协议可以基于言辞表达亦可基于当事人的行为而成立"。[1]庞德在谈及公司章程等组织体自治规则时同样指出，不赞成规则的成员和在规则制定后参加的成员其加入组织体的行为即可推定其同意接受规则的约束。[2]第二方面，传统契约说因无法有效地诠释以一人股东决定或全体股东资本多数决为特征的公司修改章程的性质，而易遭遇攻击和诟病；而笔者提出的公司全体成员组织性契约说可以同时对公司原始章程和修改章程提供统一和融贯的阐述，从而具有更强的逻辑效果和说服力量。第三方面，传统的股东契约说实际上是以交易性契约这一一般和典型契约形态为模板和范型提出，没有揭示出公司章程较普通交易性契约的特殊之处；而笔者提出的公司全体成员组织性契约说，将公司章程性质界定为有别于交易性契约的组织性契约，从而强调了公司章程作为组织性契约与交易性契约的不同特征。

　　笔者认为，公司章程作为组织性契约其本质是受章程约束的公司全体成员创制的民间成文自治性规范，区别于传统的自治规范说即公司自治规范说，笔者将以上观点称为公司全体成员自治规范说。较之传统公司自治规范说，笔者的公司全体成员自治规范说的新颖和独特之处在于，一方面，明确指出作为自然人的公司成员才是公司自治的实质和具体的主体；另一方面，始终强调包括股东在内的受章程约束的公司全体成员均为公司自治的主体。[3]进而言之，公司自治是受章程约束的公司全体成员参与和决定的自治，公司全体成员的自治具体表现为公司全体成员自己为自己制定调整其相互关系的公司章程的规范制定行为。由于公司全体成员均直接、实质地或间接、形式地参与和决定了对他们具有约束和管辖效力的公司章程的制定，公司章程不仅是发起人股东或全体股东的自治规范，而且是包括股东、董事、监事、法定代表人、经理等高管人员在内的受章程约束的公司全体成员的自治规范。恰如社会学家马克斯·韦伯所言，"自治意味着不像他治那样，由外人制定团体

---

　　[1]　参见［奥］尤根·埃利希：《法律社会学基本原理》，叶名怡、袁震译，中国社会科学出版社2009年版，第73页。

　　[2]　参见［美］罗斯科·庞德：《法理学》（第3卷），廖德宇译，法律出版社2007年版，第498页。

　　[3]　现实中，大多数公司遵循的是资本雇佣劳动的市场经济逻辑，因而，股东乃是公司全体成员之中最为核心和关键的公司自治主体，股东之外的其他公司成员其享有的自治权大小和参与公司自治的程度与股东不可同日而语。

的章程，而是由团体的成员按其本质制定章程"。[1]

第三节　关于公司章程与公司法等国家法冲突消解问题的研究

按照法律方法论的一般原理，法律规范之间的冲突消解方法主要有位阶识别和利益衡量两种方法。所谓位阶识别方法，是指当司法者在个案裁判中面临法律规范之间的冲突时，根据法律规范位阶学说以及法律规范的体系化建构思想和原理，通过对相互冲突的法律规范的位阶关系和位阶高低进行判断和识别，在相互冲突的法律规范之间选择适用具有高位阶的法律规范、排除适用低位阶的法律规范的法律冲突消解方法；所谓利益衡量方法，是指司法者通过对个案事实所牵涉的各种正当利益（包括当事人利益、当事人之外特定第三人利益、社会公共利益及国家利益等）进行比较、评估、权衡和取舍，在相互冲突的法律规范中选择适用有利于较高等级利益保护的法律规范，排除适用有利于较低等级利益保护的法律规范的法律冲突消解方法。

而公司章程与公司法之间的冲突是指针对同一个案事实公司章程与公司法规定的法律效果相互矛盾或不相一致的现象。公司章程作为民间成文自治性规范，其与公司法之间的冲突属民间法与国家法之间的冲突。民间法与国家法的创制主体和功能作用截然不同，两者属于性质完全相异的两种类型的法律规范体系，两者之间冲突的消解可否如国家法体系内冲突一样，借助于位阶识别方法和利益衡量方法予以进行？对此设问无法简单直接地给出答案，因为该问题涉及民间法与国家法之间关系这一深层次的基础理论问题。

一、位阶识别方法在公司章程与公司法等国家法之间冲突消解中的运用

（一）位阶识别方法运用的可能性问题

如前所述，位阶识别方法的运用须以较为完善的法律规范体系化建构为前提和基础，而由于民间法规范和国家法规范的创制主体的性质及特征迥异，两者的体系化建构水平和质量存在着显著的差别。具体而言，国家法的创制主体是国家机关，通常是为立法目的而设立的专门和特定机构，创制主体具

---

[1]　参见〔德〕马克斯·韦伯：《经济与社会》（上卷），林荣远译，商务印书馆1997年版，第78页。

有立法时间和立法经费的保障，国家法创制时还必须遵循严格和科学的立法程序和立法技术，因此国家法规范的体系性建构较为成熟和全面。而民间法的创制主体是国家机关之外分散的民间主体，大都不是为立法目的而设立的专门和特定机构或主体，体现的是个别分散的低层的大众理性，民间法创制时也无须遵循严格和科学的立法程序和立法技术，民间法创制主体立法时一般未自觉有效地追求民间法规范与国家法规范之间的协调统一，民间法规范的体系化建构完善程度总体而言较国家法大为不足。因此，位阶识别方法在应对和解决民间法与国家法之间冲突时的作用和功效相应会受到较大的影响。

　　然而，以上判断并不意味着位阶识别方法对于民间法与国家法之间冲突的消解完全丧失效力和无能为力，民间法规范体系化建构程度不足以支撑体系识别方法运用的结论对于民间法中的民间习惯法而言大体是正确的，而对于民间法中的公司章程等民间成文自治性规范而言却远失恰当。民间习惯法是不特定多数的民间主体采纳经验进化立法方式所立之法，是民间主体在长期社会生活实践中无意识和自发地经验遵循和模仿而渐近形成的规范，规范载体多为口头或行动实践形式而导致其内容具有极大的不确定性和不稳定性。无明确目的、无意识的被动和自发的立法方式使得民间习惯法规范之间以及民间习惯法规范与国家制定法之间的和谐一致的体系化建构几乎不存在，以致位阶识别方法对于民间习惯法规范之间以及民间习惯法规范与国家成文制定法之间冲突的消解基本失灵。而民间成文自治性规范乃特写有限的民间主体依据理性建构立法方式所立之法，是民间主体通过目的明确的有意识和自觉的理性设计、短期即时创制的规范，规范载体多为书面实践形式从而其内容具有极大的确定性和稳定性。而且由于民间成文自治性规范具有创制方式高度自治性和民主性、创制内容明确性和稳定性的优势，国家通常以立法方式正式赋予民间成文自治性规范以国家强制性，使得民间成文自治性规范不仅可由民间性的外在强制力保障实施，还可由国家性的外在强制力保障实施，实质相当于国家通过立法认可的方式将民间成文自治性规范上升和纳入到广义的国家法范畴，民间成文自治性规范因此具有了民间法和国家法的双重属性和身份。由此，民间成文自治性规范的创制主体为了使其所立之法获得国家强制力的保障和支持，也有一定动力主动和积极地追求与国家成文制定法之间的和谐一致的体系化建构。正因如此，千叶正士将已被国家正式赋予国家强制性的民间成文自治性规范与国家成文制定法一起纳入官方法的范畴，而将那些未被国家正式赋予国家强制性的民间法称为非官方法，并强调指出，"一个国家的不同类型的非官方法，可能会在没有系统安排的情况下运作，彼此冷淡甚至相互冲突。而一个国家不同种类的官方法却被要求根据一定的法律原则——这常常是国家法规定的——保持一个和谐一致的体系"。[1]综上，目的明确、有意识的主动和自觉的立法方式使得民间成文自治性规范（尤其是公司章程等组织体章程）与国家成文制定法之间仍存在着一定程度的和谐一致的体系化建构，民间成文自治性规范的体系化建构程度足以支撑位阶识别方法的运作，所以对于民间成文自治性规范与国家成文制定法之间冲突的消解而言，位阶识别方法仍有用武之地。

（二）位阶识别方法运用的具体规则

笔者认为，运用位阶识别方法消解公司章程等民间成文自治性规范与国家成文制定法之间冲突的具体规则有以下两条：（1）国家成文制定法的强行性规范优于公司章程等民间成文自治性规范；（2）公司章程等民间成文自治性规范优于国家成文制定法的任意性规范。将国家制定法规范划分为强行性规范和任意性规范是法理学理论中的一种常见和重要的分类，然而，关于此种分类的标准乃至强行性规范和任意性规范的含义和实质却仍是一个言人人殊、聚讼纷纭的理论难题，引起了无数学人的研究兴趣和热情。拉伦茨认为，强行性规范是指不可通过约定予以排除或变更的规范，其适用不以当事人的意志为转移；而任意性规范是指可以通过约定予以排除或变更的规范，其只有在当事人未作另外约定时才适用。[2]韩忠谟认为，强行法和任意法的区分是就法律的适用而言，不问个人的意思如何，必须受其适用者，是为强行法；适用与否听任个人的自由决定者，是为任意法。任意法又可细分为补充法和解释法两类，其作用分别在于补充或解释当事人的意思表示欠缺或模糊。[3]

对以上学者的论述进行梳理和总结可知，现有主流见解是以当事人对规范适用是否具有一定的选择自由作为强行性规范与任意性规范的划分标准，所谓强行性规范是指其适用具有强制性、不可选择性，不允许当事人以意思

---

〔1〕 参见［日］千叶正士：《法律多元——从日本法律文化迈向一般理论》，强士功等译，中国政法大学出版社2002年版，第190页。

〔2〕 参见［德］卡尔·拉伦茨：《德国民法通论》（上册），王晓晔等译，法律出版社2003年版，第42~44页。

〔3〕 参见韩忠谟：《法学绪论》，北京大学出版社2009年版，第37~39页。

自治排除适用的规范；而任意性规范是指其适用具有一定的可选择性，允许当事人以意思自治排除适用的规范。笔者认为，以上主流见解虽不无正确和不乏启发意义，但尚未抓住和点明强行性规范与任意性规范划分的本质。在以上主流见解之外，江平教授独树一帜地以国家意志与当事人意志孰为优先的视角对强行性规范和任意性规范进行界分，提出颇为新颖的"优先论"的观点。江平教授认为，强行性规范即国家意志优先于当事人意志的规范，而任意性规范则是当事人意志优先于国家意志的规范。〔1〕耿林博士也提出应从法律规范同私人意思之间关系的角度来认识强行性规范，他认为强行性规范是国家不允许私法主体自己确定自治规则的国家规范领地，强行性规范这一概念试图划分国家权力和私人意思自治的各自活动领域。〔2〕

　　受以上少数学者见解的直接启发，笔者认为应从民间成文自治性规范与国家成文制定法冲突时的法律适用选择顺序角度和面向来分析和界定强行性规范与任意性规范的含义及其实质。所谓强行性规范是指不允许民间成文自治性规范的内容与其相冲突，两者相冲突将导致民间成文自治性规范无效的国家成文制定法规范。换言之，民间成文自治性规范只能对国家成文制定法的强行性规范作出具体化、细致化和明晰化的一致性规定，不得与国家制定法的强行性规范内容相冲突，否则民间成文自治性规范无效而只能选择适用国家成文制定法的强行性规定。所谓任意性规范是指允许民间成文自治性规范的内容与其相冲突，两者相冲突不会导致民间成文自治性规范无效的国家成文制定法规范。换言之，民间成文自治性规范可以作出与国家成文制定法的任意性规范内容相冲突的规定，此时民间成文自治性规范不仅有效而且其适用顺序优先于国家成文制定法的任意性规定。由此可见，强行性规范与任意性规范划分的标准应是民间成文自治性规范与国家成文制定法内容冲突时的法律适用选择顺序。若两者冲突会影响民间成文自治性规范的效力而只能选择适用国家成文制定法，则该国家成文制定法规范属强行性规范，即国家成文制定法的强行性规范的适用顺序是第一位的而优于民间成文自治性规范；若两者冲突不会影响民间成文自治性规范的效力且民间成文自治性规范的适

---

〔1〕　参见江平："中国民法典制订的宏观思考"，载《法学》2002 年第 2 期。
〔2〕　参见耿林：《强制规范与合同效力——以合同法第 52 条第 5 项为中心》，中国民主法制出版社 2009 年版，第 69~70 页。

用顺序优先于国家成文制定法，则该国家成文制定法规范属任意性规范，即国家成文制定法的任意性规范的适用顺序是第二位的，劣于民间成文自治性规范。强行性规范与任意性规范划分的实质意义在于厘定国家成文制定法和民间成文自治性规范各自的所涉事项和所涉权限，国家成文制定法强行性规范主要涉及当事人之外的其他主体的利益即国家利益、社会公共利益、特定第三人利益或者涉及处于弱势地位的一方当事人利益的底线性保护，为维护以上主体的最基本和底线性的利益，不允许民间主体通过意思自治以民间成文自治性规范作出与国家成文制定法强行性规范相矛盾或不一致的冲突规定，民间成文自治性规范的制定主体仅享有对国家成文制定法强行性规范进行具体化、细致化和明晰化的权利。而国家成文制定法任意性规范主要涉及处于均势地位的当事人之间利益的衡平性安排或者涉及当事人之外其他主体的利益即国家利益、社会公共利益、特定第三人利益的较高层次的倡导性安排，以上国家成文制定法任意性规范所涉事项均可委诸当事人意思自治，允许民间主体根据自身特殊情况和特殊需求以民间成文自治性规范作出与国家成文制定法任意性规范相冲突的变通规定，民间成文自治性规范制定主体享有对国家成文制定法任意性规范的变通和修改的权利。

笔者认为，民间成文自治性规范与国家成文制定法内容冲突时的法律适用选择顺序取决于民间成文自治性规范与国家成文制定法之间的位阶等级关系。关于民间成文自治性规范与国家成文制定法之间的关系问题，凯尔森给予了深刻的论述，凯尔森认为，社团法人章程等民间成文自治性规范与国家成文制定法之间的关系是局部或子法律秩序与整体或母法律秩序之间的关系，从而将民间成文自治性规范视为一种低于国家成文制定法的次级法律秩序。[1]笔者认为，凯尔森实际上是将民间成文自治性规范与国家成文制定法之间的关系看作权威层面和价值层面的下位法和上位法之间的关系。笔者基本赞同此种见解，但同时又对此种见解持些许保留意见。笔者认为，民间成文自治性规范具有民间法和国家认可法的双重属性和地位，因此对民间成文自治性规范与国家成文制定法之间的关系的界定应分别从作为民间法和国家认可法两个层面入手。就作为民间法范畴的民间成文自治性规范与国家成文

---

〔1〕 参见 [奥] 凯尔森：《法与国家的一般理论》，沈宗灵译，商务印书馆 2013 年版，第 160～161 页。

制定法之间的关系而言，两者之间并无权威层面和价值层面的下位法和上位法之间的关系，此时两者之间是不同性质的主体创制的相互平行、互不隶属的两个完全不同类型的法律体系或法律秩序之间的关系。因为，作为民间法的民间成文自治性规范是属于民间主体依理性建构立法方式创制的、以民间性外部强制力保障实施的非正式法律制度体系，而国家成文制定法是属于国家权威机关依理性建构立法方式创制的、以国家性外部强制力保障实施的正式法律制度体系。

而就作为国家认可法范畴的民间成文自治性规范与国家成文制定法之间的关系而言，两者之间的确存在着权威层面和价值层面的下位法和上位法之间的关系，因为，民间成文自治性规范经国家立法认可而上升和转化为国家认可法的前提条件是民间成文自治性规范的内容不得与国家成文制定法的强行性规范相冲突，若相冲突则民间成文自治性规范不具有国家法的法律效力（无效），即不能被赋予国家强制性而以国家性外部强制力予以实施保障，完全符合下位法与上位法冲突时下位法无效从而应选择适用上位法的上下位法之间关系的模式和框架。之所以将不与国家成文制定法的强行性规范相冲突作为认可民间成文自治性规范的国家法法律效力的条件，是为了保证民间成文自治性规范与国家成文制定法之间在内容和价值追求上的协调一致，确保国家成文制定法蕴含的基础性和底线性价值追求的贯彻和实现，维系广义的国家成文制定法体系内部的无矛盾性和无冲突性。正如梅迪库斯所言，法律制度的无矛盾性的预设和追求是判断违反国家成文制定法禁止规定的法律行为的效力的关键。[1] 同时，经国家成文制定法的明确授权，民间成文自治性规范可以作出与国家成文制定法的任意性规范冲突的特别性和变通性规定，该特别和变通规定不仅具有国家法的法律效力（有效）且其适用顺序优先于国家成文制定法的任意性规范，也完全契合下位法立法主体经上位法授权可作出与一般性的上位法不同的特别规定的上下位法之间关系的模式和框架。简言之，作为国家认可法的民间成文自治性规范与国家成文制定法之间的关系是广义的国家成文制定法体系内的下位法与上位法的关系，当作为下位法的民间成文自治性规范与作为上位法的国家成文制定法的强行性规范相冲突，

---

〔1〕　参见［德］迪特尔·梅迪库斯：《德国民法总论》，邵建东译，法律出版社 2001 年版，第 483~484 页。

作为下位法的民间成文自治性规范不具有国家法的法律效力（无效），此时应选择适用作为上位法的国家成文制定法的强行性规范，此即国家成文制定法的强行性规范优于公司章程等民间成文自治性规范这一位阶识别规则的由来和理据；当作为下位特别法的民间成文自治性规范与作为上位一般法的国家成文制定法的任意性规范相冲突，作为下位特别法的民间成文自治性规范具有国家法的法律效力（有效）且其适用顺序优先于作为上位一般法的国家成文制定法的任意性规范，此即公司章程等民间成文自治性规范优于国家成文制定法的任意性规范这一位阶识别规则的由来和理据。

依据位阶识别方法消解公司章程等民间成文自治性规范与国家成文制定法冲突的关键，在于认识和辨别国家成文制定法规范的性质是强行性规范还是任意性规范，对于国家成文制定法中强行性规范和任意性规范的识别方法问题，史尚宽指出，"然何者为强行规定，何者为非强行，在我民法尚不能全依条文方式以为决定，应依条文之体裁及法律规定本身之目的，以定之。"条文中"有'不得'或'须'字样者，多为强行法"，"凡条文有但书或其类似之文字者，为任意条文"。[1]对于以上见解，笔者深以为然，对于国家成文制定法规范的强行性和任意性属性的辨别实须依赖于对国家成文制定法规范的正确解释，即国家成文制定法规范的强行性和任意性属性的判断实乃对国家成文制定法规范进行解释而得出的结论和结果。由于不少强行性规范和任意性规范条文本身具有一些典型和明显的标识性用语，如强行性规范大多采用"当事人不得约定""合同不得约定""协议不得约定"等富有强行性意蕴的标识性措辞，而任意性规范通常附带"当事人另有约定的除外""公司章程另有规定的除外""公司章程另有规定的从其规定"等但书类或除外类的标识性措辞，此时简单地借助于文义解释方法即可大致判断和识别出国家成文制定法规范的强行性或任意性属性；而对于不具备任何可资辨别的标识性用语的国家成文制定法规范，必须更多地仰仗于体系、历史、目的等论理解释方法，尤其是目的解释方法对于国家成文制定法规范的强行性或任意性属性的准确判别最为重要和突出。

具体而言，目的解释方法的运作是通过对国家成文制定法规范的应然客观目的的分析和考察来认识和辨别其强行性或任意性属性。若分析得出某国

---

〔1〕 史尚宽：《民法总论》，中国政法大学出版社 2000 年版，第 329 页。

家成文制定法规范的规制目的在于当事人之外其他主体利益即国家利益、社会公共利益、特定第三人利益或者处于弱势地位的一方当事人利益的底线性保护，则该国家成文制定法规范一般属于强行性规范；若分析得出某国家成文制定法规范的规制目的在于对处于均势地位的当事人之间的利益关系予以均衡地界定和分配或对国家利益、社会公共利益、特定第三人利益的较高层次的倡导性保护，则该国家成文制定法规范一般属于任意性规范。鉴于立法者对于强行性规范和任意性规范条文的标识性措辞的使用并不规范和精准，仅仅根据这些形式性的标识性用语来判断国家成文制定法规范的强行性或任意性属性不一定正确和可靠，因此，即使是对于具备标识性措辞的国家成文制定法规范也须诉诸体系、历史、目的等论理解释方法，尤其是目的解释方法来判断其强行性或任意性属性。总之，欲准确识别国家成文制定法规范的强行性和任意性属性，须全盘考虑和斟酌各种法律解释因素，综合采纳和运用文义、体系、历史、目的等各种常规性的法律解释方法。在正确识别国家成文制定法规范的强行性和任意性属性的基础上，根据国家成文制定法的强行性规范优于公司章程等民间成文自治性规范、公司章程等民间成文自治性规范优于国家成文制定法的任意性规范这两条位阶识别规则，即可在相互冲突的公司章程等民间成文自治性规范与国家成文制定法之间进行初步、大致的法律适用选择。

二、利益衡量方法在公司章程与公司法等国家法之间冲突消解中的运用

（一）利益衡量方法运用的必要性和重要性分析

由于形式主义取向的位阶识别方法的成功运用须以较为完善的法律规范体系化建构为前提条件和技术支撑，而民间成文自治性规范体系内以及民间成文自治性规范与国家成文制定法之间和谐统一的体系化建构程度较国家成文制定法而言大为逊色。因此位阶识别方法对于公司章程等民间成文自治性规范与国家成文制定法之间冲突消解的作用和功效具有较大的局限性。当相互冲突的公司章程等民间成文自治性规范与国家成文制定法之间不具备明显的强行性和任意性规范的位阶识别因素，因而无法运用位阶识别方法进行法律适用选择，或者虽具备一定的强行性和任意性规范的位阶识别因素，但运用位阶识别方法作出的法律适用选择结论的正当性和合理性不足，此时司法者均应转而采用和诉诸实质主义取向的利益衡量方法。实际上，由于位阶识

别方法对于公司章程等民间成文自治性规范与国家成文制定法之间冲突的消解呈现出更大的局限性，即使是在位阶识别方法可资适用的场合下，单单依靠位阶识别方法在相互冲突的公司章程等民间成文自治性规范与国家成文制定法之间进行法律适用选择，其适用选择结论的可靠性和正确性往往并不充足。多数情况下，运用位阶识别方法仅能给出一个初步的、方向性的有待证明的法律适用选择结论，该结论尚须以个案性的利益衡量方法予以进一步地审查、验证或支持和加强其证立效果。因此，较国家成文制定法体系内冲突的消解，利益衡量方法在公司章程等民间成文自治性规范与国家成文制定法之间冲突的消解中运用的机率更大、频度更高。甚至可以说，实质主义取向的利益衡量方法才是消解公司章程等民间成文自治性规范与国家成文制定法之间冲突的主导和核心方法。

依表面观之，公司章程等民间成文自治性规范与国家成文制定法之间的冲突仅为民间法规范与国家法规范之间在逻辑层面上的冲突；深入而言，实为私人自治与国家干预、自由价值与秩序、平等、公正、效率等同位阶价值之间的冲突。对于同位阶价值之间的冲突仅仅采取位阶识别方法进行非此即彼的二选一式的简单僵化处理显然不妥，须运用利益衡量方法在相互冲突的同位阶价值之间进行适度和灵活的平衡、妥协和兼顾，确保以最小损失为代价实现整体价值和利益的最大化。可见，利益衡量方法对于消解公司章程等民间成文自治性规范与国家成文制定法之间的冲突尤具必要性和重要性。对此，梅迪库斯明言："许多法律禁令，给判定有关法律行为是否无效的问题，提供了几乎无法把握的依据。法院只能以创造法律的方式来裁判这个问题。"[1] 笔者认为，梅迪库斯所指的创造法律的方式实指具有一定司法造法性质的利益衡量方法。我国台湾地区学者苏永钦在其著作中引介了德国学者 Westphal 的最新见解，Westphal 指出，当法律明示违反法律行为的效果时，司法者自无须进行利益衡量，但此种情形毋宁为少数，多数情形法律未作明确规定，因此尚需司法者超越立法者而为独立的实质性的利益和价值权衡，目的是"透过有意识的司法创造来建立一套精致的法律行为控制标准，使得私法自治

的原始理想和国家对社会、经济进行的种种干预得到最佳的调和和匹配"。[1]

（二）利益衡量方法的具体运用问题

面对公司章程等民间成文自治性规范与国家成文制定法之间的冲突的消解，利益衡量方法操作的要务是针对具体特定的个案事实，将国家成文制定法所蕴含的各种正当利益与民间成文自治性规范所体现的各种正当利益进行评估、比较、权衡和取舍，根据各种利益的重要性程度和保护的优先顺序，在相互冲突的公司章程等民间成文自治性规范与国家成文制定法之间，决定选择适用其一或对两者进行调和式的综合适用。关于利益衡量方法在公司章程等民间成文自治性规范与国家成文制定法之间冲突消解中的具体运用，笔者将从以下几个方面予以论述。

1. 利益衡量的层次结构及须考虑和参酌的具体因素

对此，苏永钦提出了利益衡量的双层结构，第一层是通过利益衡量判断国家成文制定法规范是否为效力规定即与其相冲突的法律行为规范的效力是否受到影响；第二层是通过利益衡量确定法律行为规范[2]具体的效力瑕疵状态。苏永钦还详细列举了在以上双层结构的利益衡量中应参酌的八项因素：（1）管制法益。应从法益的质和量两方面切入进行比较、分析和评价。（2）管制取向即管制目的。有积极增进法益和消极防止法益减损两种取向。（3）管制领域。可从空间、时间、功能上进行划分。（4）管制重心即管制对象。如管制对象是一方还是双方当事人，是针对交易主体还是交易行为，是直接及于交易本身还是交易延伸出去的后续或配套行为等。（5）管制性质。属实体性还是程序性的管制。（6）管制强度。属于例外、紧急状态的管制还是平时、常态的管制。（7）管制工具。即管制的法律载体的位阶。（8）管制本益。即管制的成本效益的法经济学分析。[3]笔者认为，以上八项参酌因素仅是从国家成文制定法强行性规范的角度提出，仅涉及对国家成文制定法强行性规范所确认和保护的法益进行参酌时应考量的因素，却忽视了从民间成文自治性规范所

---

[1]　转引自苏永钦：《私法自治中的经济理性》，中国人民大学出版社 2004 年版，第 35~39 页。

[2]　弗卢梅明确指出："正如人们应当将法律与立法行为区别开来那样，也应当对作为法律行为结果的规则与作为行为、作为过程的法律行为予以区别。"弗卢梅因此以法律行为和法律行为规范这两个术语来分别指代作为行为及过程的法律行为与作为法律行为结果及产物的规范。故而，法律行为规范即笔者所称的公司章程等民间成文自治性规范。

[3]　参见苏永钦：《寻找新民法》，中国人民大学出版社 2012 年版，第 303~305 页。

蕴含和体现的法益的角度来分析参酌时应考量的因素。面对公司章程等民间成文自治性规范与国家成文制定法之间的冲突的消解，司法者应立足于民间成文自治性规范与国家成文制定法两者进行相互之间的利益比较和权衡，若仅立足于后者进行利益衡量而无视前者势必成为"跛脚鸭"式的单方衡量。

在注意和避免苏永钦以上观点不足的前提下，耿林博士将法益衡量划分为三个层次并分别提出衡量中应重点考查的因素。第一个层次是抽象的法益衡量，意指对国家成文制定法和法律行为规范各自所体现的法益进行抽象、概括地分析和评估，初步判断和决定应优先予以保护的法益。第二个层次是实践的法益衡量，这一层次的法益衡量应重点考察确认法律行为无效将对国家成文制定法强制性规范所蕴含法益的实现有多大程度的必要性和效用性。第三个层次的法益衡量是对法律行为履行利益和当事人之间信赖利益的衡量。笔者认为，耿林博士提出的三层次的法益衡量结构看似周延，实则各层次之间多有交叉且逻辑上不够严密。依笔者之见，对相互冲突的公司章程等民间成文自治性规范与国家成文制定法的利益衡量不妨简洁地划分为两个层次，第一个层次是未与具体特定个案事实相联结的抽象的、一般性的利益衡量，此层次的利益衡量的特点是不考虑具体特定的个案事实而根据各种利益之间的相对和一般的位阶高低和位阶关系对国家成文制定法和民间成文自治性规范各自所体现的利益进行抽象、概括地衡量，其实质是利益位阶法的运用。第二个层次是与具体特定个案事实相联结的具体的、个案式的利益衡量，此层次的利益衡量的特点是针对个案中具体特定的事实情境进行最有利于个案正确妥当解决的具体的、个案式的衡量，其实质是利益协调法和利益选择法的运用。在以上这两个层次的利益衡量中，均应对国家成文制定法和民间成文自治性规范所蕴含和体现的各种正当利益，从抽象和具体两个角度以及质和量两个方面进行分析、评估、权衡和取舍。其中国家成文制定法强行性规范所蕴含和体现的正当利益主要包括国家利益、社会公共利益、当事人之外的特定第三人利益、处于弱势地位的当事人方利益等，国家成文制定法任意性规范所蕴含和体现的正当利益主要涉及处于均势地位的各方当事人的利益，而民间成文自治性规范所蕴含和体现的正当利益可概括为法律行为自由即民间成文自治性规范创制自由所体现的各种利益，具体包括民间成文自治性规范赋予各方当事人的权利得以实现的利益、善意相对人和第三人对于民间成文自治性规范效力的信赖利益以及交易安全与秩序利益、交易便捷与效率利益。

2. 利益衡量方法与位阶识别方法的运用顺序及关系问题

我国台湾地区学者通过梳理和总结德国的理论学说和实务经验，提出了综合运用法律解释方法尤其是目的解释方法和法益衡量方法来消解公司章程等民间成文自治性规范与国家成文制定法之间冲突的观点。如王泽鉴明确指出，对于公司章程等民间成文自治性规范与国家成文制定法之间的冲突的法律适用选择，"应综合法规的意旨，权衡冲突的利益（法益的种类、交易安全、其所禁止者究系针对双方当事人或仅一方当事人等）加以认定"。[1]苏永钦在王泽鉴的研究成果基础上进行了更深入并富有成效的探讨，其认为，在消解公司章程等民间成文自治性规范与国家成文制定法之间的冲突时，法律解释方法尤其是目的解释方法与利益衡量方法之间是一种相互衔接、相互配合和相互补充及逐步递进的关系。详言之，当国家成文制定法已明确规定与国家成文制定法相冲突的民间成文自治性规范的效力时，或国家成文制定法虽未明确规定与国家成文制定法相冲突的民间成文自治性规范的效力但依据各种法律解释方法尤其是目的解释方法可直接推导出其效力时，司法者均无须运用实质主义取向的利益衡量方法，仅须运用法律解释方法尤其是目的解释方法对国家成文制定法规范进行正确解释即可判断民间成文自治性规范的效力并做出妥当的法律适用选择；而当国家成文制定法未明确规定与国家成文制定法相冲突的民间成文自治性规范的效力且运用各种法律解释方法尤其是目的解释方法也无法直接推知其效力时，司法者才须诉诸实质主义取向的利益衡量方法来判断民间成文自治性规范的效力并做出妥当的法律适用选择。[2]

如前所述，根据各种法律解释方法尤其是目的解释方法正确识别国家成文制定法的强制性和任意性属性乃位阶识别方法运用的关键和机窍，因此我国以上台湾地区学者论及的法律解释方法尤其是目的解释方法和法益衡量方法的运用顺序及关系问题，其实质即笔者所言的位阶识别方法与利益衡量方法的运用顺序及关系问题。简言之，一方面，在应对和解决公司章程等民间

---

〔1〕　参见王泽鉴：《民法总则》（增订版），中国政法大学出版社2001年版，第281页。

〔2〕　参见苏永钦：《私法自治中的经济理性》，中国人民大学出版社2004年版，第41页、第44页。

成文自治性规范与国家成文制定法之间的冲突时，建基于法律解释方法尤其是目的解释方法之上的位阶识别方法与利益衡量方法在运用上有明显的适用先后顺序。原则上，形式主义取向的位阶识别方法的运用顺位应优先于实质主义取向的利益衡量方法，只有在位阶识别方法无法使用或运用位阶识别方法得出的法律适用选择结论的正当性不充足时，才应仰仗利益衡量方法进行法律适用选择或对运用位阶识别方法得出的法律适用选择结论予以进一步的审查和验证。另一方面，在应对和解决公司章程等民间成文自治性规范与国家成文制定法之间的冲突时，位阶识别方法与利益衡量方法两者之间并无作用和功效上的大小和强弱之分，毋宁说两者之间是一种相互配合、相互验证和相互支撑的合作关系。即使是在国家成文制定法依据各种法律解释方法具备较为明显的强行性和任意性位阶识别因素时，单纯依靠位阶识别方法也不一定能作出妥当的民间成文自治性规范效力的判断，此时仍应借助于利益衡量方法对与国家成文制定法冲突的民间成文自治性规范的效力在完全有效和完全无效之间作出最有利于个案正确解决的灵活的效力判断并得出最妥当的法律适用选择结论。

3. 利益衡量方法的规范基础和规范表现问题

苏永钦提出，在大陆法系公私法二分化的传统法律体系架构下，民法中关于违反强行性规范的法律行为无效的这一规定的原始、基础和实质功能是"提供一条使公法规范'进入'私法领域的管道"，维系私法体系相对于公法体系的相对独立性。为满足和实现此种原始、基础和实质功能，从技术层面和操作层面观之，该条规定又兼具引致规范、概括条款和解释规则三重手段和功能。当国家成文制定法明确规定与其违反的法律行为规范的效力或可从相关条文推导出法律行为规范的效力时，该条规定仅为引致规范。引致规范所起的作用是将某一具体特定的国家成文制定法规范转介和援引进私法体系之中，然后直接依据国家成文制定法的明确规定判断与其违反的法律行为规范的效力，或者借助各种法律解释方法尤其是目的解释方法识别该国家成文制定法规范的强行性和任意性属性之后，从而根据位阶识别方法判断与该国家成文制定法规范相冲突的法律行为规范的效力。因此，真正决定法律行为规范效力的不是违反强行性规范的法律行为无效这一规定本身，而是这一规定引致过来的具体特定的国家成文制定法规范。在国家成文制定法未明确规定与其违反的法律行为规范的效力也无法从相关条文推导出法律行为规范的效力时，该条规定则为概括条款。概括条款实为利益衡量授权规则，概括条款所起的作用是概括授权司法者就国家成文制定法所蕴含的各种利益与法律行为规范所蕴含的各种利益进行比较、评估、权衡和取舍，以最有利于个案正确解决为目标，决定与该国家成文制定法规范相冲突的法律行为规范的效力状态从而消解民间成文自治性规范与国家成文制定法之间的冲突。但当法益衡量结果持平或有疑义时，该条规定则为解释规则。解释规则实为利益衡量中的推定规则，其所起的作用是，当法益衡量结果持平或有疑义时，直接推定与该国家成文制定法规范相冲突的法律行为规范的效力受到影响而存在瑕疵，即所谓的有疑义、从无效（强制）；当效力瑕疵状态如何决定存有疑义时，直接推定效力瑕疵状态为狭义无效即自始、确定、当然、绝对、全部无效，即所谓的有疑义、从狭义无效。[1]显然，苏永钦将民法中关于违反强行性规范的法律行为无效的这一规定同时视为位阶识别方法和利益衡量方法的规范基础和规范表达，对此笔者予以认可。

笔者十分赞赏苏永钦对民法中关于违反强行性规范的法律行为无效的这一规定的功能所作的条分缕析式的深入分析，但对于其提出的有疑义从无效（强制）和有疑义从狭义无效这两条利益衡量推定规则，笔者不敢苟同。学界对此历来争议极大，远未形成共识。弗卢梅明确反对作以上推定，他认为，德国《民法典》第134条即违反强行性规范的法律行为无效的这一规定，"没有规定任何在'有疑义时'可以基于其认定违反禁止性法律的法律行为无效的类推规则或解释规则"。[2]Canaris（卡纳里斯）和Westphal（韦斯特法尔）秉持国家干预优先于私法自治的思想，均肯认以上推定。饶有趣味的是，苏永钦在此问题上其态度有过明显的反复和转变，他在其早期成名作《私法自治中的国家强制》一文中，明确提出了"有疑义，从任意"的观点，意指当对国家成文制定法规范的强行性和任意性属性存有疑义而难以判断时（苏氏所言强行规范和任意规范之间的灰色地带），应将其解释和推定为任意性规范，以尽量体现和维系私法自治原则。[3]以上见解显然与他在其后的论著中提出的有疑义从无效（强制）和有疑义从狭义无效这两条利益衡量推定规则

---

〔1〕 参见苏永钦：《私法自治中的经济理性》，中国人民大学出版社2004年版，第41~42页。

〔2〕 参见［德］维尔纳·弗卢梅：《法律行为论》，迟颖译，法律出版社2013年版，第40页。

〔3〕 参见苏永钦：《私法自治中的国家强制》，中国法制出版社2005年版，第77页。

完全相反、前后矛盾。

笔者赞同耿林博士的见解，耿林博士提出，利益衡量推定规则的设定应充分考虑本国的经济、政治、文化等国情因素，就我国现阶段而言，培养和强化私法自治精神和原则以矫正和抗衡不正当的政府干预力量，应是司法者在运用利益衡量方法消解公司章程等民间成文自治性规范与国家成文制定法之间的冲突时重点考虑的国情因素。〔1〕是故，当司法者面对公司章程等民间成文自治性规范与国家成文制定法之间的冲突时，应尽量尊重当事人意思自治和私法自治原则，尽量维护作为法律行为规范的民间成文自治性规范的效力。对国家成文制定法规范的强制性和任意性属性有疑义而无法判断时，应将其解释和推定为任意性规范以维系民间成文自治性规范的有效性，此即"强行与任意有疑义时、从任意"；对与国家成文制定法强行性规范相冲突的民间成文自治性规范的效力瑕疵状态究竟是程度最重的狭义无效还是程度较轻的其他效力瑕疵状态有疑义而无法判断时，应将其解释和推定为程度较轻的其他效力瑕疵状态，此即"狭义无效与其他效力瑕疵状态有疑义时、从其他效力瑕疵状态"。引用和借鉴耿林博士的观点，苏永钦在其最近的著述中提出了所谓"动态体系的观点"，他指出，管制与自治永恒处于辩证发展的关系，在不同社会的不同发展阶段其国家管制与社会自治之间有着非常不同的特殊的辩证关系。〔2〕笔者认为，苏永钦最近提出的以上观点较以前的观点更为成熟、精当，深刻揭示了在不同性质社会的不同发展阶段国家管制与社会自治、国家成文制定法与民间成文自治性规范之间此消彼长、变动不居的辩证动态关系，在此基础上设置的利益衡量推定规则才能符合特定社会和特定国家的特殊情境。

---

〔1〕 参见耿林：《强制规范与合同效力——以合同法第52条第5项为中心》，中国民主法制出版社2009年版，第170~174页。

〔2〕 参见苏永钦：《寻找新民法》，中国人民大学出版社2012年版，第308~309页。

第四节　与公司法相冲突之常见公司章程条款效力的分析

一、与公司法相冲突之公司章程中限制或者剥夺股东权利及自由条款效力的分析

各国公司法均明确规定和赋予了股东资产受益、参与公司经营管理和决策、选择管理者、股权自由处分流转等诸项权利及自由，实务中公司章程常以特别规定对以上股东权利及自由加以限制甚至剥夺，公司章程中这些与公司法相冲突的限制或者剥夺股东权利及自由条款的效力问题成为理论研究与司法实践中争议极大的疑难问题。

（一）对公司章程限制或者剥夺股东权利及自由条款效力的一般分析

股东权利简称股权，是指股东基于其股东身份和股东地位而享有的一切权利。根据股权的行使目的和性质内容的不同，股权可以分为自益权和共益权，这是对股权在学理上的最基本分类之一。所谓自益权，是指股东仅以自己的利益为目的而行使的股东权利，自益权的性质和内容主要是财产权，体现了股东为追求资本增值和资产获益而向公司投资成为公司股东的本质动机和最终目的，是股权中最具实质性的内容，主要包括利润分配请求权、剩余财产分配请求权、股权转让权等；所谓共益权，是指股东以自己的利益并同时兼以公司的利益为目的而行使的股东权利，共益权的性质和内容主要是管理权和控制权，相对于自益权而言其具有辅助性和手段性，是股东借以实现和保护其自益权的工具和媒介，主要包括股东会或股东大会表决权、请求法院宣告股东会或股东大会决议及董事会决议无效和撤销的权利、提起代位诉讼的权利等。鉴于自益权的实质性和目的性以及共益权的辅助性和手段性，笔者认为，对于股权中的自益权原则上不可以公司章程加以过多限制或剥夺，而对于股权中的共益权原则上可以依意思自治以公司章程加以限制或剥夺。

根据股权是否可依意思自治加以限制和剥夺，股权可以分为固有权和非固有权。所谓固有权又称为不可限制和剥夺的权利，是指公司法赋予股东的、不得以公司章程或股东（大）会决议予以限制或剥夺的股东权利。所谓非固有权又称为可以限制和剥夺的权利，是指允许以公司章程或股东（大）会决议予以限制或剥夺的股东权利。部分学者认为，共益权多属于固有权，自益

权多属于非固有权。笔者对此持相反意见，由于通过享有和行使自益权而实现资本增值和资产获益是股东向公司投资的根本目的，自益权才是股权的本质性和目的性内容，原则上不允许以公司章程或股东（大）会决议予以过多限制或剥夺，因此，自益权多属于固有权范畴；而共益权较自益权具有辅助性和手段性，原则上允许以公司章程或股东（大）会决议予以限制或剥夺，因此，共益权多属于非固有权范畴。综上，对于股权中的自益权和固有权，公司章程原则上不可依意思自治加以限制或剥夺，原则上公司章程中限制或者剥夺自益权和固有权性质的权利和自由条款宜被判断为无效；而对于股权中的共益权和非固有权，公司章程原则上可依意思自治加以限制或剥夺，原则上公司章程中限制或者剥夺共益权和非固有权性质的权利和自由条款宜被判断为有效。

必须指出的是，以上是根据不同股东权的重要性程度的不同，对公司章程限制或者剥夺股东权利及自由条款效力的一种粗略性和大致性的判断，此种判断标准仅具有学理上的相对参考价值，并不能作为绝对性和唯一性的判断准则。公司章程限制或者剥夺股东权利及自由条款的效力问题，涉及的是公司章程条款与公司法关于股东法定权利规定之间的冲突问题，其实质是公司章程与公司法冲突的消解问题。如前所述，位阶识别方法是消解公司章程与公司法冲突的初步性和首要性方法，而个案性的利益衡量才是消解公司章程与公司法冲突的最有效和最有力的方法。因此，在判断公司章程限制或者剥夺股东权利及自由条款的效力时，首先，应运用位阶识别方法消解公司章程与公司法的冲突。具言之，通过对相关公司法规范使用文义解释尤其是目的解释等论理解释方法，初步和大致地判断出相关公司法规范的强行性或任意性属性，运用公司法强行性规范的位阶高于公司章程等民间成文自治性规范、公司章程等民间成文自治性规范的位阶高于公司法任意性规范这两条位阶识别规则，在相互冲突的公司章程和公司法规范之间做出初步性和大致性的规范选择；其次，运用个案性利益衡量方法消解公司章程与公司法的冲突，在相互冲突的公司章程和公司法规范之间做出最终性和决定性的规范选择。在进行个案性利益衡量时，一方面，应充分考虑个案的特殊情境；另一方面，应对个案中所涉及的各种复杂利益关系进行细致和具体的评估、比较和衡量，最终做出最有利于该个案公正合理解决的利益保护选择。以下将根据以上一般原理，对公司章程中限制或禁止股权自由流转条款、限制或剥夺股东优先认缴出资权条款,以及限制或剥夺股东表决权条款这三大类实务中最常见的股权限制条款的效力进行具体分析。

(二) 对公司章程限制或禁止股权自由流转条款效力的具体分析

依据民事权利处分自由原则,民事主体对其享有的民事权利尤其是财产性民事权利可以依意思自治加以限制或抛弃、设定担保等负担、以多方或单方法律行为进行流转等处分行为,除非该处分行为涉及或损害特定第三人利益、社会公共利益和国家利益或者处于明显弱势地位的当事人一方利益,此时为了维护特定第三人利益、社会公共利益、国家利益或处于明显弱势地位的当事人一方利益,法律才以强行性规范的形式对权利处分行为加以适度和合理的限制。因此,民事权利的自由流转是民事权利处分自由原则的重要内容和应有之义。股权作为民事权利中的一种,股东原则上对其享有的股权有权以转让、遗嘱继承、遗赠等方式进行自由流转,这就是股东的股权自由流转权。与合伙企业的投资者即合伙人享有退伙权不同,公司企业的投资者即股东不享有退股权,不能通过退股的方式收回自己的投资而退出公司以控制风险,原则上只能通过转让股权的方式收回投资而退出公司。因此股权自由流转权利对于股东而言极为必要和重要,各国包括我国公司法均原则上赋予了股东股权自由流转权,通过承认股东的股权流转自由来确保股东股权的保值、增值和控制股东投资风险。故而,法律对股东股权自由流转的限制,一方面,必须基于保护特定第三人利益、社会公共利益和国家利益或者处于明显弱势地位的当事人一方利益的正当理由;另一方面,即使是有正当理由的限制,其限制措施和手段还必须具有适度性和合理性。然而,实务中许多公司基于自身某种因素的考量,常常会在公司章程中规定限制或禁止股权自由流转的相关条款,由此产生了公司章程限制或禁止股权自由流转条款与公司法股权自由流转原则及相关股权流转规定之间的冲突问题,公司章程限制或禁止股权自由流转条款的效力常常受到质疑。在公司章程限制或禁止股权自由流转条款中,以限制或禁止股权转让条款、强制股权转让或收购条款以及限制或禁止股权继承条款这三类条款最为多见和典型,也是理论和实务中对其效力最具争议的条款。

1. 公司章程限制或禁止股权转让条款的效力

公司章程限制或禁止股权转让条款,是指公司章程中限制或禁止股东对内和对外转让股权的一切章程条款。公司章程限制或禁止股权转让条款大致可分为禁止股东转让股权条款、对股东转让股权规定条件限制的条款（如其他股东同意或公司机关批准条款）、对股东转让股权规定时间限制的条款以及对股东转让股权规定数量限制的条款四种。

（1）有限责任公司章程限制或禁止股权转让条款的效力分析

我国《公司法》第71条对于有限责任公司股东对内和对外转让股权进行了明确规定："有限责任公司的股东之间可以相互转让其全部或者部分股权。股东向股东以外的人转让股权，应当经其他股东过半数同意。股东应就其股权转让事项书面通知其他股东征求意见，其他股东自接到书面通知之日起满三十日未答复的，视为同意转让。其他股东半数以上不同意转让的，不同意的股东应当购买该转让的股权；不购买的，视为同意转让。经股东同意转让的股权，在同等条件下，其他股东有优先购买权。两个以上股东主张行使优先购买权的，协商确定各自的购买比例；协商不成的，按照转让时各自的出资比例行使优先购买权。公司章程对股权转让另有规定的从其规定。"通过对第71条进行解析可以得知，其一，股权内部转让自由。即有限责任公司股东可以自由地向其他股东转让股权，《公司法》对内部转让不加以限制。其二，股权外部转让受限。即有限责任公司股东向股东之外的第三人转让股权受到《公司法》的一定限制，《公司法》对外部转让规定了"应当经其他股东过半数同意"和"经股东同意转让的股权，在同等条件下，其他股东有优先购买权"这两项条件限制。其三，允许公司章程对股权转让另行规定。目前理论与实务界对于《公司法》第71条存在着以下争议，第一，公司章程对股权内部转让另有规定的，公司章程可否对股权内部转让另有规定加以限制？第二，公司章程对股权外部转让另有规定的，公司章程可否对外部转让做出比第2款、第3款更严格的限制，抑或只能对外部转让做出比第2款、第3款更宽松的限制？

笔者认为，鉴于有限责任公司股东人数有限、资本较少而属于小规模公司和家族性公司，一般不涉及或较少涉及公司利益相关者利益、社会公共利益及国家利益，因此国家对有限责任公司的运营基本不予干预，一般交由股东意思自治和公司自治，公司法中关于有限责任公司的规定大多数属于任意性规范，公司章程可以变更或排除这些任意性规范的适用而在公司章程中作出不同规定，有限责任公司章程具有极大的自治空间。故而，笔者认为，一者，《公司法》第71条第1款作为授权性规范属于任意性规范中的一种，公司章程可以另有规定对内部转让自由加以限制甚至禁止。例如，某些有限责任公司为了使董事、监事、经理等公司经营管理者与公司同风险、共命运，要求这些公司经营管理者在任职期间保持股东身份，因此，在公司章程中规定兼任董事、监事、经理的股东其股权内部转让须经其他股东同意或公司机关批准；又如某些有限责任公司为了防范公司控制权在股东之间发生转移、确保公司股东之间股权比例的稳定和固化，在公司章程中对股权内部转让的数额加以限制性规定。二者，有限责任公司由于股东人数较少、股权较为集中，股东倾向于直接和积极介入公司经营管理决策和经营管理监督，常常通过在股东会上积极行使表决权及兼任董事、监事、经理等公司经营管理者身份等途径来降低治理成本和控制投资风险，股东之间的相互熟悉、相互信任关系成为公司存续和运营的基础，因此，有限责任公司属于资合兼人合公司，除具有资合性之外，还兼有一定的人合性。故而，为了有效维护有限责任公司股东之间的人合性，我国《公司法》对股权内部转让和外部转让予以区别对待，对股权内部转让不加以任何限制，而对股权外部转让加以了较大限制，以维系和保护股东之间的相互熟悉和相互信任关系，确保有限责任公司有效存续和正常运营。因此，《公司法》第71条第2款、第3款关于股权外部转让条件的限制性规定涉及了全体股东的利益和公司整体利益，是法律的最低要求和下限规定，属于强行性规范性质，公司章程不能变更或排除此强行性规范的适用，公司章程不能对外部转让作出更为宽松的转让条件规定，只能对外部转让作出与法律规定一致或更为严格的转让条件规定；公司章程中更为宽松的转让条件规定因违反法律的强行性规定而原则上无效，公司章程中更为严格的转让条件规定因符合法律的强行性规定而原则上有效。

值得思考的一个问题是，有限责任公司章程能否禁止股权外部转让或者对股权外部转让进行严格限制以至于实质性禁止股权外部转让？笔者认为，鉴于有限责任公司多为小规模封闭性公司和家族性公司，股东之间一般力量均衡，通常不存在大股东与中小股东之间因力量悬殊而产生强势和弱势的地位对比，股东的意思自治较为充分，公司章程大体可看作是股东真实和自由意志的表达和体现，原则上应承认和赋予有限责任公司章程足够大的自治空间，允许其基于自身实际情况和不同特点自主选择和灵活设计公司的章程条款；且有限责任公司一般不涉及或较少涉及公司利益相关者利益、社会公共利益和国家利益。因此，基于自身特殊需求和某种考量，有限责任公司章程可以作出禁止股权外部转让或者实质性禁止股权外部转让的规定，有限责任公司章程禁止股权外部转让或者实质性禁止股权外部转让条款原则上有效。

另一值得思考的相关问题是，在法律和公司章程对股权外部转让加以限制或禁止的制度事实下，有限责任公司章程能否禁止股权内部转让或者对股权内部转让进行严格限制以至于实质性禁止股权内部转让？笔者认为，基于维护有限责任公司股东之间的人合性以确保有限责任公司的存续和稳定发展这一合理因素的考量，法律对公司股东对外转让股权加以了一定限制，并允许公司章程对股权外部转让加以比法律规定更严格的限制甚至完全禁止股权外部转让；在法律和公司章程对有限责任公司股东股权外部转让加以限制或禁止的制度事实下，若有限责任公司章程规定禁止股权内部转让或者对股权内部转让进行严格限制以至于实质性禁止股权内部转让，则会导致有限责任公司股东的股权完全不能流通，有限责任公司股东丧失一切退出公司的途径，将导致有限责任公司股东处于极不公正和极为不利的地位，是对股东权利和自由的过分和不合理限制。因此，在法律和公司章程对股权外部转让加以限制或禁止的制度事实下，有限责任公司章程禁止股权内部转让或者实质性禁止股权内部转让条款原则上无效。值得一提的是，《公司法解释（四）》（征求意见稿）第29条曾规定："有限责任公司章程条款过度限制股东转让股权，导致股权实质上不能转让，股东请求确认该条款无效的，应予支持。"此条虽然最终并未被采纳，但仍从某种程度上体现了立法者的态度与取向，即法律以及公司章程对有限责任公司股权转让的限制不能过度，过度限制的判断标准是实质导致股权不能转让而剥夺股东退出公司的一切途径，以维持有限责任公司人合性保障和股权自由流转之间的适度平衡。

当然，以上对有限责任公司章程限制或禁止股权转让条款效力的判断，只是提供了一个一般性和倾向性的标准，该标准并非是放之四海而皆准的唯一正确答案；对于有限责任公司章程限制或禁止股权转让条款效力的判断仍需付诸个案性的利益衡量，对个案的特殊情境以及涉及的各种利益因素进行细致和具体的评析、考查和衡量，得出既符合一般正义又符合个案正义的合理妥当的规范选择和效力判断结论。一般而言，在有限责任公司章程限制或禁止股权转让条款效力的判断中，需考虑的特殊情境和利益因素主要有股东之间的均势地位、股东意思自治的较为充分性和法律赋予公司章程较大自治空间、有限责任公司人合性特征的维护、股权自由转让原则的贯彻等。

前述案例二正属于涉及有限责任公司章程限制股权转让条款效力判断的案例，该案例中的被告新亨运公司是一个有限责任公司，由第三人新千年公司、亨运公司、何娟、田渝生四个股东组成。第三人新千年公司占注册资本的40%，第三人田渝生占注册资本的30%，第三人何娟占注册资本的20%，第三人亨运公司占注册资本的10%。2012年9月，第三人何娟、田渝生在股东会上向公司其他股东提出转让股权的意向。同年10月9日，第三人何娟、第三人田渝生分别向第三人新千年公司、亨运公司发出股权转让通知书，表明"拟将所持股权转让给原告洪达必高限公司，转让价款为人民币600万元。请第三人新千年公司、第三人亨运公司在接到通知书之日起30日内作出对上述股权转让事项是否同意的书面答复，在期限内未作答复的，视为同意；如不同意，第三人在同等条件下享有优先受让权"。在股权转让通知书发出的期限内，第三人新千年公司、亨运公司均未作答复。2012年11月13日，第三人何娟与原告洪达必高公司签署股权转让协议，约定第三人何娟将其持有的被告新亨运公司20%的股权转让于原告，转让价款240万元。同年11月14日，第三人田渝生与原告洪达必高公司签署股权转让协议，约定将第三人田渝生持有的被告新亨运公司30%的股权转让于原告，转让价款360万元。随后，原告按约向第三人何娟、第三人田渝生支付了全部股权转让款。但是，被告以公司章程规定，未经全体股东同意，不得对外转让出资为由，不认可原告的股东身份。一审法院和二审法院均作出了支持原告诉讼请求的判决，判决：原告洪达必高公司享有被告新亨运公司的股东资格。

笔者认为，在案例二中一审法院和二审法院判决结论虽属正确，但判决理由不太充分，实际上是绕过和回避了对公司章程"未经全体股东同意，不得对外转让出资"这一条款效力的判断问题，仅以第三人何娟、田渝生与原告之间的股权转让符合《公司法》第71条第2款、第3款的规定为由作出了对外转让协议有效从而承认原告股东资格的判决。此种判决思路不符合公司法的基本法理，也违反了《公司法》第71条第4款允许公司章程对股权转让作出不同于公司法的更严格的限制性规定的精神。案例二中，被告新亨运公司章程明确规定"未经全体股东同意，不得对外转让出资"。换言之，被告新亨运公司章程对股权外部转让作出了不同于公司法"应当经其他股东过半数同意"这一要求更为严格的限制性规定，对被告公司章程这一条款的效力进行判断是法官不容回避、必须解答的问题。一旦被告公司章程这一条款被认定有效，该条款就应作为判断股权对外转让是否有效的必要依据。从案例二案情中可得知，第三人何娟、田渝生在对外转让股权之前，已经通知其他两位股东并征求其意见，但其他两位股东均未作答复，可视为同意转让。因此，案例二中股权对外转让符合公司章程关于"对外转让出资须经全体股东同意"的规定，股权对外转让协议有效，被告应承认原告的股东资格。

（2）股份有限公司章程限制或禁止股权转让条款的效力分析

我国《公司法》第137条和第141条对于股份有限责任公司股东股份转让也作出了明确规定，其中第137条规定："股东持有的股份可以依法转让"，从而一般性地、原则上赋予了股份有限公司股东转让股权的权利和自由；而第141条规定："发起人持有的本公司股份，自公司成立之日起一年内不得转让。公司公开发行股份前已发行的股份，自公司股票在证券交易所上市交易之日起一年内不得转让。公司董事、监事、高级管理人员应当向公司申报所持有的本公司的股份及其变动情况，在任职期间每年转让的股份不得超过其所持有本公司股份总数的25%；所持本公司股份自公司股票上市交易之日起一年内不得转让。上述人员离职后半年内，不得转让其所持有的本公司股份。公司章程可以对公司董事、监事、高级管理人员转让其所持有的本公司股份作出其他限制性规定"，从而特别和例外性地对股份有限公司转让股权的权利和自由加以了适度和合理的限制。具体而言，第141条第1款对发起人股东转让股权的时间加以了限制；第141条第2款对兼任董事、监事、高级管理人员的股东转让股权的数量和时间加以了限制。目前理论与实务界关于《公司法》第141条存在着以下争议，第一，公司章程可否对发起人股东转让股权作出不同规定？若可以，则公司章程可否对发起人股东转让股权做出比第1款更严格的限制，抑或只能做出比第1款更宽松的限制？第二，公司章程可否对兼任董事、监事、高级管理人员的股东转让股权作出比第2款更严格的限制性规定，抑或只能作出比第2款更宽松的限制性规定？

笔者认为，鉴于股份有限公司股东人数众多、资本雄厚而大多属于大规模公司和公开性公司，涉及众多公司利益相关者利益、社会公共利益及国家利益，因此国家对股份有限公司的干预较有限责任公司为多，以维护公司利益相关者利益、社会公共利益和国家利益。但是，股份有限公司尤其是募集设立的股份有限公司和上市公司股东人数众多、股权分散，多数股东没有动力和能力直接参与公司经营管理决策和经营监督，倾向于远离公司和"用脚投票"，公司所有权和经营权呈显著的两权分离状态。因此，股份有限公司尤其是募集设立的股份有限公司和上市公司属于纯粹和典型的资合性公司，股东之间的相互熟悉和相互信任关系并非公司存续和运营的基础。故而，法律无须基于维系人合性的考量而对股份有限公司股东对外转让股权加以限制。总体而言，较之有限责任公司股东，股份有限公司股东应享有更大的转让股权的权利和自由，法律只能以特别规定例外地对特定身份的股份有限公司股东转让股权加以适度和合理的限制。

具体而言，我国《公司法》第 141 条第 1 款之所以对发起人股东转让股权的时间加以限制，是因为发起人股东作为公司的设立人和投资者，不仅具体负责和承办公司的设立事务，而且通常是公司的大股东和控股股东且兼任公司的经营管理者身份。较之认股人股东，发起人股东在公司中具有更为重要的作用并处于强势地位，其对股份有限公司成立以及公司成立初期的财产稳定和经营管理具有重要影响并有可能滥用强势地位损害认股人股东利益。因此，为了维护众多认股人股东利益和公司债权人利益，避免和防止发起人股东利用设立公司进行投机活动和逃避发起人责任，我国《公司法》对发起人股东转让股权的时间加以适度限制。而我国《公司法》第 141 条第 2 款之所以对兼任董事、监事、高级管理人员的股东转让股权的数量和时间加以限制，是因为兼任董事、监事、高级管理人员的股东对公司享有经营管理决策和经营监督权，是公司内幕信息的知情人，也是公司的内部控制人，其对公司经营管理具有较大的控制力和影响力。一方面，为了防止兼任董事、监事、高级管理人员的股东利用内幕信息进行股票交易和非法牟利、扰乱证券市场正常秩序、损害中小投资者利益；另一方面，通过将董事、监事、高级管理人员的利益与公司紧密相连，促使董事、监事、高级管理人员忠实勤勉地行使职权、对公司进行经营管理，以保护其他股东利益和公司整体利益。基于以上两个方面因素的考量，我国《公司法》对兼任董事、监事、高级管理人员的股东转让股权的数量和时间加以适度限制。由于《公司法》第 141 条对发起人股东和兼任董事、监事、高级管理人员的股东转让股权的限制性规定，是基于发起人股东和兼任董事、监事、高级管理人员的股东在公司中的相对强势地位而对其股权自由流转权利的适度限制，目的是维护处于弱势地位的其他股东利益、公司整体利益和社会公共利益，是法律的最低要求和下限规定，属于强行性规范性质。因此，公司章程不能作出比法律规定更为宽松的限制性规定，只能作出与法律规定一致或比法律规定更为严格的限制性规定；公司章程中更为宽松的限制性规定因违反法律的强行性规定而原则上无效，公司章程中更为严格的限制性规定因符合法律的强行性规定而原则上有效。

那么股份有限公司章程能否禁止股权转让或者对股权转让进行严格限制以至于实质性禁止股权转让？以及股份有限公司章程能否对发起人股东和兼任董事、监事、高级管理人员的股东之外的其他股东的股权转让进行限制？笔者认为，鉴于股份有限公司尤其是募集设立的股份有限公司中的上市公司为大规模开放性公司，股东人数众多且股权分散，股东之间通常存在着大股东与中小股东之间的强势和弱势地位对比，股东的意思自治不够充分，公司章程不能被完全看作是股东真实和自由意志的表达和体现；且股份有限公司尤其是募集设立的股份有限公司中的上市公司作为大规模公司，涉及众多公司利益相关者利益、社会公共利益和国家利益。因此，原则上法律应对股份有限公司章程的自治空间予以适度和合理的限制，以维护处于弱势地位的中小股东利益、社会公共利益和国家利益。因此，股份有限公司章程原则上不能禁止股权转让或者实质性禁止股权转让，原则上也不能对发起人股东和兼任董事、监事、高级管理人员的股东之外的其他股东的股权转让进行限制，股份有限公司章程禁止股权转让或者实质性禁止股权转让条款原则上无效，股份有限公司章程对发起人股东和兼任董事、监事、高级管理人员的股东之外的其他股东的股权转让限制条款原则上无效。

同理，以上只是对股份有限公司章程限制或禁止股权转让条款的效力给出了一个一般性和倾向性的判断，对于股份有限公司章程限制或禁止股权转让条款效力的具体和最终判断仍需付诸个案性的利益衡量。一般而言，在股份有限公司章程限制或禁止股权转让条款效力的判断中，需考虑的特殊情境和利益因素主要有大股东与中小股东之间的强势与弱势地位对比以及是否存在大股东对中小股东的排挤和压榨、股东意思自治的充分性不足和法律对公司章程自治空间的适度合理限制、股份有限责任公司的纯粹资合性特征、股权自由转让原则的贯彻等。

前述案例四正属于涉及股份有限公司章程限制股权转让条款效力判断的案件，该案中的原告常州公司是一家改制而成立的股份有限公司，改制于1993年，章程中明确单个法人股东最大持有的公司股份原则上为股份总额的5%，超过此限额的法人股东在获得超过股份总额5%以上的股份时应当经由公司的许可。2003年常州公司的4名法人股东分别与常州公司另外18家单位股东签订了22份股权转让协议，涉及总股本的比例为7.292%。常州公司起诉请求确认转让协议无效，其理由为4名法人股东的行为属于一致收购活动，实为对章程所设股权转让的限定性规定的规避行为。一审法院和二审法院均以原告常州公司章程限制股权转让条款无效为由而判决确认转让协议有效。笔者认为，一审法院和二审法院的判决值得商榷。原告常州公司是一个股份有限公司，其公司章程规定"单个法人股东最大持有的公司股份原则上为股份总额的5%，超过此限额的法人股东在获得超过股份总额5%以上的股份时应当经由公司的许可"，该公司章程规定实际上是对法人股东转让股权以及受让股权的数量限制，表面看来属于对发起人股东和兼任董事、监事、高级管理人员股东之外的其他股东转让股权的限制；但是，一方面，本案中作为转让股东的4名法人股东实际上也是公司的发起人股东，原告常州公司章程可以对发起人股东转让股权作出不同于《公司法》的更严格的限制性规定或其他限制性规定，原告常州公司章程中对法人股东转让股权以及受让股权的数量限制条款有效；另一方面，在股份有限公司中，法人股东通常持股较多而成为处于强势地位的大股东，公司章程对处于强势地位的法人股东转让股权加以适度合理的限制，符合公司法特殊和倾斜保护处于弱势地位中小股东利益的立法精神，并且有利于维护证券市场正常秩序和中小投资者合法权益。因此，常州公司章程对法人股东股权转让和股权受让的数量限制条款，属于对股权自由流转的正当合理的限制，应为有效。故而，常州公司4名法人股东与常州公司另外18家单位股东之间的股权转让协议因违反了有效的公司章程条款规定而无效。

2. 公司章程强制股权转让或收购条款的效力

公司章程强制股权转让或收购条款，是指公司章程中规定股东因辞职、离职、解职、退休等事由与公司终止劳动关系时或在其他特定情形下，必须将其股权转给其他股东或者由公司收购其股权的条款。公司章程强制股权转让条款的实质是强制股东将其股权进行内部转让而丧失股东身份，而公司章程强制收购条款的实质是强制股东退股而丧失股东身份，从而达到强行剥夺股东身份的目的，属于对股东股权自由处分权和自由流转权的完全剥夺。比较而言，前述公司章程限制股权转让条款只是对股东的股权自由处分权和自由流转权的一定程度的限制，并未完全剥夺股东的股权自由处分权和自由流转权。因此，公司章程强制股权转让或收购条款等完全剥夺股东的股权自由处分权和自由流转权条款的效力问题在理论和实务中更具争议性。由于公司章程强制股权收购条款不仅剥夺了股东对其股权的自由处分权和自由流转权，而且达到了股东退股的效果，从而造成公司资本减少，损害了公司债权人的利益和社会公共利益等，违反了除法定事由外股东不得退股的法律强行性规定，因此该类条款原则上应被确认无效。

关于公司章程强制股权转让条款的效力则应具体情况具体分析，重点考虑以下几个方面的因素，第一，考虑公司类型的不同。原则上应区分有限责任公司这种封闭性的小型公司与社会募集设立的股份有限公司尤其是上市公司这种开放性公司。对于有限责任公司这种封闭性的小型公司，由于此类公司基本不涉及或较少涉及公司相关者利益、社会公共利益、国家利益，以及股东之间地位大体呈均势状态，加之小型公司灵活和自主经营管理的需要，法律对其基本不予干预，原则上允许此类公司章程设置强制股权转让条款并承认其效力；而对于社会募集设立的股份有限公司尤其是上市公司这种开放性的大型公司，由于此类公司涉及众多的公司利益相关者利益、社会公共利益和国家利益以及股东之间通常存在着强势与弱势的地位对比，法律对其干预较多，原则上不允许此类公司章程设置强制股权转让条款并承认其效力。第二，考虑公司章程设置强制股权转让条款是否具有合理性和正当性。实务中公司章程强制股权转让条款的适用股东范围有所不同，有的公司不区分股东是否兼任董事、监事和高管人员，针对公司一切股东设置强制股权转让条款；有的公司区分股东是否兼任董事、监事和高管人员，仅针对兼任董事、监事和高管人员的公司股东设置强制股权转让条款。笔者认为，针对兼任董事、监事和高管人员的公司股东设置强制股权转让具有一定合理性和正当性。兼任董事、监事和高管人员的公司股东较之普通股东，其享有对公司的经营管理权和经营监督权，是公司的内部控制人和内部重要信息的知情者。当这些人员因离职、辞职、退休等原因而与公司终止劳动关系时，强制其向公司其他股东转让股权而强行剥夺其股东身份，有利于保护公司其他股东利益和公司整体利益，具有一定的合理性和正当性，公司章程强制兼任董事、监事和高管人员的公司股东转让股权条款原则上有效；而未兼任董事、监事和高管人员的公司普通股东，并不享有对公司的经营管理权和经营监督权，并非公司的内部控制人和内部重要信息的知情者，当这些人员因离职、辞职、退休等原因而与公司终止劳动关系时，强制其向公司其他股东转让股权而强行剥夺其股东身份，不具有合理性和正当性，公司章程强制未兼任董事、监事和高管人员的公司股东转让股权条款原则上无效。当然，以上仅是对公司章程强制股权转让条款的效力给出了一般性和倾向性的判断，对于公司章程限制股权转让条款效力的具体和最终判断仍需付诸个案性的利益衡量。

前述案例三正属于涉及公司章程强制股权转让或收购条款效力判断的案例。原告姜某为被告烟台某股份有限公司职工。2003 年 2 月，原烟台某国企改制成为烟台某股份有限公司，原告入股，取得改制后的公司股权。2005 年原告办理退休手续，后公司举行股东大会，将其章程第 17 条修改为"公司股权实行内部转让，股权转让价格的确定参考公司上一年度每股净资产值……除发起人外，股东离职后其持有的股权必须转让。离岗股东不同意转让其持有的股权，公司应召开股东会就此进行表决，如代表 2/3 以上表决权的股东表示同意，则公司可以收购该股权"。被告据此条款向原告发出了关于退股的通知，令其退出其持有的 8% 股权中的 4.8%。原告起诉要求确认公司章程第 17 条无效。本案审理过程中公司召开股东大会，投票议决："大会股东表决通过姜某所持公司 8% 股权，按公司章程第 17 条之规定，以公司上一年度每股净资产 1.07 元的价格出让给本公司股东……"原告对决议投了反对票，并向法院增加诉求，请求确认被告股东大会此项决议无效。一审法院和二审法院均作出了公司章程第 17 条和关于原告股权转让的股东大会决议无效的判决。

笔者认为，案例三中一审法院和二审法院的判决正确。本案中被告烟台某股份有限公司的章程第 17 条规定"公司股权实行内部转让，股权转让价格的确定参考公司上一年度每股净资产值……除发起人外，股东离职后其持有的股权必须转让。离岗股东不同意转让其持有的股权，公司应召开股东大会就此进行表决，如代表 2/3 以上表决权的股东表示同意，则公司可以收购该股权"，该条款要求职工股东在离职时必须将其股权转让给其他股东或者经股东大会决议对其股权进行强制收购，其性质属于公司章程强制股权转让或收购条款。笔者认为，综合考量本案的具体案情，该公司章程条款应被认定为无效。首先，如前所述，该公司章程条款中的股权强制收购规定因损害公司债权人的利益和社会公共利益、违反了除法定事由外股东不得退股的法律强行性规定，应被确认无效。其次，被告烟台某股份有限公司乃原烟台某国企改制、通过向职工定向募集而设立的股份有限公司，包括原告在内的原烟台某国企的全体职工通过入股而成为烟台某股份有限公司的认股人股东。考虑到向职工定向募集设立的股份有限公司涉及众多职工股东的利益以及作为认股人的职工股东的弱势地位，为倾斜保护处于弱势地位的众多职工股东以及认股人股东的利益，此类向职工定向募集设立的股份有限公司章程中的强制职工股东股权转让条款应被认定为无效。最后，该公司章程条款针对处于弱势地位的作为认股人的职工股东（通常同时为中小股东）设置强制股权转让条款，而不是针对处于强势地位的发起人股东或兼任董事、监事或经理等高级管理人员的股东设置强制股权转让条款，其合理性和正当性明显不足，应被认定无效。

3. 公司章程限制或禁止股权继承条款的效力

公司章程限制或禁止股权继承条款，是指公司章程中限制或禁止股东的股权以继承方式流转的条款，包括限制股权继承条款和禁止股权继承条款两种类型。其中限制股权继承条款又可细分为对股东股权继承规定条件限制的条款（如其他股东同意或公司机关批准条款）、对股东股权继承规定数量限制的条款。

我国《公司法》第75条对于有限责任公司自然人股东股权继承问题予以了规定："自然人股东死亡后，其合法继承人可以继承股东资格，但是公司章程另有规定的除外。"该条规定一方面原则上承认了有限责任公司自然人股东的合法继承人包括法定继承人和遗嘱继承人可以继承该自然人股东的股东资格，彰显了股权自由流转的基本原则和精神；另一方面又允许公司章程作出不同规定，对有限责任公司自然人股东的合法继承人继承股东资格加以限制或禁止，其目的在于维系有限责任公司股东之间的人合性，确保有限责任公司的长期存续和稳定发展。因此，有限责任公司章程中对股权继承加以限制或禁止的条款具有合理性和正当性，有限责任公司章程限制或禁止股东股权继承条款有效。

必须指出的是，法律仅允许公司章程限制或禁止有限责任公司自然人股东的合法继承人继承股东资格，而并非也不能限制或禁止有限责任公司自然人股东的合法继承人继承股权中的财产性权利。因此，当公司章程对合法继承人继承股东资格加以禁止，或者对合法继承人继承股东资格加以限制，如规定须经其他股东同意或经公司机关同意等，而其他股东或公司机关不予同意的，公司应该为该合法继承人办理退股，按照退股时的公司资产债务情况向合法继承人交付财产。

由于我国《公司法》未对股份有限公司自然人股东股权继承问题予以规定，理论界和实务界对于股份有限公司章程中限制或禁止股东股权继承条款的效力颇有争议。笔者认为，应针对股份有限公司的不同类型和股东的不同身份予以区别对待。首先，针对发起设立的股份有限公司和募集设立的股份有限公司予以区别对待。发起设立的股份有限公司只能由 200 人以下的发起人认购公司全部股本总额，不能向发起人之外的其他主体募集股份。因此，发起设立的股份有限公司也属于股东人数有限、资本总额有限的封闭性公司，发起人股东之间的相互熟悉、相互信任关系对于公司的存续和发展具有重要意义，发起设立的股份有限公司也具有一定的人合性。为了维系发起设立的股份有限公司的人合性，保证发起设立的股份有限公司的长期存续和稳定发展，应允许发起设立的股份有限公司章程对自然人股东资格继承加以限制或禁止，发起设立的股份有限公司章程自然人股东资格继承限制或禁止条款有效。而募集设立的股份有限公司除由发起人认购股份以外，还可以向发起人之外的其他主体募集股份。因此，募集设立的股份有限公司一般属于股东人数较多、资本总额较高的开放性公司，股东之间的相互熟悉、相互信任关系对于公司的存续和发展意义不大，募集设立的股份有限公司不具有人合性，一般属于纯粹的资合性公司。故而，募集设立的股份有限公司章程不宜对自然人股东资格继承加以限制或禁止，募集设立的股份有限公司章程中自然人股东资格继承限制或禁止条款原则上无效。

其次，针对社会募集的股份有限公司和定向募集的股份有限公司予以区别对待。社会募集的股份有限公司可以向发起人之外的不特定多数第三人公开募集股份，发起人之外的任何社会公众都可成为公司的认股人股东，认股人股东没有身份的限制。因此，社会募集的股份有限公司尤其是上市公司股东人数众多、资本额庞大，是最典型的资合性公司，应严格贯彻股权自由流转的基本原则，不允许公司章程对自然人股东资格继承加以限制或禁止，公司章程中自然人股东资格继承限制或禁止条款应认定为无效。而定向募集的股份有限公司只可以向发起人之外的特定对象（如公司职工或高管人员等）募集股份，认股人股东具有身份上的限制，认股人股东的股东身份与其公司职工或高管人员的特定身份紧密关联。因此，定向募集的股份有限公司章程可以对以上公司职工或高管人员身份的自然人股东资格继承加以限制或禁止，限制或禁止其合法继承人继承其股东资格，定向募集的股份有限公司章程中限制或禁止公司职工或高管人员身份的自然人股东资格继承条款原则上有效。

前述案例一中被告康达公司修改后的公司章程第 24 条规定了"自然人股东死亡后，其股权的处置办法"，其中第（二）项规定"合法继承人继承第 25 条股东权利中的第（一）、第（四）、第（五）、第（六）项的权利和所有义务"；第（三）项规定"继承人可以出席股东会，必须同意由股东会做出的各项有效决议"。第 25 条规定"股东享有下列权利"中第（一）项规定"有权将自己的名称、住所、出资额及出资证明书编号等事项记载于股东名册内"；第（四）项规定"按照出资比例分取红利，公司新增资本时，按照股东会决议可以优先认缴出资"；第（五）项规定"股东依法转让其股权后，由公司将受让人的名称、住址以及受让的出资额记载于股东名册"；第（六）项规定"公司终止后，按照出资比例分得公司清偿债务后的剩余财产"。由于被告康达公司章程并未对自然人股东资格继承加以限制或禁止，而是规定自然人股东的合法继承人可以继承股东资格。因此，依照公司法的规定和股权自由流转的基本原则以及被告康达公司章程的规定，被告康达公司的自然人股东的合法继承人有权继承股东资格；在承认合法继承人继承股东资格权利的前提下，继承人股东应与其他股东一样平等享有法律规定和公司章程规定的一切股东权利，不能随意对继承人股东的股东权利加以限制或剥夺。因此，被告康达公司章程限制继承人股东的股东权利的条款，违反了股东平等的公司法基本原则，应被确认为无效。一审法院和二审法院判决以上条款无效，殊值赞同。

（三）对公司章程限制或剥夺股东优先认缴出资权条款效力的具体分析

公司章程限制或剥夺股东优先认缴出资权条款，是指公司章程中对股东优先认缴出资权利加以限制或剥夺的条款，包括限制股东优先认缴出资权条款和剥夺股东优先认缴出资权条款。我国《公司法》第 34 条对有限责任公司股东的优先认缴出资权予以了明确规定，一者，为了维系有限责任公司的人合性、保护原有股东的利益和公司股权结构的稳定，以及鼓励股东依约及时履行实缴义务，原则上赋予有限责任公司股东按照实缴的出资比例优先认缴出资的权利；二者，基于公司自治和股东自治理念，又允许有限责任公司全体股东约定不按照出资比例优先认缴出资，即可经由全体股东一致同意对有限责任公司股东优先认缴出资权利予以适度限制。例如，经全体股东约定不按照实缴出资比例而按照认缴出资比例优先认缴出资，又如经全体股东约定不按照出资比例而按照相同比例优先认缴出资。值得思考的是，全体股东能否约定剥夺股东的优先认缴出资权利？该约定是否有效？笔者认为，法律赋予有限责任公司股东按照实缴出资比例优先认缴出资的权利，是为了维系有限责任公司的人合性、保护原有股东的利益和公司股权结构的稳定以及鼓励股东依约及时履行实缴义务，以保证有限责任公司的长期存续和稳定发展，该规定属于法律的强行性规范，该权利属于股东的固有权，不得以全体股东的约定和公司章程的规定以及股东会的决议作出不同规定，予以剥夺。因此，既不得经由全体股东的意思表示达成一致的约定来剥夺股东的优先认缴出资权利，更不得经由并非全体股东意思表示达成一致的公司章程或股东会决议剥夺股东的优先认缴出资权利。

那么公司章程或股东会决议可否限制股东按照实缴出资比例优先认缴出资的权利？例如，公司章程或股东会决议规定不按照实缴出资比例而按照认缴出资比例优先认缴出资，又如公司章程或股东会决议规定不按照出资比例而是按照相同比例优先认缴出资。笔者认为，根据《公司法》第34条的规定，对股东优先认缴出资权的限制只能采取全体股东意思表示达成一致的约定方式，而不能采取非全体股东意思表示达成一致的公司章程或股东会决议方式，以确保全体股东尤其是中小股东的意思自治。因此，公司章程和股东会决议中限制股东优先认缴出资权的条款无效。

前述案例一中被告康达公司修改后的公司章程第25条第（四）项"按照出资比例分取红利，公司新增资本时，按照股东会决议可以优先认缴出资"的规定不具有合法性，其实际上是允许公司以股东会决议决定股东按照实缴或认缴的出资比例优先认缴出资，以及决定股东按照出资比例之外的其他比例优先认缴出资。这与《公司法》第34条的内容与精神相违背。《公司法》第34条赋予了有限责任公司股东按照实缴出资比例优先认缴出资的法定权利，该项权利属于有限责任公司股东的固有权，不能以非全体股东意思表示达成一致的公司章程或股东会决议方式加以限制或剥夺，法律仅允许以全体股东意思表示达成一致的约定方式对该权利加以适度限制。因此，被告康达公司修改后的公司章程第25条第（四）项因违反法律的强行性规范而无效。

（四）对公司章程限制或剥夺股东表决权条款效力的具体分析

公司章程限制或剥夺股东表决权条款，是指公司章程中对股东在股东（大）会上的表决权加以限制或剥夺的条款，包括对股东表决权加以限制的条款和对股东表决权加以剥夺的条款两类，实务中对股东表决权加以限制的条款主要有对股东表决权计算加以限制的条款、对股东表决事项加以限制的条款。笔者认为，由于股东表决权属于非固有权，原则上公司章程可以对股东表决权加以限制或者剥夺，公司章程限制或剥夺股东表决权条款原则上有效；但是这只是对公司章程限制或剥夺股东表决权条款效力的倾向性和粗略性认定，最终性和具体性的认定仍应诉诸个案性的利益衡量，考虑个案的特殊情境并对个案所涉及的不同主体和种类的利益进行比较和权衡。

1. 公司章程对股东表决权计算方式加以限制条款的效力

关于股东表决权的计算方式我国《公司法》予以了明确规定，根据我国《公司法》第 42 条的规定，有限责任公司股东会会议由股东按照出资比例行使表决权，但是公司章程另有规定的除外。可见，我国《公司法》一方面原则上赋予了有限责任公司股东按照出资比例享有和行使表决权的权利，即按照股东的出资比例数额计算其表决权，出资比例相同的股东其所持表决权相同，体现了股权比例平等和资本多数决原则；另一方面鉴于有限责任公司属于封闭性和带一定人合性的小规模公司，公司股东人数较少且股东之间地位基本上处于均势状态。因此，一般而言，允许有限责任公司根据自身特点和不同情况，在公司章程中对股东表决权的计算方式作出与公司法不同的规定。例如，公司章程规定股东不按照出资比例享有和行使表决权，而实行每一股东拥有一表决权的股权绝对平等原则和人数多数决原则的条款。笔者认为，公司章程中的此种条款一者有利于维系和增强有限责任公司的人合性；二者赋予了公司全体股东在股东会上绝对平等的民主决策权，彰显了股东绝对平等原则，属于有限责任公司大股东对自身优势表决权的自我限制，从而对有限责任公司的中小股东极为有利。因此，公司章程中的该种条款有效。

又如公司章程规定公司实行累积投票制的条款，所谓累积投票制是指股东（大）会选举董事或者监事时，每一股份拥有与应选董事或者监事人数相同的表决权，股东拥有的表决权可以集中行使的股东（大）会投票制度。我国《公司法》第 105 条仅规定股份有限公司股东大会选举董事、监事时，可以依照公司章程的规定或者股东大会的决议实行累积投票制；对于有限责任公司是否可以依照公司章程的规定或者股东会的决议实行累积投票制并未予以规定。笔者认为，由于累积投票制有利于中小股东选举出代表自身利益的董事或监事人选，应允许有限责任公司以公司章程或股东会决议实行累积投票制，此属于有限责任公司大股东对自身优势表决权的自我限制，从而对有限责任公司的中小股东极为有利。因此，公司章程中的累积投票制条款有效。

根据我国《公司法》第 103 条的规定，股份有限公司股东出席股东大会会议所持每一股份有一表决权。显然，我国《公司法》赋予了股份有限公司股东按照所持股份比例享有和行使表决权的权利，彰显了股份比例平等和资本多数决原则；鉴于股份有限公司尤其是募集设立的股份有限公司中的上市公司属于开放性和纯粹资合性的大规模公司，公司股东人数众多且股东之间通常存在着大股东与中小股东之间强势与弱势的地位对比状态。因此，不宜允许股份有限公司以公司章程对股东表决权的计算方式作出与公司法相冲突而不利于中小股东利益或有利于大股东利益的规定，以保护处于弱势地位的中小股东的利益。例如，公司章程规定中小股东表决权按照股份比例减半（同时对中小股东未给予任何补偿）[1]或者大股东表决权按照股份比例加倍等，这些公司章程条款属于不公平不合理条款，侵犯了中小股东的合法利益，不符合股东平等原则，应被认定无效。当然，应允许股份有限公司以公司章程对股东表决权的计算方式作出与公司法不同但有利于中小股东利益或不利于大股东利益的规定。例如，公司章程规定股东不按照股份比例享有和行使表决权，而实行每一股东拥有一表决权的股权绝对平等原则和人数多数决原则，或者公司章程规定实行累积投票制；又如公司章程规定持有股份超过一定股份比例的大股东其表决权减半计算等。以上公司章程条款因属于大股东对自身优势表决权的自我限制，有利于倾斜和特殊保护股份有限公司中小股东利益，应认定为有效。

2. 公司章程对股东表决事项加以限制条款的效力

我国《公司法》第 37 条和第 99 条明确规定了股东（大）会的法定职权，从而明确规定了股东在股东（大）会上有权行使表决权的法定事项范围。基

---

〔1〕 实务中股份有限公司常以公司章程设置优先股，优先股股东的表决权受限制或者不具有表决权。股份有限公司章程中的优先股条款虽然对股东的表决权加以了限制或剥夺，但作为补偿赋予了股东优先分配利润或分配剩余财产的权利，此种安排对于优先股股东不存在不公平和不合理之处，故公司章程中的优先股条款有效。

于股东平等原则，公司股东不论其所持股权比例大小、是否兼任经营管理者身份以及是否属于公司原始股东，均应对《公司法》规定的一切法定事项享有表决权，不应对部分股东表决权行使事项范围加以限制或剥夺。故而，一般而言，公司章程中对部分股东表决权的表决事项限制条款因违反了股东平等原则而无效；除非在对部分股东表决权进行该种限制的同时，赋予了该部分股东某种特别权利或优先权。例如，公司章程设置优先股，规定优先股股东表决权的表决事项受限制但享有优先分配利润或剩余财产的特别权利。该部分股东虽在表决事项方面受限，但在利润分配或剩余财产分配方面享有特别权利，该部分股东的权利义务仍然相匹配，不存在股东之间权利义务不平等和不公平之处。因此，特殊情况下，公司章程中对部分股东表决权的表决事项限制条款有效。

二、与公司法相冲突之公司章程中公司治理条款的效力

公司治理本为一个经济学概念，现广泛被公司法学所借用。狭义和传统的公司治理是指关于公司各组织机构之间的相互关系和地位以及权力分配和制衡的公司制度。因此，狭义和传统的公司治理与公司组织机构是基本等同的概念，可以互换使用。狭义和传统的公司治理解决的主要问题是所有权和经营管理权两权分离背景和条件下的委托代理问题，其功能是降低代理成本和代理风险，防止和控制经营管理者的滥权和偷懒行为，保护作为所有者的股东的利益。由于公司治理对于全体股东尤其是中小股东利益保护和公司的长期存续和有效运营至关重要，因此公司法关于公司治理的大多数规定如公司组织机构设置、地位、相互关系及权力配置、行使等属于法律的强行性规范，原则上不允许公司章程作出与公司法的不同规定，公司章程中与公司法冲突的公司治理条款原则上无效。

鉴于有限责任公司属于封闭性小规模公司，基本不涉及或较少涉及公司利益相关者利益、社会公共利益和国家利益；而股份有限公司尤其是社会募集股份有限公司中的上市公司属于开放性大规模公司，涉及众多的公司利害相关者利益、社会公共利益和国家利益。因此，有限责任公司较之股份有限公司尤其是社会募集股份有限公司中的上市公司，在公司治理和运营方面应享有更大的自主性和灵活性，法律对有限责任公司的公司治理基本不给予干预，而对股份有限公司尤其是社会募集股份有限公司中的上市公司的公司治

理应给予适度和必要的干预。首先，关于公司组织机构的设置方面。我国《公司法》要求股份有限公司必须设置股东大会、董事会和监事会三大法定机关；而对有限责任公司在组织机构设置方面给予了灵活规定，允许股东人数较少或者规模较小的有限责任公司不设董事会和监事会，只设一名执行董事和一名至二名监事，从而有利于小规模的有限责任公司控制和节约治理成本并提高决策效率。

其次，关于股东（大）会的议事方式和表决程序方面。我国《公司法》第103条以强行性规范明确规定了股份有限公司股东大会的议事方式和表决程序，即股份有限公司股东大会作出一般决议，必须经出席会议的股东所持表决权过半数通过；股东大会作出修改公司章程、增加或者减少注册资本等特别决议必须经出席会议的股东所持表决权的2/3以上通过；而对有限责任公司股东会的议事方式和表决程序基本交由公司章程自治，仅规定股东会作出修改公司章程、增加或者减少注册资本等特别决议须经代表2/3以上表决权的股东通过，而对股东会作出一般决议完全交由公司章程自行规定。

最后，关于董事会的议事方式和表决程序方面。我国《公司法》第111条和第112条以强行性规范明确规定了股份有限公司董事会的议事方式和表决程序，即股份有限公司董事会会议应有过半数的董事出席方可举行，董事会作出决议必须经全体股东的过半数通过，董事会决议的表决实行一人一票；董事会会议应由董事本人出席，董事因故不能出席，可以书面委托其他董事代为出席，委托书中应载明授权范围；董事会应当对会议所议事项的决定作成会议记录，出席会议的董事应当在会议记录上签名，董事应当对董事会的决议承担责任。而对有限责任公司董事会的议事方式和表决程序基本交由公司章程自治，仅规定董事会应当对所议事项的决定作成会议记录，出席会议的董事应当在会议记录上签名，以及董事会决议的表决实行一人一票；没有强行规定董事会决议的出席人数、通过人数、出席方式及对决议的责任承担，而是交由公司章程自行规定。

前述案例一中被告康达公司修改后的公司章程第29条规定"股东会作出的决议，须经出席会议的股东所持表决权过半数通过。但股东会作出有关公司增加或者减少注册资本、分立、合并、解散或者变更公司形式及修改公司章程的决议必须经出席会议的股东所持表决权的2/3以上通过"。笔者认为，被告康达公司属于有限责任公司，而我国《公司法》第43条第2款明确规定，有限责任公司股东会会议作出修改公司章程、增加或者减少注册资本的决议，以及公司合并、分立、解散或者变更公司形式的决议，必须经代表 2/3 以上表决权的股东通过。该款规定的立法目的是将公司特定、重大事项交由股东以绝对多数表决权通过，使该决议能够代表有限责任公司大多数股东的意志，该款规定属于法律的强行性规范和最低要求，公司章程不能作出低于公司法最低要求的不同规定，只能作出高于公司法最低要求的不同规定。因此，被告上海康达化工有限公司修改后的公司章程第 29 条规定"股东会作出有关公司增加或者减少注册资本，分立、合并、解散或者变更公司形式及修改公司章程的决议必须经出席会议的股东所持表决权的 2/3 以上通过"，因违反了公司法对有限责任公司股东会特别决议通过的最低要求，应被认定无效。被告康达公司修改后的公司章程第 41 条规定"公司不设监事会，设监事一名，由公司工会主席担任。"笔者认为，被告康达公司属于股东人数较少或者规模较小的有限责任公司，依照我国《公司法》第 51 条第 1 款的规定，股东人数较少或者规模较小的有限责任公司可以不设监事会，只设 1 名至 2 名监事。因此，被告康达公司修改后的公司章程第 41 条中"公司不设监事会，设监事一名"的规定因符合公司法的相关规定而有效。但依照我国《公司法》第 51 条第 2 款的规定，监事会应当包括股东代表和适当比例的公司职工代表，监事会中的职工代表应由公司职工通过职工代表大会、职工大会或者其他形式民主选举产生。由于该款规定属于法律的强行性规范，公司章程不得作出与之不同的规定。故而，被告康达公司修改后的公司章程第 41 条规定"监事由公司工会主席担任"，因违反了公司法的强行性规范，应被认定无效。

第五节　案例之研究启示

一、针对交易性契约与组织性契约予以区别对待

在消解契约与国家成文制定法之间冲突，即判断与公司法相冲突的契约条款的效力时，司法者应针对交易性契约与组织性契约予以区别对待和处理。公司章程的性质是民间成文自治性规范中的组织性契约，较最典型的民间成文自治性规范即交易性契约，两者之间存在着诸多不同。交易性契约属于短期契约、简单契约和非格式的个别协商契约，交易性契约仅涉及双方当事人

之间一次性的资源交换，契约即时履行即告终止，有效期极短且内容简易；由于仅具有人数极少的双方当事人，契约条款的拟定可由也须由双方当事人逐一、个别地共同协商予以拟定，因此交易性契约一般为非格式的个别协商契约。正因为交易性契约的短期、简单和非格式性质和特征，一般而言，交易性契约的双方当事人受有限理性和交易成本因素的制约和影响并不明显，甚至多数情况下可忽略不计，交易性契约的条款安排大体上可看作双方当事人真实和自由意志和利益的体现和产物。而公司章程作为组织性契约属于长期契约、复杂契约和格式契约范畴，公司章程的有效期限很长，可涵盖整个公司存续期间；且涉及数量众多的当事人难以完全预计的未来相互关系和长期利益安排，内容高度复杂。由于当事人人数众多，公司章程的创制通常是由部分公司当事人即发起人股东或大股东单方拟定，发起人股东和大股东之外的其他公司当事人不能参与章程内容的协商，对章程条款只能概括地表示整体接受或拒绝，因此公司章程是一种典型的格式性契约。鉴于公司章程的长期、复杂和格式性质及特征，比较而言，公司章程的众多当事人（尤其是认股人股东和中小股东）常常受到理性不足和高昂交易费用的制约而容易犯低估风险的系统性错误，最终无法作出完全理性、体现自己真实意志和利益的章程条款安排，公司章程条款很难被视为全体当事人在信息充分透明、谨慎考虑和正确理解的前提下意思自治的产物。恰如约翰·斯图加特·密尔所言，"个人是其自身利益的最佳法官，这一原则的一项例外情形是，个人试图在当前作出在某一未来甚或长远的未来中，什么是他的最佳利益，并且不容更改地做出选择"。[1]

笔者认为，应在立法和司法两个层面，对公司章程这类长期、复杂和格式性的组织性契约较之短期、简单和非格式性的交易性契约予以更多的干预。立法层面的干预如德国《一般交易条件法》明确规定，格式合同中不得排除某些国家成文制定法任意性规范的适用，或者只能在某种程度上或在满足了某些条件的情况下，才可排除国家成文制定法任意性规范的适用。拉伦茨因此将国家制定法任意性规范称为"半强制性规范"。[2]即当格式契约与国家

---

〔1〕　转引自爱森伯格："公司法的结构"，张开平译，载王保树主编：《商事法论集》（第 3 卷），法律出版社 1999 年版，第 394~395 页。

〔2〕　参见［德］卡尔·拉伦茨：《德国民法通论》（上册），王晓晔译，法律出版社 2003 年版，第 44 页。

成文制定法任意性规范相冲突时，在特定情形下，国家成文制定法任意性规范适用顺序优于格式契约而应选择适用国家成文制定法的任意性规定。而司法层面的干预在公司章程与国家成文制定法之间冲突消解上的表现是，较之交易性契约与国家成文制定法之间冲突的消解，对于作为组织性契约的公司章程与国家成文制定法之间冲突的消解，司法者应更倾向于认定与国家成文制定法冲突的公司章程效力受到影响而完全或部分排除其适用，从而优先选择适用国家成文制定法的相关规定，以充分发挥和实现国家成文制定法对公司当事人之间尤其是处于不对等地位的公司当事人之间利益关系进行衡平和公正安排的规制目的，保护全体公司当事人尤其是处于弱势地位的公司当事人的合理及基本的预期和利益，确保公司当事人之间利益享有和不利益负担的适度平衡和协调。

二、针对公司原始章程与公司修改章程予以区别对待

在消解公司章程与国家成文制定法之间冲突，即判断与公司法相冲突的公司章程条款的效力时，司法者应针对公司原始章程与公司修改章程予以区别对待和处理。公司原始章程的性质是受章程约束的公司全体成员创制的直接自治法，而公司修改章程的性质是受章程约束的公司全体成员创制的间接自治法。作为直接自治法的公司原始章程的创制特点是受章程约束的公司全体成员均直接参与了章程内容的拟定和（或）决定了章程的通过，公司原始章程实质性地、强势意义地体现了公司全体成员的真实意志和意愿，此种民间自治立法方式与私法自治原则和精神最为契合，因此直接自治法是民间自治性成文制定法的典型和主要表现形式。作为间接自治法的公司修改章程创制特点是受修改章程约束的公司全体成员中仅部分成员（一人公司的唯一股东和多人公司中持有多数资本的股东）直接参与了章程内容的拟定和决定了章程的通过，其他成员并未直接参与修改章程内容的拟定和决定章程的通过，而是通过事先授予部分成员以概括、抽象的章程修改权的方式间接参与了修改章程的创制，因此公司修改章程仅形式性地、弱势意义地体现了公司全体成员的自由意志和意愿，此种民间自治立法方式虽与私法自治原则和精神并不抵牾，但较之直接自治立法方式，其与私法自治原则和精神的吻合度确实大为下降，因此间接自治法仅是民间自治性成文制定法的非典型和例外表现形式。

　　鉴于公司原始章程与公司修改章程在性质和特征上的显著差别，司法者在消解公司章程与国家成文制定法之间的冲突时，应针对公司原始章程与公司修改章程予以区别对待和处理。具体而言，运用位阶识别方法和利益衡量方法消解公司原始章程与国家成文制定法之间的冲突时，应更倾向于对与国家成文制定法相冲突的公司原始章程的效力从宽和从松把握，当认定有效还是无效存有疑义而难以判断时，更偏重于认定与国家成文制定法相冲突的公司原始章程有效而选择适用公司原始章程的规定；当认定狭义无效还是其他较轻程度的效力瑕疵状态存有疑义而难以判断时，应偏重于认定为狭义无效之外的其他较轻程度的效力瑕疵状态，以尽量尊重公司全体成员的自由意志和意愿，维系公司原始章程的有效性。相反，运用位阶识别方法和利益衡量方法消解公司修改章程与国家成文制定法之间的冲突时，应更倾向于对与国家成文制定法相冲突的公司修改章程的效力从严和从紧把握，当认定有效还是无效存有疑义而难以判断时，更偏重于认定与国家成文制定法相冲突的公司修改章程无效而排除适用公司修改章程的规定并选择适用国家成文制定法的规定；当认定狭义无效还是其他较轻程度的效力瑕疵状态存有疑义而难以判断时，应偏重于认定与国家成文制定法相冲突的公司修改章程为狭义无效而选择适用国家成文制定法的规定，以充分发挥和实践国家成文制定法特有的规制功能——维护未直接、真正参与公司修改章程创制的处于弱势地位的公司成员的基本权益，矫正资本多数决制度以及间接自治立法方式固有的对中小股东利益保护不足的弊端和缺陷。

　　区别对待公司原始章程和修改章程的观点已得到中外学界的认可并在立法实践中有所体现，美国学者 Bebchuk 中肯地指出，"原始章程存在合同机制，而章程修正案无须全体股东一致同意，不能视为一种合同，因此，不能直接依赖合同机制的存在作为基础，支持章程修正案排除适用公司法"。近年来，我国部分学者在参考国外文献的基础上，也提出应区分公司原始章程和修改章程，对公司章程选出或排除适用公司法的效力予以不同处理。基于公司原始章程的契约机制和市场因素对发起人股东和大股东的制约作用，公司原始章程选出或排除适用公司法规定的，原则上应确认其有效。而鉴于公司修改章程以资本多数决为特征的非契约机制以及大股东和管理层对公司控制权的单方垄断，处于弱势地位的中小股东利益极易遭受漠视和损害，应对公司修改章程选出或排除适用公司法规定（尤其是关于股东基本权利的规定）

给予更多限制，其效力如何应依具体情形从严判断。德国则在公司立法上明确规定，遵循资本多数决原则通过的对股东权利予以限制、剥夺或要求股东承担特别义务的公司章程修改决议，只有在取得相关受影响股东的同意后才对其产生约束力。其目的是对公司修改章程的自由予以合理、适度的限制，以保护处于弱势地位的中小股东的根本利益。瑞士《公司法》也规定，小股东作为股东的基本权利如表决权，不受股东会与董事会多数人通过的决议的制约。笔者认为，一方面，我国公司立法可借鉴以上国家对公司修改章程的自由予以适度限制的做法；另一方面，更应注重从司法层面和角度贯彻和实现区别对待公司原始章程和修改章程、对后者予以更多限制的法政策目的和意旨，在消解公司章程与国家成文制定法之间的冲突时，司法者应区分公司原始章程与公司修改章程给予宽缓松紧程度不同的效力判断而作出不同的法律适用选择决定。

三、针对有限责任公司及发起设立的股份有限公司章程与募集设立的股份有限公司章程予以区别对待

在消解公司章程与国家成文制定法之间的冲突，即判断与公司法相冲突的公司章程条款的效力时，司法者还应针对有限责任公司及发起设立的股份有限公司章程与募集设立的股份有限公司章程予以区别对待和处理。有限责任公司及发起设立的股份有限公司股东人数较少、股权结构较为集中，全体股东通常均直接参与和介入公司经营管理或经营监督，资本来源和内部管理具有明显的封闭性和不公开性，公司所有权与控制权高度合一。因此，有限责任公司及发起设立的股份有限公司的全体股东大都有动力也有能力直接参与公司章程的内容拟定和通过决定，有限责任公司及发起设立的股份有限公司章程较为充分地体现了绝大多数股东甚至全体股东的真实意志和意愿，有限责任公司及发起设立的股份有限公司章程具有直接自治法或类似直接自治法的性质。然而，募集设立的股份有限公司尤其是上市公司股东人数众多、股权结构较为分散，发起人股东和大股东之外的中小股东和认股人股东既无权利也无动力参与和介入公司经营管理或经营监督，资本来源和内部管理具有明显的开放性和公开性，公司所有权与控制权高度分离。因此，募集设立的股份有限公司中绝大多数的认股人股东和中小股东既无动力也无能力直接参与公司章程的内容拟定和通过决定，公司章程创制事实上是由发起人股东

和大股东以及作为其利益代表的管理层所单方把持和垄断，募集设立的股份有限公司章程未能平等、充分体现全体股东或者绝大多数股东的真实意志和意愿，募集设立的股份有限公司尤其是上市公司章程更多具有间接自治法或类似间接自治法的性质。

　　鉴于有限责任公司及发起设立的股份有限公司章程与募集设立的股份有限公司章程在性质和特征上的明显差异，司法者在消解公司章程与国家成文制定法之间的冲突时，应针对有限责任公司及发起设立的股份有限公司章程与募集设立的股份有限公司章程予以区别对待和处理。具体而言，运用位阶识别方法和利益衡量方法消解有限责任公司及发起设立的股份有限公司章程与国家成文制定法之间的冲突时，应更倾向于对与国家成文制定法相冲突的有限责任公司及发起设立的股份有限公司章程的效力从宽和从松把握，当认定有效还是无效存有疑义而难以判断时，更偏重于认定与国家成文制定法相冲突的有限责任公司及发起设立的股份有限公司章程有效而选择适用章程的规定；当认定狭义无效还是其他较轻程度的效力瑕疵状态存有疑义而难以判断时，应偏重于认定为狭义无效之外的其他较轻程度的效力瑕疵状态，以尽量确保和维系有限责任公司及发起设立的股份有限公司章程的有效性。相反，运用位阶识别方法和利益衡量方法消解募集设立的股份有限公司章程与国家成文制定法之间的冲突时，应更倾向于对与国家成文制定法相冲突的募集设立的股份有限公司章程的效力从严和从紧把握，当认定有效还是无效存有疑义而难以判断时，更偏重于认定与国家成文制定法相冲突的募集设立的股份有限公司章程无效进而排除适用公司章程的规定并选择适用国家成文制定法的规定；当认定狭义无效还是其他较轻程度的效力瑕疵状态存有疑义而难以判断时，应偏重于认定与国家成文制定法相冲突的募集设立的股份有限公司章程为狭义无效进而选择适用国家成文制定法的规定，以充分发挥和实践国家成文制定法特有的规制功能——适度限制募集设立的股份有限公司尤其是上市公司章程创制自由，平衡和协调处于强势地位的发起人股东及大股东与处于弱势地位的认股人股东及中小股东之间的利益。

四、针对大股东与中小股东予以区别对待

　　股东平等原则是公司法的基本原则之一，是指公司的每一个股东基于其股东资格而产生的权利和义务相互平等，每一个股东享有同等的权利，承担

同等的义务，不得对任何股东加以歧视。笔者认为，股东平等原则包括形式平等和实质平等两个方面，所谓股东形式平等，又称为股东比例平等或资本平等，是指每个股东按照其所持有的出资比例或者股份比例享有权利和承担义务，每一出资比例或者股份比例对应的股东权利和义务相等。股东形式平等具体表现为一股一权和资本多数决制度。笔者认为，一股一权制度和资本多数决制度彰显了权利、利益与义务、风险相匹配和相一致的原则和精神，有利于刺激股东投资和公司的规模化发展，是公司法的基石和核心制度，理应予以坚持和贯彻，股东形式平等原则应是股东平等原则的首要和主要内容。所谓股东实质平等，是指每个股东的实质地位平等，在实质上享有同等的权利和承担同等的义务。由于公司股东之间因其持有的出资比例或者股份比例不同而实际享有的股东权具有较大差别，大股东和中小股东实质上具有强势和弱势的地位对比，大股东有能力和机会滥用优势股东权损害中小股东的利益，此时为了适度维系股东之间的实质平等，应对大股东权利加以适度限制或对大股东附加更多义务，赋予中小股东更多权利或减轻中小股东的义务，以特殊和倾斜保护中小股东的利益。

故而，基于股东实质平等原则，在消解公司章程与国家成文制定法之间的冲突即判断与公司法相冲突的公司章程条款的效力时，应针对大股东和中小股东予以区别对待。若与公司法相冲突的公司章程条款涉及的是大股东权利的限制或特别义务的承担，鉴于大股东在公司中的优势地位，该公司章程条款应被看作大股东自由意志表达和真实意思表示，此公司章程条款属于大股东依其自由意志对自身权利的自我限制或特别义务的自愿承担，原则上应被认定有效；若与公司法相冲突的公司章程条款涉及的是中小股东固有权利的限制或特别义务的承担，鉴于中小股东在公司中的弱势地位，尤其是当中小股东举证存在大股东滥用股东权压迫或排挤中小股东的事实和行为时，该公司章程条款不宜被看作中小股东自由意志表达和真实意思表示，原则上应被认定无效。

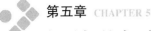

第五章 CHAPTER 5

公司契约与公司章程相冲突之疑难案例研究

第一节　公司契约与公司章程冲突消解之概述

　　笔者所言的公司契约并非一个严格指称的用语，而是泛指以公司及公司内部成员为契约一方或双方当事人的与公司有关的一切契约，笔者大致将其划分为公司内部契约和公司外部契约两类。公司内部契约包括公司内部成员之间的契约和公司内部成员与公司之间的契约两类，前类如发起人协议、股东投资协议、股东之间的股权转让协议，后类如股权回购协议；公司外部契约则包括公司内部成员与公司外部第三人之间的契约和公司法人本身与公司外部第三人之间的契约两类，前类如股东与第三人之间的股权转让协议，后类如公司对外担保协议或对外投资协议。

　　公司契约是以公司及公司内部成员为契约一方或双方当事人的与公司有关的交易性契约或组织性契约，其性质为民间成文自治性规范；而公司章程是受章程约束的公司内部成员订立的组织性契约，其性质也为民间成文自治性规范。由此可见，公司契约与公司章程之间的冲突属于民间成文自治性规范之间的冲突。按照法律方法论的基本原理，国家成文制定法之间的冲突可以借助于位阶识别和利益衡量两种方法加以消解，在相互冲突的法律规范之间做出正确的规范适用选择。那么位阶识别方法和利益衡量方法是否可适用于民间成文自治性规范之间冲突的消解？

　　笔者认为，民间成文自治性规范与国家成文制定法同属成文规范和制定法规范范畴，因此，民间成文自治性规范之间的冲突同样可借助于位阶识别方法和利益衡量方法予以消解。但是，应予以注意的是，较之于国家成文制定法，位阶识别方法在民间成文自治性规范的冲突消解中的作用和功效大大减弱和受到限制。因为，民间成文自治性规范与国家成文制定法的制定主体的性质和特征迥异，民间成文自治性规范的制定主体是国家机关之外的个人和民间组织体，各个民间主体之间一般地位平等、身份独立、互不隶属，相互之间通常并无管理与被管理、控制与被控制的上下级之间的依附关系，且民间成文自治性规范的创制大都无须遵循严格和科学的程序和技术。因此，不同民间主体在制定规范时无法也不须考虑和追求规范内容之间的协调统一与和谐一致，从而导致民间成文自治性规范之间的体系化建构较为薄弱和不够充分。而位阶识别方法的运用须以较为完善的规范体系化建构为前提条件，是故，位阶识别方法在民间成文自治性规范的冲突消解中因运用的前提条件不够充分，其作用和功效自然有所削弱，相应利益衡量方法的作用和功效较为突出。虽然民间成文自治性规范由于体系化建构不足而导致位阶识别方法在民间成文自治性规范的冲突消解中的作用和功效遭遇一定制约，但不能由此根本否定位阶识别方法在民间成文自治性规范的冲突消解中的应有价值和意义。笔者认为，一方面，须正视民间成文自治性规范较国家成文制定法其体系化建构不足的事实；另一方面，更应看到民间成文自治性规范乃特定有限的民间主体经理性建构方式、有意识地创制而产生，较不特定多数的民间主体以经验进化方式无意识形成的习惯法，其体系化建构的程度有所加强，尤其是民间成文自治性规范中的民间组织创制的组织体章程如公司章程等，是民间组织的成员为彼此之间长期的合作、经深思熟虑创制而成，且民间组织体内部通常也存在着等级森严、上下有序的权威结构和隶属关系。因此，民间组织体章程在立法技术和体系化建构方面均为民间法中的佼佼者，一些大型或超大型民间组织的内部制度设计其体系化建构甚至可与国家成文制定法相媲美。由此可见，民间成文自治性规范尤其是公司章程等民间组织体章程的体系化建构程度可以支撑位阶识别方法的运作，位阶识别方法对于民间成文自治性规范的冲突消解仍然有所作为、可资运用。

第二节　公司内部契约与公司章程相冲突之疑难案例研究

一、公司设立中订立的公司内部契约与公司章程冲突之疑难案例研究

公司成立前的设立阶段订立的公司内部契约主要指的是发起人协议。公司法理论与实务中关于发起人协议与公司章程冲突时的法律选择问题争议最大、歧见最多。根据我国《公司法》的规定，股份有限公司的发起人在公司

设立阶段必须订立发起人协议，发起人协议和公司章程并列成为股份有限公司的法定设立文件和设立条件；而对于有限责任公司，我国《公司法》虽然未要求必须订立发起人协议，但在有限责任公司的设立实践中，发起人也常常自愿自动地订立发起人协议。因此，不管是在股份有限公司还是有限责任公司中，公司章程与发起人协议同时存在的现象都十分普遍。由于公司章程和发起人协议的内容均涉及拟设立公司的内部社会关系（公司内部成员之间以及公司内部成员与公司之间的社会关系）和组织结构（公司机关设置及权限），两者在调整对象和调整范围上有颇多重合和交叉之处，由此导致两者之间内容发生冲突的可能性极大，关于公司章程与发起人协议冲突时的法律选择问题也就成为公司法理论与实务中的一个疑难问题。

（一）相关案例之案情简介及法院判决

1. 案例一之案情简介及法院判决

为设立安徽加州有限公司（以下简称"加州公司"），2007 年 8 月 15 日，朱某与刘某签订了一份《合作协议》。内容具体如下：刘某现金出资 1000 万元，朱某则以专利权作为出资，估价 1523 万元，经双方协商一致，朱某获得公司 62% 的股份，刘某获得公司 38% 的股份。后因朱某尚未获得专利证书，因此经双方沟通达成一致决定变更之前签订的《合作协议》，变更内容如下：调整加州公司注册资本为 800 万元，该款项全部由刘某以现金方式出资，加州公司先用朱某提供的专利技术进行生产经营，待朱某取得该专利的专利权之后，再将取得的专利权转移到加州公司名下，持股比例不变。由于刘某不愿"露富"，双方约定由刘某妻子持刘某 36% 的股份、朱某妻子持朱某 24% 的股份作为公司的显名股东，朱某持 40% 的公司股份。2007 年 10 月 8 日加州公司成立，其章程规定：加州公司注册资本为 800 万元，刘某妻子以 314 万元的货币出资，持股比例为 36%，朱某和朱某妻子同样以现金方式出资 486 万元，持股比例分别为 40%、24%。加州公司成立之后，刘某为履行《合作协议》先后共支付 250 万元作为三个股东初期出资，之后因双方发生争执导致刘某不愿意再继续出资。原告朱某向法院提起诉讼，请求法院依据《合作协议》的相关约定要求被告刘某履行其出资义务。被告刘某则以《合作协议》作为发起人协议其效力终止于公司成立之时，被公司章程取代作为抗辩。

法院经审理认为，朱某、刘某所签订的《合作协议》，其性质属于公司发起人协议。后经双方当事人协商，对变更发起人协议的相关事项达成一致，且变更后的协议并不存在法律上应归于无效的情形，对双方当事人产生法律上的约束力。在双方没有特殊约定的情况下，《合作协议》不会因公司的成立而终止。本案中朱某、刘某在加州公司成立过程中及加州公司成立后的行为表明其是在履行《合作协议》的约定而并不是加州公司章程的规定。基于此，法院认为应优先适用《合作协议》来解决二者的纠纷，支持了原告朱某的诉讼请求。

2. 案例二之案情简介及法院判决

2006 年 4 月 18 日，为了设立上海中生医学科技有限公司（以下简称"中生公司"）邓某、冯某签订了《关于共同组建生产及销售某囊项目公司的合同》（以下简称《项目公司合同》），该合同约定：中生公司注册资本为 300 万元，预计总投资额 980.4 万元。邓某预计分期出资 500 万元，首期出资 200 万，获得中生公司 52% 的股权；经双方协商一致，冯某以某囊专利以及专有核心生产技术投入，获得公司股权 48%。同时双方还约定邓某需向冯某支付专利入门费 40 万元，该款项支付后可扣抵邓某的投资总额，即邓某在首期投入 200 万元后，其只需投入 260 万元。

2006 年 6 月 18 日，中生公司依法成立，冯某为公司法定代表人，公司注册资本 200 万元均由邓某实际出资，并制定了中生公司章程，章程规定：公司注册资本 200 万元；股东邓某出资 102 万元，股东冯某出资 98 万元。冯某应于 2006 年 9 月 18 日、2007 年 7 月 14 日将专利权转移到中生公司名下。由于双方签订的《项目公司合同》和之后制定的公司章程在股东的出资额、出资方式的规定上有所出入，邓某作为原告与被告冯某发生纠纷。

原告邓某诉称：中生公司章程产生于《项目公司合同》之后，根据后合同效力优先于先合同效力的一般原则，如其内容发生冲突应以公司章程为准。根据中生公司章程的规定，被告冯某应履行 98 万元的现金出资义务，而原告在公司成立时已向验资账户转入 200 万元，其中 98 万元系替被告冯某垫付，经多次索要被告冯某仍不还款，故诉至法院要求被告返还 98 万元的代垫款。

被告冯某辩称：（1）原被告于 2006 年 4 月 18 日签订的《项目公司合同》是双方的真实意愿，同时并没有逾越法律，是合法有效的。按照《项目公司合同》的约定被告无须履行现金出资义务，仅须以专利和专有核心技术入股。现被告已经履行合同义务，将专利权以及核心技术转入中生公司名下，所谓的 98 万元的代垫款并非事实。（2）被告认为中生公司章程只是根据公司登记条例规定形成的僵硬的条款，不是双方真实的意思表示。

一审法院在审查过邓某提供的中生公司章程以及其他证据后，认为中生公司章程对股东出资额、出资方式上作出了与《项目公司合同》不同的规定，应视为是对《项目公司合同》内容的变更。因为，二者均为合同且是前后承接的法律关系；中生公司成立后中生公司章程生效并自然代替了《项目公司合同》。因此，法院认为，被告的出资方式应以中生公司章程为准即现金出资 98 万。由于被告应承担的出资额 98 万元已由原告垫付，原告有权要求被告返还。被告冯某不服一审判决提出上诉。

二审法院经审理认为邓某与冯某所签订的《项目公司合同》对中生公司的设立、投资等作了约定，该《项目公司合同》属于发起人协议，依法受我国《合同法》调整。而中生公司章程依法属于我国《公司法》所调整的范围。二者之间应该是互相平行的而非前后承接的法律关系。在没有明确约定《项目公司合同》失效的情况下，《项目公司合同》不会因中生公司的章程生效而失效。由于邓某和冯某签订的《项目公司合同》明确约定了二人的出资方式和出资金额，并且邓某现金出资 200 万元以成立中生公司是邓某履行《项目公司合同》约定的表现，而某囊专利权从冯某名下转入中生公司名下，且至今仍在中生公司名下，更表明冯某以专利权投资中生公司是双方真实意思表示。因此，仅凭中生公司章程即认定冯某应现金投入中生公司，邓某系替冯某垫资，与二人真实意愿不符，也否定了冯某以专利权投入的事实。故法院认为，原告邓某要求被告冯某履行现金出资义务的依据不足，作出撤销原判、驳回原告邓某诉讼请求的判决。

3. 案例三之案情简介及法院判决

山西某研究所与陕西某公司欲出资成立秦晋有限责任公司（以下简称"秦晋公司"），为保证公司的顺利设立，经双方协商一致签订了发起人协议，协议内容如下：山西某研究所以某专利使用权出资，获得公司 30% 的股份，陕西某公司以现金出资，获得秦晋公司 70% 的股份。秦晋公司于 2002 年 9 月成立，并制定了秦晋公司章程，章程载明：山西某研究所以某专利权出资，持秦晋公司股份比例 30%，陕西某公司以现金出资，持秦晋公司股份比例 70%。2003 年秦晋公司在某研究所出资的专利的基础之上研究出一项新的专利技术并成功申请国家专利。后秦晋公司决定将该项新专利技术许可给第三人使用。

2004 年 4 月，山西某研究所以秦晋公司侵犯其专利权为由，与秦晋公司对簿公堂。山西某研究所认为：其在发起人协议中约定仅以专利使用权出资，而非以专利权出资。秦晋公司在未经其许可的情况下以秦晋公司的名义擅自将该专利许可第三人使用，该行为实已构成侵权。秦晋公司抗辩称，秦晋公司章程规定，山西某研究所是以专利权出资而并非是以专利使用权出资，该项专利属于秦晋公司的财产，秦晋公司在该专利的基础上形成的新技术也应当属于秦晋公司所有，因此秦晋公司有权利将该专利许可给第三人使用，并不对山西某研究所构成侵权。

法院经对案件的审理认为，依据我国《公司法》第 25 条的相关规定，山西某研究所不能以专利的使用权出资，而应以专利权出资，即应将该专利权转移到秦晋公司的名下，该专利成为秦晋公司的财产，并非再是山西某研究所的财产。此时秦晋公司在该专利的基础上形成的新的专利技术自然属于秦晋公司所有，有权将此专利许可给第三人使用，该行为并不构成对山西某研究所的侵权。加之二者之前签订的发起人协议，其效力期间始于签订协议之时终于公司成立之际。而公司章程则不同，其在公司设立成功之后直到公司消灭之时都发生法律效力。因此在公司章程和发起人协议有冲突的情形下，应当依照公司章程的规定而非发起人协议的规定。由此，法院认为秦晋公司的行为并不构成对山西某研究所的侵权。

（二）案例相关问题之研究

1. 公司章程与发起人协议的比较

发起人协议又称公司设立协议，是指在公司成立前的公司设立阶段，由全体发起人共同订立的、以组建和设立公司为目的，就拟设立公司的内部社会关系和组织结构以及发起人在设立过程中的权利义务达成合意而成立的契约。因此，与公司章程一样，发起人协议也属于组织性契约范畴。发起人协议与公司章程虽然同属于组织性契约，但两者之间也具有较大的差别。

其一，订立主体和受约束主体不同。发起人协议由公司设立时的全体发起人股东直接订立，故而只约束公司设立时的全体发起人股东；而公司章程是由公司股东（包括公司设立时的发起人股东和认股人股东以及公司成立后新加入的股东）、董事监事等公司机关成员和经理等公司高级管理人员直接或间接参与订立，故而不仅约束公司设立时的全体发起人股东，还约束发起人股东之外的其他股东、董事监事等公司机关成员和经理等公司高级管理人员。

其二，订立方式和通过方式不同。发起人协议是由全体发起人股东采取书面或口头等明示意思表示形式以及全体发起人股东人数一致决的方式订立和通过的；而公司章程由于当事人人数众多且具有较大开放性，由全体当事人采取书面或口头等明示意思表示形式以及全体当事人人数一致决的通过方式来订立不具有可行性。因此，通常采用作为或不作为的默示意思表示形式以及人数多数决或资本多数决的通过方式来订立。

其三，条款的拟定形式和拟定方式不同。发起人协议通常以非格式契约方式订立，全体发起人股东通常共同参与契约条款的拟定并对契约条款逐条进行个别协商；而公司章程由于当事人人数众多且具有较大开放性，全体当事人均参与契约条款的拟定并对契约条款逐条进行个别协商不具有可行性。因此，通常采取由部分当事人（如发起人股东、大股东等）单方预先拟定、其他当事人只能事后概括予以接受或拒绝的格式契约方式订立。故而，发起人协议全面和平等地体现了全体发起人股东的真实意志表达和自由意思表示；而公司章程并未全面和平等地体现全体当事人的真实意志表达和自由意思表示，对于公司中处于强势地位的发起人股东、大股东等当事人而言，公司章程可以被看作其真实意志表达和自由意思表示；对于公司中处于弱势地位的认股人、中小股东等当事人而言，公司章程不可以被完全看作其真实意志表达和自由意思表示。

2. 公司章程与发起人协议的效力期间

关于公司章程的效力期间问题，涉及公司章程效力的起始时间和终止时间。对于公司章程效力的终止时间，有较多学者认为，公司章程效力终止于公司注销登记之时。而对于公司章程效力的起始时间，主要有两派观点，一派观点认为，公司章程效力始于公司设立登记之时；另一派观点则认为，公司章程效力始于公司章程通过之时，具体而言，根据我国《公司法》的相关规定，有限责任公司章程效力始于公司设立时的全体股东意思表示达成一致而在公司章程上签名、盖章之时；发起设立的股份有限公司章程效力始于全体发起人意思表示达成一致之时；募集设立的股份有限公司章程效力始于创立大会以决议通过章程之时。

关于公司章程效力的起始时间，笔者赞同第二派观点，公司章程作为组织性契约，其效力应始于受章程约束的公司当事人做出接受章程约束的意思表示之时。详言之，对于公司发起人股东而言，公司章程效力始于其意思表示达成一致而在公司章程上签名盖章之时；对于公司认股人股东而言，公司章程效力始于其在认股书上签名盖章之时；对于公司董事、监事、经理等高管人员而言，公司章程效力始于其在董事、监事、经理等委托合同或聘任合同上签名盖章之时。而关于公司章程效力的终止时间，笔者认为，当公司注销登记之时由于公司的主体资格和法人资格消灭，股东、董事、监事、经理等高管人员与公司之间的权利义务关系消灭，公司章程中涉及股东等公司当事人与公司之间权利义务关系的条款的确因公司主体资格的消灭而效力终止，但公司章程中涉及股东、董事、监事、经理等高管人员相互之间权利义务关系的条款仍然有效。在公司注销登记之后，股东、董事、监事、经理等高管人员仍受这些条款约束，除非这些条款因被完全履行而终止。

关于发起人协议的效力期间问题，涉及发起人协议效力的起始时间和终止时间。对于发起人协议效力的起始时间学界并无争议，均认为发起人协议的生效始于发起人协议经全体发起人股东意思表示达成一致而成立时，除非发起人协议另行规定了生效时间或生效条件。而对于发起人协议效力的终止时间学界有较大争议，一种观点认为，由于发起人协议涉及和规范的是公司设立过程中发起人之间的权利和义务关系，因此发起人协议的效力期间仅是公司设立阶段，公司一旦成立发起人协议的效力即终止，即发起人协议效力终止于公司成立时。由于在公司设立期间发起人协议与公司章程同时并存且均对发起人具有约束力，因此此时有可能产生发起人协议与公司章程冲突时的规范选择问题；而公司成立后，发起人协议即失效，发起人股东不再受发起人协议约束，而只受公司章程的约束，此时不可能产生发起人协议与公司章程冲突时的规范选择问题。另一种观点则认为，公司成立后发起人协议的效力并不当然终止，除非发起人协议明确约定公司成立后发起人协议失效。因此，公司成立后，发起人股东仍受发起人协议约束，同时也受公司章程的约束，此时有可能产生发起人协议与公司章程冲突时的规范选择问题。

笔者赞同第二种观点，发起人协议与公司章程虽然同属于组织性契约，其内容具有较大的重合性和较多的共同性，均可能涉及发起人股东之间的权利义务关系以及公司的组织机关设置、权力分配等事项；但两者的订立主体和受约束主体、订立方式等具有较大不同，前者主要是就全体发起人股东在公司设立过程中的权利义务关系进行规范，但同时也可能会就公司成立后发起人股东之间的权利义务关系以及公司内部组织机构设置、权力分配等公司治理事项进行规范，发起人协议不因公司成立而效力终止；而后者主要是就包括发起人股东在内的全体公司当事人在公司成立后的权利义务关系和公司内部组织机构设置、权力分配等公司治理事项进行规范，但同时也可能会就全体公司当事人在公司设立过程中的权利义务关系进行规范。因此公司章程自订立之时起即发生效力，不是自公司成立之日即公司登记之日起才发生效力。发起人协议和公司章程作为订立主体和受约束主体范围不同的组织性契约，两者可以也应该同时并存而发生效力，两者相互之间不具有可替代性。若在公司设立过程中既订立了发起人协议又制定了公司章程，则发起人协议和公司章程在公司设立过程中对相应主体均具有约束力；公司成立后，发起人协议原则上不因公司成立而效力终止，发起人协议与公司章程并存且各自发挥不同的作用，发起人协议和公司章程对公司成立后的相应主体均具有约束力。故而在公司设立过程中和公司成立后，均可能产生发起人协议和公司章程冲突时的规范选择问题。

3. 发起人协议与公司章程冲突时的适用选择

关于公司章程与发起人协议冲突时的适用选择问题，我国学界有两种不同的较具代表性的观点，其中一种观点认为，发起人协议的效力期间是整个公司设立阶段，公司的成立意味着发起人协议的终止；而公司章程的效力期间则是公司成立后到公司终止的整个公司存续期间。公司成立时，发起人协议中已履行的条款固然因已履行而效力终止，发起人协议中未履行的条款因已转成公司法规范的对象或成为公司章程规定的内容其效力也同样终止。因此，不管是在公司成立前还是在公司成立后，当公司章程与发起人协议冲突时均应选择适用公司章程的规定。[1]另一种观点认为，发起人协议与公司章程在订立主体范围、内容范围及性质方面迥异，发起人协议具有契约的法律性质，而公司成立后的公司章程具有法律规范的性质，两者之间因法律性质的不同而有不同的适用范围，因此两者可以同时存在，相互之间不具有可替代性。公司成立之后，发起人协议并不当然效力终止，而是与公司章程并存且各自发挥不同的作用。[2]笔者认为，公司章程与发起人协议冲突时的法律

〔1〕 参见赵旭东："设立协议与公司章程的法律效力"，载《人民法院报》2002年1月11日，第3版。
〔2〕 参见陈界融："股东协议与公司章程若干法律问题比较研究"，载《北京航空航天大学学报》（社会科学版）2011年第3期。

适用选择，涉及公司章程的性质及其与发起人协议的关系问题，正确界定公司章程性质从而精准地揭示其与发起人协议的关系，是妥当解决和回答公司章程与发起人协议冲突时的法律适用选择问题的关键。如前所述，公司章程的性质是公司内部全体成员创制的民间成文自治性规范，而发起人协议是公司内部全体成员之一的发起人股东创制的民间成文自治性规范，因此公司章程与发起人协议同属民间成文自治性规范范畴，两者之间的冲突实乃民间成文自治性规范之间的冲突。

笔者认为，对于公司章程与发起人协议之间的冲突，应根据发起人协议条款内容及性质的不同，分别探讨两者冲突时的法律适用选择问题。发起人协议条款因内容及性质不同，可划分为自涉性条款和他涉性条款，发起人协议中的自涉性条款是指发起人协议中只涉及和影响发起人权益的条款，主要包括发起人在公司设立过程中相互之间的权利义务关系条款、发起人在公司成立后相互之间的权利义务关系条款。发起人协议中的他涉性条款是指发起人协议中涉及和影响发起人之外的其他公司成员（包括认股人、公司成立后新加入的股东；董事、监事、经理等高管人员）权益的条款，主要包括发起人与其他公司成员之间的权利义务关系条款、发起人与拟设立公司之间的权利义务关系条款、发起人之外的其他公司成员与拟设立公司之间的权利义务关系条款。发起人协议中的他涉性条款又可进一步划分为对其他公司成员赋予权利的他涉性条款和对其他公司成员施加义务的他涉性条款，前者是指发起人单方为其他公司成员赋予权利或利益的他涉性条款（简称"单方赋权他涉性条款"），后者是指发起人单方为其他公司成员施加义务或负担的他涉性条款（简称"单方施义他涉性条款"）。

首先，公司章程与发起人协议中的自涉性条款或单方赋权他涉性条款产生冲突时的适用选择。由于发起人协议中的自涉性条款只关涉到发起人的权益，并不会影响到发起人之外的其他公司成员的权益，因此发起人协议中的自涉性条款只需经全体发起人认可和同意即可成立生效。由于发起人协议中的单方赋权他涉性条款使得发起人之外的其他公司成员处于纯受益的地位和状态，一般情况下获得这些利益并不违反这些主体的意愿，且其若不愿接受大可随时、自由地对所获利益予以放弃，因此发起人协议中的单方赋权他涉性条款也只需经全体发起人而无须经发起人之外的其他公司成员认可和同意即可成立生效。是故，发起人协议中的自涉性条款和单方赋权他涉性条款因全体发起人认可和同意而成立生效；而公司章程中的相关条款也因全体发起人认可和同意而成立生效。笔者认为，此时公司章程与发起人协议中的自涉性条款或单方赋权他涉性条款之间实为同一主体创制的新法与旧法之间的关系。因为，通常情况下发起人协议的创制时间在先，而公司章程的创制时间在后。此时司法者应首先依据新法优于旧法的位阶识别规则，选择适用作为新法的公司章程。若依据新法优于旧法的位阶识别规则得出的法律适用选择结论的合理性和正当性不足，还应诉诸实质主义取向的利益衡量方法在冲突的公司章程与发起人协议之间作出最有利于个案正确解决的法律适用选择。

其次，公司章程与发起人协议中的单方施义他涉性条款产生冲突时的适用选择。由于发起人协议中的单方施义他涉性条款旨在使发起人之外的其他公司成员承担义务和负担，直接涉及和严重影响发起人之外的其他公司成员的权益，因此发起人协议中的单方施义他涉性条款须经发起人之外的其他公司成员认可和同意才能对其成立生效且对其具有法律约束力。是故，发起人协议中的单方施义他涉性条款因未经发起人之外的其他公司成员认可和同意而对其并未成立生效，对其不具有任何法律约束力。而公司章程中的相关条款因经包括发起人在内的公司全体成员认可和同意已成立生效，对公司全体成员均具有法律约束力。因此，当公司章程与发起人协议中的单方施义他涉性条款产生冲突时，司法者应径直选择适用已成立生效的公司章程条款的规定，排除适用未成立生效的发起人协议条款。

（三）相关案例之研究结论

1. 案例一之研究结论

案例一中法院认为，原告朱某与被告刘某所签订的《合作协议》属于公司发起人协议。后经双方当事人协商，对变更发起人协议的相关事项达成一致，且变更后的协议并不存在法律上应归于无效的情形，对双方当事人产生法律上的约束力。在双方没有特殊约定的情况下，《合作协议》不会因公司的成立而终止。本案中朱某、刘某在加州公司成立过程中及加州公司成立后的行为表明其是在履行《合作协议》的约定，并不是加州公司章程的规定。基于此，法院认为，应优先适用《合作协议》来解决二者的纠纷。

笔者认为，该案中法院将朱某、刘某所签订的《合作协议》的性质认定为发起人协议以及对该发起人协议效力终止时间的认识正确。朱某、刘某所签订的《合作协议》是对加州公司设立过程中发起人朱某、刘某出资方式和出资数额的约定，属于发起人协议性质；该发起人协议经订立以及协议变更后，只要不存在法律上认定无效的情形，其效力并不因公司的成立而终止，修改后的发起人协议中关于发起人朱某、刘某出资方式和出资数额的约定对发起人朱某、刘某仍具有约束力。

笔者认为，该案中法院的判决结论正确。由于加州公司成立时制订的公司章程对于发起人朱某、刘某出资方式和出资数额作出了不同于《合作协议》的规定，从而形成了发起人协议与公司章程之间的冲突。而关于发起人出资方式和出资数额事项属于发起人协议和公司章程中的自涉性条款，发起人协议与公司章程中自涉性条款之间的冲突属于同一主体创制的新规范与旧规范之间的冲突，原则上应适用新法位阶优于旧法的位阶识别规则进行规范选择，选择适用高位阶的新规范即公司章程的规定，排除适用低位阶的旧规范即发起人协议的规定。

但是，由于运用位阶识别方法在相互冲突的规范之间进行适用选择，具有较大的局限性，其结论不具有绝对正确性。因此在运用位阶识别方法做出初步的规范选择之后，还应根据个案的具体和特殊情境运用利益衡量方法对以上初步的规范选择结论进行验证或推翻。本案中，原告和被告最初签订的《合作协议》约定，公司注册资本为2523万元，其中原告朱某以专利权出资，估价1523万元，获得公司62%的股份；被告刘某以现金出资1000万元，获得公司38%的股份。后来因原告朱某尚未获得专利证书，因此原告、被告经协商对《合作协议》进行了修改和变更，修改和变更后的《合作协议》约定，公司注册资本为800万，被告刘某以现金出资800万，原告朱某以专利技术投资，两人持股比例基本不变。并且，由于刘某不愿"露富"，双方还约定由刘某妻子持刘某36%的股份、朱某妻子持朱某24%的股份作为公司的显名股东，朱某持40%的公司股份。后来加州公司成立时的公司章程规定，公司注册资本为800万元，刘某妻子以314万元的货币出资，持股比例为36%，朱某、朱某妻子同样以现金方式出资486万元，持股比例分别为40%、24%。加州公司章程表面上和形式上似乎改变了以上修改和变更后的《合作协议》中关于原告朱某与被告刘某的出资方式和出资数额，但加州公司成立之后，被告刘某为履行修改和变更后的《合作协议》先后共支付250万元作为出资。通过对以上案情的分析可知，被告刘某既然以实际履行的作为默示方式事实上承认了修改和变更后的《合作协议》对其的约束力，事后当然不能以公司章程另有规定而否认修改和变更后的《合作协议》对其具有的约束力，否则有违诚实信用原则。故而，最终法院认定，朱某、刘某在加州公司成立过程中及加州公司成立后的行为表明其是在履行《合作协议》的约定，并不是加州公司章程的规定。基于此，应优先适用修改和变更后的《合作协议》来解决二者的纠纷。

2. 案例二之研究结论

案例二中一审法院认为，中生公司章程对股东出资额、出资方式上作出与《项目公司合同》不同的规定，应视为是对《项目公司合同》权利义务的变更。因为，二者同为合同性质且是前后承接的法律关系。并且法院认为，中生公司成立后其公司章程生效而自然代替了《项目公司合同》。故而，法院认为被告的出资方式应以中生公司章程为准即现金出资98万。因被告应承担的出资额98万元已由原告垫付，原告有权要求被告予以返还。被告冯某不服一审判决提起上诉。二审法院认为，邓某与冯某所签订的《项目公司合同》对公司的设立、投资等作了约定，该《项目公司合同》属于发起人协议，依法受我国《合同法》调整；而中生公司章程依法属于我国《公司法》所调整的范围。因此，二者之间应该是互相平行的而非前后承接的法律关系。在没有明确约定《项目公司合同》失效的情况下，《项目公司合同》不会因中生公司章程的生效而失效。

笔者认为，一审法院对于发起人协议效力终止时间的认定不正确，二审法院对于发起人协议效力终止时间的认定正确。该案中的原告邓某、被告冯某签订的《项目公司合同》属于发起人协议，其与公司章程之间并非前后承接的关系，发起人协议并不当然因公司成立及公司章程生效而效力终止；相反，发起人协议与公司章程之间是同时并存、相互平行的关系。因此，在中生公司章程未规定《项目公司合同》因公司章程生效而失效并且《项目公司合同》本身不存在无效情形的前提下，《项目公司合同》作为发起人协议其效力并不终止于公司成立之时。公司成立后，《项目公司合同》作为发起人协议仍然有效并对发起人具有约束力。由于中生公司成立时制定的公司章程中对于被告出资方式的规定与《项目公司合同》中对于被告出资方式的约定不同，《项目公司合同》作为发起人协议与中生公司章程之间存在着冲突。关于在相互冲突的《项目公司合同》与中生公司章程之间如何进行规范选择的问题，一审法院认为，由于作为发起人协议的《项目公司合同》在公司成立时和公司章程制定生效时其效力已终止，因此本案中关于被告出资方式事项应适用公司章程的规定，即被告应以现金出资 98 万。鉴于被告应承担的出资额 98 万元已由原告垫付，原告有权要求被告返还。故而，一审法院支持了原告的诉讼请求。而二审法院认为，由于邓某和冯某签订的《项目公司合同》明确约定了二人的出资方式和出资金额，并且邓某现金出资 200 万元以成立中生公司是邓某履行《项目公司合同》约定的表现，而某囊专利权从冯某名下转入中生公司名下，且至今仍在中生公司名下，更表明冯某以专利权投资中生公司是双方真实意思表示。因此仅凭中生公司章程即认定冯某应履行现金投资义务，邓某系替冯某垫资，与二人真实意愿不符，也否定了冯某以专利权投入的事实。故而法院认为，原告要求被告冯某履行现金投资义务的依据不足，从而撤销原判、驳回原告邓某的诉讼请求。

笔者认为，由于发起人协议和公司章程对发起人出资方式的约定属于发起人协议和公司章程的自涉性条款，因此本案中《项目公司合同》作为发起人协议与公司章程中的自涉性条款属于同一主体创制的新规范与旧规范之间的关系，原则上应适用新法位阶高于旧法的位阶识别规则进行规范选择，选择适用高位阶的新规范即中生公司章程，排除适用低位阶的旧规范即作为发起人协议的《项目公司合同》。但是，鉴于位阶识别方法的局限性，运用位阶识别方法对相互冲突的规范进行适用选择仅是初步的、大致的结论，不具有绝对正确性；仍应结合本案案情，通过运用个案性的利益衡量方法对以上运用位阶识别方法得出的初步规范选择结论进行验证甚至推翻。由本案案情可知，原告邓某事实上已履行了现金出资 200 万元的义务，而被告也事实上履行了以某囊专利权出资的义务，因此原告和被告均以作为的默示方式承认了《项目公司合同》对其的约束力，事后原告又以中生公司章程另有规定为由否认《项目公司合同》对其的约束力，违反了诚实信用原则，不应予以认可。因此，根据该案的具体案情，运用个案性的利益衡量方法对以上初步规范选择结论进行验证可得知，以上初步规范选择结论不具有合理性，应予推翻。关于被告的出资方式事项不应适用中生公司章程的规定，而应适用体现双方真实意思、作为发起人协议的《项目公司合同》的约定。二审法院撤销原判、驳回邓某诉讼请求的判决结论正确。

3. 案例三之研究结论

案例三中法院认为，原告山西某研究所与陕西某公司在被告秦晋公司设立过程中签订的发起人协议，其效力期间始于签订协议之时终于公司成立之际。而秦晋公司章程的效力期间是从公司成立之后直到公司消灭之时。因此，在秦晋公司成立后，当秦晋公司章程和发起人协议发生冲突时，应当适用秦晋公司章程的规定而非发起人协议的规定。笔者认为，该案中法院的判决结论虽然正确，但法院对发起人协议和秦晋公司章程效力终止期间的认识不正确，本案中的发起人协议其效力并不终止于秦晋公司成立之时。秦晋公司成立后，发起人协议仍然对全体发起人具有约束力，发起人协议中关于原告山西某研究所以专利使用权出资的约定仍然有效。由于秦晋公司成立时制定的公司章程规定原告山西某研究所以专利权出资，从而导致发起人协议与秦晋公司章程关于原告山西某研究所出资方式的规定产生冲突。

笔者认为，本案中的原告山西某研究所是秦晋公司的发起人，发起人协议和公司章程对发起人出资方式的约定属于发起人协议和公司章程中的自涉性条款。因此，发起人协议与公司章程中的自涉性条款属于同一主体创制的新规范与旧规范之间的关系，原则上应适用新法位阶高于旧法的位阶识别规则进行规范选择，选择适用高位阶的新规范即秦晋公司章程，排除适用低位阶的旧规范即发起人协议。而且根据该案的具体案情，运用个案性的利益衡量方法对以上初步规范选择结论进行验证可得知，以上初步规范选择结论具有正确性与合理性。故而，本案中原告山西某研究所作为发起人依据公司章程的规定，应以专利权出资，即应将该专利权转移到秦晋公司的名下，该专利成为秦晋公司的财产，并非再是山西某研究所的财产。此时秦晋公司在该专利的基础上形成的新的专利技术自然属于秦晋公司所有，将此专利许可给第三人使用，该行为并不构成对山西某研究所的侵权。

二、公司成立后订立的公司内部契约与公司章程冲突之疑难案例研究

公司成立后订立的公司内部契约的典型范例有股东与股东之间订立的股权转让协议、股东与公司之间订立的股权回购协议等。由于公司章程与公司成立后订立的公司内部契约的内容均涉及公司的内部社会关系（公司成员之间以及公司成员与公司之间的社会关系），两者在调整对象和调整范围上存在着重合和交叉，由此两者之间也容易发生矛盾或不一致的内容冲突现象。

（一）相关案例之案情简介及法院判决

1. 案例一之案情简介及法院判决

2000 年 3 月 30 日北京怀兴饭庄有限公司（以下简称"怀兴公司"），通过企业改制登记注册成立，注册资本 129.83 万元，法定代表人徐德海。公司股东为徐德海、杨春妹、吕树珍、吴亚春、贾少明、曹艳梅、郑玉梅、席久平、彭秀华、孙奇峰、郭卫军、辛立荣、娄建成、方艳、许怀玲、刘俊霞。徐德海以一次性付款优惠 30% 的条件出资 358 900 元购买净资产 512 615.56 元，占公司总股份比例 39.5%。2000 年 2 月 1 日怀兴公司召开第一届第一次股东大会，会议决议选举董事会成员 3 人，分别为徐德海、吕树珍、杨春妹。同日怀兴公司 16 名股东签署公司章程，该章程第六章第 10 条第 2 款规定，董事长、董事在任职期间不得转让股权。

2000 年 11 月 18 日徐德海与杨春妹签订股权转让协议，约定徐德海将其在怀兴公司所持有的股份转让给杨春妹，杨春妹同意受让该股份。之后杨春妹将股权转让款给付给徐德海，徐德海将其购买怀兴饭庄原始股权发票交给杨春妹。2000 年 11 月 19 日怀兴公司召开第二届第一次股东大会，形成"全体股东一致同意修改后的章程"决议。2000 年 12 月 11 日怀兴公司变更公司章程，在新章程中删去了"董事长、董事在任职期间不得转让股权"的相关规定。

2015 年原告徐德海向北京市怀柔区人民法院提出诉讼请求：（1）依法判决原告徐德海与被告杨春妹签订的《股权转让协议》无效；（2）本案诉讼费由被告承担。北京市怀柔区人民法院于 2016 年 9 月 19 日作出（2016）京 0116 民初 0157 号民事判决：驳回原告徐德海全部诉讼请求。宣判后，徐德海在上诉期内向北京市第三中级人民法院提起上诉。北京市第三中级人民法院于 2017 年 4 月 7 日作出（2017）京 03 民终 2997 号民事判决：驳回上诉，维持原判。

法院的判决理由主要有三点：其一，公司章程是公司股东或发起人通过共同意思表示形成的公司宪章，是以维护公司利益为核心的内部规定，虽然公司章程可以在不违背法律规定范围内约定更严格的条件，但公司章程属于公司内部的一种自治约定，并不等同于法律、行政法规的强制性规定。怀兴公司 2000 年 2 月 1 日制定的公司章程（以下简称"原章程"）中明确规定了"董事长、董事在任职期间不得转让股权"，该规定限制了董事长、董事在任职期间内的转让股权行为。但这种规定并非效力性强制规定，身为董事长或董事的股东在任期内转让股权的，并未违反法律、行政法规的强制性规定，因此即使公司章程对此有更为严格的规定，也不应当当然认定其无效。其二，同时公司章程作为公司内部治理的最高宪章，其核心为维护公司的利益。身为董事长或董事的股东在任期内转让股权的，如果侵害了公司的利益，应当由公司或其他人提出确认协议无效的诉请。本案中，怀兴公司在 2000 年 12 月 11 日变更了公司章程（以下简称"新章程"），在新章程中删去了"董事长、董事在任职期间不得转让股权"的相关规定，表明公司已经以章程修改的形式认可了身为董事长或董事的股东在任期内转让股权的事实。其三，本案原告徐德海作为公司的出资人和股东，其对于原公司章程的规定应当熟知。若股权转让时徐德海不具有董事身份，该股权转让协议有效自不待言；但股权转让时徐德海仍具有董事身份，其是明知公司章程有限制仍旧进行股权转让并事实上已接受股权转让款。因此在股权转让行为已发生数年后，其向法院提起确认股权转让协议无效之诉，有违诚实信用原则。

2. 案例二之案情简介及法院判决

原告吴登平是长城矿业公司自然人股东，被告袁新明是长城矿业公司持股会会员股东（国企改制原职工工龄折算股份的职工股东）。长城矿业公司章程第 17 条对股东转让出资的条件、办法及程序规定为："公司和持股会股东转让出资采取自愿的原则。为确保股东转让出资有序进行，自然人股、风险股持有人转让股份时须向董事会提出书面申请；持股会会员股东须向持股会提交申请。所转让股份由董事会、持股会按照本公司章程规定的各层次规定持股比例重新分配由规定股东自愿认购。如有的股东不愿意认购，由董事会、持股会再次按照规定持股比例和原则安排其他股东追加认购或暂由公司、持股会购回并管理。"2015 年 2 月 10 日，原告吴登平、被告袁新明签订《股权转让协议》，该协议约定，袁新明将自己持有的长城矿业公司 0.9 万元股份以 27 万元的价格转让给吴登平。吴登平于当日向袁新明支付了 27 万元的股权转让款。协议签订后，袁新明向长城矿业公司提出口头转让申请，长城矿业公司股东会认为二人签订的《股权转让协议》违反长城矿业公司的公司章程第 17 条的规定，拒绝为其办理转让手续。袁新明将股东会答复结果告知吴登平，并多次与吴登平协商退还股权转让款事宜未果。袁新明于 2015 年 7 月 2 日登报声明，其主要内容为：因双方签订的《股权转让协议》违反了《公司法》

和《公司章程》的有关规定，无法办理股权登记过户手续，声明解除《股权转让协议》，并愿意全额退还股权转让款。因吴登平未提供收款账号，袁新明无法向吴登平退还转让款。吴登平认为《股权转让协议》未履行，是袁新明未向长城矿业公司递交转让股份的申请导致的，故其违约行为损害了自己的合法权益，故向甘肃省兰州市七里河区人民法院起诉请求：（1）请求解除原被告双方签订的《股权转让协议》；（2）请求依法判令被告向原告返还股权转让款 27 万元，并向原告支付违约金 13.5 万元；（3）依法判令本案被告承担全部诉讼费用。

一审法院判决：（1）解除原告吴登平与被告袁新明签订的《股权转让协议》；（2）被告袁新明于本判决生效之日起三日内退还原告吴登平股权转让款 27 万元；（3）驳回原告吴登平的其他诉讼请求。案件受理费 7475 元，减半收取 3737.5 元，由原告吴登平负担。一审法院判决的主要理由是长城矿业公司章程第 17 条对职工股的转让程序和方式作出了明确规定，而原、被告签订的《股权转让协议》违反该公司章程中关于股权转让的规定，致使协议履行不能。现原告诉请解除《股权转让协议》，被告无异议，应予以支持。至于违约责任的问题，被告向长城矿业公司口头提出转让申请，因转让行为违反公司章程被股东会拒绝后，其已及时将原因及结果通知原告，同时又以协商及登报声明等方式主动向原告提出退还股权转让款，表达了解决纠纷的诚意，也尽到了及时告知和及时止损的义务。而原告在得知股份收购无法实现，仍然拒绝被告返还股权转让款并要求被告承担违约金的请求，有违客观事实，法院不予支持。

吴登平不服一审判决，向甘肃省兰州市中级人民法院提起上诉请求：（1）请求人民法院依法改判原判决书第三项，判令被上诉人向上诉人支付违约金 13.5 万元，维持原判决第一、二项；（2）请求人民法院依法判令本案一审、二审诉讼费用由被上诉人承担。二审法院判决：（1）维持甘肃省兰州市七里河区人民法院（2016）甘 0103 民初 1975 号民事判决第一、二项；（2）撤销甘肃省兰州市七里河区人民法院（2016）甘 0103 民初 1975 号民事判决第三项；（3）被上诉人袁新明于本判决生效之日起三日内给付上诉人吴登平违约金 23 400 元。二审法院判决的主要理由是公司章程对股权转让条件和程序的规定仅系该公司根据其自身的经营状况等具体情形而进行的一种约束内部股东转让股份的内部约定，而本案中的《股权转让协议》本身内容不存在违反法律规定的情形，该协议应属于有效合同。故被上诉人袁新明以该协议无效，不应承担违约金的抗辩理由，于法无据，本院不予支持，其不仅应退还上诉人相应转让款，亦应按协议约定承担相应违约金。鉴于协议约定的违约金过高，为平衡双方实际利益，依据公平原则及相关法律规定，将违约金适度下调为以年利率6%计算一年。一审案件受理费3737.5元，二审案件受理费3000元，均由被上诉人袁新明负担。

（二）公司成立后订立的公司内部契约与公司章程相冲突时的适用选择

笔者认为，由于在公司内部制度体系中公司章程在权威方面以及价值方面均处于最高位阶和等级，只要公司章程不存在违反法律、行政法律的强行性规定等无效情形，公司章程与公司成立后订立的公司内部契约之间实构成权威层面和价值层面的上下位规范之间的关系。首先，从权威层面而言，公司章程是由受章程约束的公司全体成员（包括股东、董事、监事、法定代表人、经理等高管人员）参与创制的民间成文自治性规范，代表和体现了公司全体成员的意志和利益，在公司内部制度体系中其立法的民主程度最高；而公司成立后订立的公司内部契约仅是公司部分成员参与创制的民间成文自治性规范，仅代表和体现了公司部分成员的意志和利益，其订立的民主程度不及公司章程。显然，公司章程创制主体的地位和权威高于公司成立后订立的公司内部契约创制主体，公司章程与公司成立后订立的公司内部契约之间属于权威层面的上下位规范之间的关系。其次，从价值层面而言，公司章程的相关规定是形成和维系公司内部基本秩序所必不可少的底线性要求和根本价值追求。因此，对于公司章程的规定，公司内部全体成员及公司本身都必须普遍和一体地予以遵守，公司成立后订立的公司内部契约其内容只能是对公司章程相关规定的具体化、细致化和明晰化，而不得与公司章程的相应规定相冲突，除非公司章程特别授权公司成立后订立的公司内部契约可对公司章程内容进行变通规定。显然，公司章程蕴含和负载的价值目标的根本性和重要性程度高于公司成立后订立的公司内部契约，公司章程与公司成立后订立的公司内部契约之间属于价值层面的上下位规范之间的关系。

由于公司章程与公司成立后订立的公司内部契约之间属于权威层面和价值层面的上下位规范之间的关系，因此当公司章程与公司成立后订立的公司内部契约之间发生冲突时，依据上位规范优于下位规范的位阶识别规则，原则上应选择适用作为上位规范的公司章程，即与公司章程相冲突的公司成立后订立的公司内部契约原则上无效。同理，若依据上位规范优于下位规范的位阶识别规则得出的规范适用选择结论的合理性和正当性不足，还应诉诸实质主义取向的利益衡量方法在冲突的公司章程与公司成立后订立的公司内部契约之间做出最有利于个案正确解决的规范适用选择。

另外，必须加以强调的是，由于公司章程的性质为公司内部最高自治规范，与公司成立后订立的公司内部契约同属于公司内部自治规范体系，无一例外地、僵化地认定与公司章程相冲突的公司成立后订立的公司内部契约绝对无效、确定无效和当然无效，并不一定符合公司内部全体成员以及公司的意愿和利益。因此，应弹性、柔性地认定与公司章程相冲突的公司成立后订立的公司内部契约的效力，赋予公司内部全体成员及公司以意思自治加以选择的权利。具体而言，应认定与公司章程相冲突的公司成立后订立的公司内部契约的效力状态为效力待定，允许受章程约束的公司内部全体成员以修改公司章程的方式对与公司章程相冲突的公司成立后订立的公司内部契约的效力予以追认和补救。若公司内部全体成员不修改公司章程，则公司成立后订立的公司内部契约因违反公司章程而确定无效；若公司内部全体成员修改公司章程致使公司成立后订立的公司内部契约与公司章程相冲突的状态得以消灭，则公司成立后订立的公司内部契约确定有效。当然，公司成立后订立的公司内部契约的当事人作为利害关系人应予回避，不得参与公司章程的修改及决议。

（三）相关案例之研究结论

1. 案例一之研究结论

笔者认为，在前述案例一中，一审法院和二审法院的判决结论虽然正确，但判决说理和论证存在着较大的问题。

第一，公司章程作为受章程约束的公司全体成员直接或间接参与制定的组织性契约，的确属于公司内部的一种自治约定，其性质为民间成文自治规范，不同于国家成文制定法，的确不能等同于法律、行政法规的强制性规定。国家成文制定法通常具有以下特点：（1）是针对批量的抽象性和概括性的主体和事实而起一般性调整作用的一般性规范；（2）其创制主体是由特定有限的成员组成的国家立法机关，而受创制形成的法律约束的主体是该国的全体国民以及该国领土范围内的他国国民和无国籍人。（3）是国家立法机关代表和传达社会共同体全体成员的整体性和全局性利益、普遍适用于社会共同体全体成员的普适性规范。而公司章程的创制者是国家之外的民间主体即受章程约束的公司内部全体成员（包括公司股东、董事、监事、法定代表人及经理等高管人员），代表和传达的是公司这一特定民间组织体的个殊性和局部性的团体利益，表达和体现了国家之外的民间主体意志和民间权威，其实施首先和主要以公司内部的舆论压力、公司组织内部的执行和制裁措施等民间性外部强制力予以保障，因此公司章程属于由民间主体创制的民间法。当然，由于《公司法》明确赋予了公司章程以国家强制性，公司章程除可由民间性外部强制力保障实施外，还可由国家性外部强制力保障实施，从而具有民间法和国家认可法的双重身份。因此，公司章程虽然与国家成文制定法存在着诸多方面不同，但其作为民间法和国家认可法，只要其内容不违反国家法的强行性规定，则其对于受公司章程约束的公司内部全体成员均具有法律约束力。

本案例中怀兴公司原章程规定"董事长、董事在任职期间不得转让股权"，如前所述，该公司章程规定的目的正当，其目的在于使董事、监事、经理等公司经营管理者与公司同风险、共命运，要求这些公司经营管理者在任职期间保持股东身份，该规定并不违反国家法的强行性规定而应认定有效；而且在公司内部制度体系中，公司章程在权威方面以及价值方面均处于最高的位阶和等级，堪称"公司宪章"，公司章程与公司成立后订立的公司内部契约之间实际上构成权威层面和价值层面的上下位法之间的关系。因此，当公司章程与公司成立后订立的公司内部契约之间发生冲突时，依据上位法优于下位法的位阶识别规则，应选择适用作为上位法的公司章程，原则上与公司章程相冲突的公司成立后订立的公司内部契约应认定无效，除非公司内部全体成员以修改公司章程的形式对公司内部契约的效力予以追认和补救。

第二，本案例中的原告徐德海作为股权转让人是怀兴公司的股东和董事，其作为受章程约束的公司内部成员对于原公司章程的规定应当熟知。由于其在进行股权转让时仍具有董事身份，其转让股权的行为属于明知公司章程对股权转让有限制仍然进行股权转让的恶意行为和违反章程行为，并且其事实上已经接受了被告的股权转让款。因此，其在股权转让事实已发生数年后，又向法院提起确认无效之诉，的确有违诚实信用原则。但是法院忽略了一个相同的事实——本案例中的被告杨春妹作为股权受让人也是公司的股东，其作为受章程约束的公司内部成员，对原公司章程的规定也应当熟知。因此，在本案例中，原告和被告均为明知公司章程对股权转让有限制却仍违反公司章程进行股权转让和受让行为，原告和被告在主观上具有同等过错。因此，有权提起与公司章程相冲突的股权内部转让协议无效之诉的主体应仅限于公司和利害关系人（如其他股东）；基于诚实信用原则，本案中的原告和被告均无权提起协议无效之诉。

综上可知，在本案例中，认定股权转让契约有效的唯一正确理据仅是这一事实——在股权转让契约订立后的第二天，怀兴公司的全体股东一致同意修改了原公司章程，删去了原公司章程中"董事长、董事在任职期间不得转让股权"的相关规定。换言之，怀兴公司的全体股东以修改公司章程的方式对与公司章程相冲突的股权内部转让契约的效力予以了追认和补救。此时股权内部转让契约与公司章程相冲突的状态得以消灭，股权内部转让契约因此确定有效。

2. 案例二之研究结论

笔者认为，案例二中一审法院和二审法院的判决结论和判决理由均存在实质性错误。首先，关于涉诉股权内部转让契约的效力问题。一审法院和二审法院均以公司章程仅系公司内部自治规范而不具有法律约束力、不会影响股权内部转让协议的效力以及股权内部转让契约本身内容不存在违反法律规定的情形为由，错误地将该案中的股权内部转让契约效力认定为有效，从而在肯定股权内部转让契约有效的前提之下，允许双方协议解除契约。笔者认为，如前所述，公司章程与公司成立后订立的股权内部转让契约之间是上位法与下位法的关系。因此，与公司章程相冲突的股权内部转让契约其效力状态应为效力待定。若公司内部全体成员不修改公司章程，则公司成立后订立的股权内部转让契约因违反公司章程而确定无效；若公司内部全体成员修改公司章程使公司成立后订立的股权内部转让契约与公司章程相冲突的状态得以消灭，则公司成立后订立的公司内部契约确定有效。本案中，股权内部转让契约订立后及一审和二审诉讼中，涉诉长城矿业公司股东会或全体股东并未对公司章程中关于内部股权转让条件和程序的规定进行修改。因此，涉诉公司股权内部转让契约因违反公司章程而确定无效。

其次，关于一方当事人是否应向对方当事人支付股权内部转让契约约定的违约金的问题。一审法院认为，在该股权内部转让契约因违反公司章程中关于股权转让的规定而致使契约履行不能而由双方协议解除的前提下，由于被告已尽到了及时告知和及时止损的义务，且主动向原告提出退还股权转让款时被告拒绝受领。因此，在被告不存在过错的情形下，原告无权要求被告支付契约约定的违约金。而二审法院则认为，在股权内部转让契约协议因一方当事人违约而协议解除的情形下，解除的法律后果不仅是恢复原状即退还上诉人相应转让款，被上诉人亦应按契约约定承担相应违约金以作为上诉人因合同解除所造成损失的赔偿；鉴于契约约定的违约金过高，为平衡双方当事人实际利益，基于公平原则，对该违约金部分予以适度下调。笔者认为，根据我国《合同法》第58条和《民法总则》第157条的规定，合同无效的法律后果有两点，一者为合同自始无效而双方当事人权利义务状态恢复原状，因此，涉诉股权内部转让契约中约定的所有条款包括违约金条款因无效而无需履行；二者为有过错的一方当事人对无过错的另一方当事人承担缔约过失赔偿责任；双方当事人均有过错的，应当各自承担相应的责任。在本案股权内部转让协议因违反公司章程而无效的情形下，原告与被告作为股权内部转让协议的双方当事人均为受公司章程约束的公司内部成员，对于公司章程的内容及股权内部转让协议违反公司章程规定均应知悉。因此，原告与被告对于股权内部转让协议因违反公司章程而无效主观上均具有过错，应当各自承担相应的责任，一方当事人无须向另一方当事人承担缔约过失损害赔偿责任，原告无权要求被告支付契约约定的违约金。

第三节　公司外部契约与公司章程相冲突之疑难案例研究

由于公司章程作为公司内部全体成员参与创制的民间成文自治性规范，其特征在于创制主体与受约束主体的范围完全一致，受民间成文自治性规范约束的全部主体均直接或间接地参与了该规范的创制。因此公司章程只能对公司内部社会关系即公司内部成员之间以及公司内部成员与公司之间的社会关系予以调整和规范，原则上不能对公司内部成员与公司外部第三人之间，以及公司法人本身与公司外部第三人之间的社会关系进行调整和规范，除非此种调整和规范使外部第三人处于纯受益地位和状态（如赋予外部第三人以某种权利而无须承担任何义务）。可见，公司章程仅具有对内的法律约束力，其法律效力仅及于直接或间接地参与章程创制的公司内部成员（包括股东、董事、监事、法定代表人、经理等高管人员）及公司；公司章程并不具有对外的法律约束力，其法律效力不能及于未参与章程创制的公司外部第三人，因而公司外部契约与公司章程之间实际上并不会产生内容冲突而引发选择适用问题。因此，笔者认为，所谓公司章程的对外法律约束力以及公司外部契约与公司章程冲突时的适用选择问题实乃不能成立的伪问题。

然而，必须同时指出的是，当公司章程对公司外部契约的订立程序或订立内容有相关限制性规定时，也会产生与公司章程限制性规定相冲突的公司外部契约的效力判断问题，且该问题在理论和实务中有较大争议。因此，公司外部契约与公司章程冲突时的适用选择问题实为与公司章程相冲突的公司外部契约的效力判断问题，该问题是可以成立的真问题。笔者认为，与公司章程限制性规定相冲突的公司外部契约的效力判断问题实质是公司法定代表人超越代表权限而订立的公司外部契约的效力判断问题。例如，公司越权对外担保契约、公司越权对外投资契约的效力判断问题在实务中最为常见。因此，本书以公司越权对外担保契约效力纠纷方面的案件为例，来探讨公司法定代表人超越代表权限而订立的公司外部契约的效力判断这一疑难问题。

一、相关案例之案情简介及法院判决

（一）案例一之案情简介及法院判决〔1〕

青田县创伟交通工程有限公司（以下简称创伟公司）成立于 2004 年 4 月 7 日，由刘利伟、朱少波、杨旭定、陈素琴、周海、陈彩凤、尹松彪、陈建荣、叶超民、季林申等十人出资设立，刘利伟是创伟公司的法定代表人，其持有公司 37.4% 的股份。2005 年 11 月 20 日，刘利伟向周清菊借款 124 万元人民币，其借款理由是支付某工程农民工的工资，借款时约定了借款期限为半年，同时以口头的方式约定了借款的利息为每月 2%。刘利伟于 2006 年 1 月 20 日，又向周清菊借款 150 万元人民币，其借款理由是参加某工程招投标活动缺乏资金，借款利息同样为月利率 2%。后来，刘利伟只向周清菊偿还了 12 万元。2006 年 11 月 17 日，时任创伟公司法定代表人的刘利伟在没有经股东会决议并通过的情况下，利用其特殊身份，私自出具担保书并在担保人处盖上创伟公司印章，承诺创伟公司对刘利伟的上述借款本息提供担保，承担连带责任。后经周清菊多次索要借款，刘利伟均不再偿还之前所借款项及相应利息。周清菊遂将刘利伟和创维公司一并诉至法院，要求二者承担连带清

---

〔1〕 本案案件全称为周清菊诉刘利伟、青田县创伟交通工程有限公司民间借贷纠纷案。

偿责任。

原审法院以调解的方式确定由创伟公司对刘利伟的借款及本息承担连带清偿责任。再审一审法院认为，一者，刘利伟借款时任公司的法定代表人，其利用自己掌握公司印章的便利，私自以创伟公司的名义为其自己的个人债务提供担保，其行为显然具有主观恶意；二者，《公司法》第 16 条第 2 款属于效力性强制性规范，保证担保协议因违反该效力性强制性规范而无效，创伟公司不应承担保证责任。据此，再审一审法院依法撤销了原审法院调解协议中关于创伟公司对刘利伟的借款本息负有连带清偿责任部分。再审二审法院与再审一审法院的观点相同，其认为根据《公司法》第 16 条第 2 款的规定，公司为公司股东或者实际控制人提供担保须经股东会或者股东大会决议。本案中创伟公司的股东以及法定代表人刘利伟向周清菊的借款行为属个人借贷行为，而创伟公司为债权人周清菊提供保证担保没有征得股东会同意，违反了《公司法》第 16 条第 2 款的规定。因此，创伟公司不应承担保证担保责任。

（二）案例二之案情简介及法院判决〔1〕

常州新区佳森医用支架器械有限公司（以下简称"佳森公司"）成立于2000 年 11 月 8 日。2014 年 2 月 27 日，徐志峰转账支付给吕小东人民币 40 万元，借款时吕小东系佳森公司的股东兼法定代表人。2014 年 2 月 28 日，徐志峰与吕小东签订借款合同一份，并加盖佳森公司公章，约定由徐志峰向吕小东出借款项，佳森公司提供担保，并约定了借款期限及利率。借款到期后由于徐志峰多次向吕小东催要还款未果，徐志峰诉至法院，要求吕小东归还借款及利息并要求佳森公司承担连带担保责任。

一审法院和二审法院均认为，佳森公司不应承担担保责任。主要理由有三点，其一，本案中的对外担保协议属越权担保。根据《公司法》第 16 条第2 款关于"公司为公司股东或者实际控制人提供担保的，必须经股东会或者股东大会决议"及第 3 款"前款规定的股东或者受前款规定的实际控制人支配的股东，不得参加前款规定事项的表决。该项表决由出席会议的其他股东所持表决权的过半数通过"的规定，佳森公司为股东吕小东提供担保必须经公司股东会决议，且吕小东本人没有表决权。而本案中，徐志峰并未能提交

---

〔1〕　本案案件全称为徐志峰诉吕小东、常州新区佳森医用支架器械有限公司等民间借贷纠纷案。

相关的公司股东会决议，故吕小东虽为佳森公司的法定代表人和股东，但其代表公司为本人借款提供担保的行为已超越代表权限，该代表行为应属越权担保。其二，债权人徐志峰并非善意和无过失。按照最高人民法院《关于适用〈中华人民共和国担保法〉若干问题的解释》（以下简称《担保法解释》）第 11 条的规定"法人或者其他组织的法定代表人、负责人超越权限订立的担保合同，除相对人知道或者应当知道其超越权限的以外，该代表行为有效"。而根据全国企业信用信息公示系统公示的信息，徐志峰应当知道吕小东是佳森公司的股东，但徐志峰仅以吕小东为公司法定代表人及加盖公司印章为依据而信赖吕小东拥有代表权，其未尽到相应的审慎注意义务，主观上存在重大过失，不构成对吕小东越权代表行为的善意，不属于受法律所保护的善意且无过失的相对人，不应受到法律保护。其三，《公司法》第 16 条第 2 款和第 3 款的规定属法律的强制性规定。《公司法》第 16 条第 2 款和第 3 款对公司为股东提供担保规定很明确，该规定不仅调整公司内部管理事务，亦规范公司外部交往事务。法律既已将公司为股东担保的行为予以明文规定即具有公开宣示效力，徐志峰理应知晓并遵守该规定，不得以不知法律有规定或宣称对法律有不同理解而免于适用该法律。徐志峰应当知道吕小东的行为是违反《公司法》强制性规定的行为。综上，案涉担保合同的效果不归属于佳森公司，也即对佳森公司不发生法律效力。故徐志峰要求佳森公司按照担保合同中有关约定对吕小东的债务承担连带责任的诉讼请求，于法无据，不予支持。根据《民法总则》第 171 条第 4 款的规定"相对人知道或者应当知道行为人无权代理的，相对人和行为人按照各自的过错承担责任"，应由徐志峰和吕小东按照各自的过错承担责任。由于本案争议主要集中在担保合同的效果归属方面，在确定对担保人不产生法律效力后，则无须审查意思真实、内容适法等其他要素，也即不存在担保合同效力和缔约过失责任的判定问题。

除以上理由之外，二审法院提出了另外两点理由。一方面，应区分权能规范与行为规范。权能规范是关于对私法上处分权利义务界限的规定，其不许可当事人人为地选择，只能处分基于该规范所产生的权利义务，典型的权能规范如民法中限制行为能力人的规定。此类规范常使用"不得"这类法律用语，但这里的"不得"更多地意味着行为人"无权"为某行为，而不是行为违背法律所追求的价值而为法律所不能容忍。行为规范是"命令"当事人为或者不为一定行为的规范。此类规范与公法强制性规范类似，因民法作为私法自治法的本性，此类规范所占比例极小。权能规范与行为规范虽均属强制性规定，但判断民事法律行为是否有效，属于动用国家公权力去干涉私人生活，介入民事生活，从而为剥夺或限制公民的私人财产提供依据。因此，只有涉及公共利益的确认、保障或维护的行为规范才具有控制和评判法律效力的功能，权能规范则无此作用，其只涉及有权处分和无权处分、有权代理和无权代理、有权代表和无权代表之问题。另一方面，《民法总则》第143条规定，具备下列条件的民事法律行为有效：（一）行为人具有相应的民事行为能力；（二）意思表示真实；（三）不违反法律、行政法规的强制性规定，不违背公序良俗。可见，主体适格、意思表示真实、内容适法这三个要素，是判断一项民事法律行为是否有效的标准。审判实践中，如能单独对某项要素进行法律评价，则无须进行交叉评价。

（三）案例三之案情简介及法院判决〔1〕

江苏金烁置业有限公司（以下简称金烁公司）成立于2011年5月17日，时任股东为汪陆军、吴浩林、杨华东、李晓春、李再岚。汪陆军自金烁公司成立时起到2013年6月14日一直为公司的法定代表人。汪陆军于2011年5月23日向姚启虎借款200万元人民币，同日，姚启虎将200万元汇至汪陆军某账户，约定使用期两个月，月息5%。后汪陆军分别于2011年7月14日、2012年7月14日对汪陆军借款数额进行了结算，双方确定汪陆军结算后尚欠姚启虎217万元借款，双方签订借款合同，汪陆军随即向姚启虎出具一张数额为217万元的借条。借款合同载明：汪陆军从姚启虎处所借217万元用于企业经营，约定借款期限自2012年7月14日起两年，并约定了逾期还款按月息五分计算违约金，担保人为金烁公司。汪陆军在"借款人"处签名的同时在"担保人"处加盖了金烁公司的印章。后因借款到期，汪陆军没有按约定履行还款义务。姚启虎遂向法院起诉，要求汪陆军履行还款义务欠款，同时要求金烁公司承担连带责任。

一审法院和二审法院均认为，本案中的对外担保合同有效，金烁公司应承担担保责任。其主要理由有两点，其一，根据最高人民法院《关于适用〈中华人民共和国合同法〉若干问题的解释（二）》［以下简称《合同法解释（二）》］第14条的规定，合同内容违反法律、行政法规的效力性强制性规

---

〔1〕 本案案件全称为姚启虎诉汪陆军、江苏金烁置业有限公司民间借贷纠纷案。

定，才会导致合同无效。而《公司法》第 16 条第 2 款不属于效力性强制性规定，且《公司法》第 16 条第 2 款并没有明确规定违反该条款的担保合同无效。因此，本案中的对外担保合同违反《公司法》第 16 条第 2 款不会导致其无效。其二，《公司法》第 16 条第 2 款仅调整公司内部管理活动而不调整公司与第三人交易角度，对第三人不具有约束力。审查有无股东会决议的义务主体是公司而不是第三人。综上，法院认为，本案中的对外担保合同有效，金烁公司应承担担保责任。

（四）案例四之案情简介及法院判决

A 公司注册资本为人民币 300 万元，股东赵某任公司执行董事、法定代表人，股东尚某某任总经理，负责公司经营管理。A 公司章程规定，公司为其他企业提供担保公司须经董事会决议；且公司为其他企业提供担保不得超过注册资本的 20%，超过规定限额的必须经股东会 2/3 以上表决权通过。公司运营半年后，股东尚某某将股权转让给股东李某之后退出 A 公司并成立 B 公司，尚某某担任 B 公司法定代表人，是 B 公司的控股股东和实际经营者。之后 B 公司与 C 公司签订销售合同，总价款为 200 万元。经尚某某与赵某商议，并经 A 公司董事会决议批准，A 公司为 C 公司的付款义务向 B 公司提供连带保证责任，赵某代表 A 公司与 B 公司订立担保合同。后因 C 公司未按合同约定时间付款，B 公司要求 A 公司承担担保责任遭到拒绝，B 公司遂将 A 公司诉至法院，请求判决 A 公司承担连带保证责任。

A 公司辩称，本案中的担保合同为无效合同，故其不应承担保证责任。因为，A 公司注册资本为 300 万元，A 公司章程规定为其他企业提供担保不得超过注册资本的 20%即 60 万元，而 A 公司与 B 公司的担保金额为 200 万元，远远超过了 A 公司章程规定的限额，且该担保未经股东会同意，因此本案中的担保合同无效。

法院经审理后认为，尚某某曾为 A 公司的股东和总经理，其对 A 公司章程规定为他人提供担保的比例应当知悉，A 公司股东和法定代表人赵某在未取得 A 公司书面授权同意的情况下代表 A 公司签署担保合同属于超越代表权限行为，是无效的行为。法院最终判决 A 公司与 B 公司的担保合同为无效合同，A 公司无须承担保证责任。

（五）案例五之案情简介及法院判决

2008 年 11 月 17 日，四海公司向郭东方、颜贻帆、陈青高、庄建国、朱建中 5 人出具借条一份，内容为"今向郭东方先生借款 1050 万元，向颜贻帆先生借款 450 万元，向陈青高先生借款 400 万，向庄建国先生借款 350 万元，向朱建中先生借款 100 万元，向以上 5 人共计借款 2350 万元，定于 2008 年 12 月 15 日全部归还，担保人对上述款项承担连带担保责任"。同日，新大公司出具担保函一份，载明"兹同意为四海公司向郭东方、颜贻帆、陈青高、庄建国、朱建中 5 人共借款人民币 2350 万元提供借款担保，承担连带保证责任。当借款人不能按时还款时，由我公司代为归还并承担由此产生的一切法律责任"。新大公司法定代表人朱明提供了公司董事会批准担保的决议，并在担保函法人代表栏签名并加盖新大公司公章。债权人颜贻帆于 2009 年 6 月 8 日诉至一审法院，要求四海公司、新大公司归还借款 450 万元（其中本金 360 万元，利息 90 万元）。

一审法院查明：新大公司章程规定"法定代表人只依照董事会的具体决定、决议和指示行事""在任何财政年度里批准涉及总额超过伍拾万美元或董事会不时确定的其他数额的任何担保协议，应有不少于三名董事投赞成票方可通过"。新大公司董事会批准担保的决议只经过了两名董事投赞成票、一名董事投弃权票而予以通过。一审法院判决新大公司对四海公司上述债务承担连带责任，案件受理费人民币 41 800 元，由颜贻帆负担 8360 元，四海公司、新大公司连带负担 33 440 元。新大公司不服一审判决，向二审法院提起上诉。二审法院判决驳回上诉，维持原判。一审法院和二审法院判决的主要理由是《公司法》第 16 条第 1 款的规定是关于公司实施一定行为所应当遵循的内部程序性规范，仅公司及其内部机构应当遵照执行，故该条款属于管理性而非效力性规范，不应以此作为判断公司对外订立合同效力的依据。因此，违反公司章程对于担保总额或单项担保数额限额规定的对外担保契约仍为有效。

二、公司越权对外担保契约效力的分析

（一）对公司越权对外担保契约效力的总括性分析

根据我国《公司法》第 16 条的规定，公司为他人提供担保，依照公司章程的规定，由董事会或者股东会、股东大会决议，公司章程对担保的总额及单项担保的数额有限额规定的，不得超过规定的限额。公司为公司股东或者实际控制人提供担保，必须经股东会或者股东大会决议。前款规定的股东或者受前款规定的实际控制人支配的股东，不得参加前款规定事项的表决。该

项表决由出席会议的其他股东所持表决权的过半数通过。根据我国《公司法》第 148 条第 1 款第（三）项的规定，董事、高级管理人员不得违反公司章程的规定，未经股东会、股东大会或者董事会同意，以公司财产为他人提供担保。因此，笔者认为，公司越权对外担保契约可归纳为以下四种类型：第一种类型是未经董事会或股东会、股东大会决议为公司股东或者实际控制人之外的主体提供担保的公司越权对外担保契约。第二种类型是未经股东会、股东大会决议为公司股东或者实际控制人提供担保的公司越权对外担保契约。第三种类型是董事会决议、股东会决议无效、被撤销或不成立的公司越权对外担保契约。例如，在公司为公司股东或者实际控制人之外的主体提供担保的场合下，对外担保事项虽经董事会、股东会决议但决议无效、被撤销、不成立的；又如在公司为股东或者实际控制人提供担保的场合下，对外担保事项虽经股东会决议但决议无效、被撤销、不成立的，或该股东或实际控制人参与股东会表决而导致股东会决议被撤销的。[1]第四种类型是违反公司章程对担保总额及单项担保数额的限额规定的公司越权对外担保契约。

笔者认为，公司越权对外担保契约的实质是法定代表人超越代表权限而订立的对外担保契约，属于合同法上的无权代表行为。[2]广义的无权代表包括表见代表和狭义的无权代表两种情形，其中，表见代表是指法人或者其他组织的法定代表人、负责人超越其代表权限代表公司对外进行法律行为（如订立公司外部契约），如果相对人有正当理由相信该法定代表人、负责人有相应代表权限，则发生有权代表的法律后果，该法律行为对法人或者其他组织发生效力，公司应承受该法律行为的法律效果。笔者认为，表见代表必须符合以下构成要件：其一，法人或者其他组织的法定代表人、负责人对外进行

---

〔1〕 由于我国《公司法》第 16 条第 2 款、第 3 款规定："公司为公司股东或者实际控制人提供担保，必须经股东会或者股东大会决议。前款规定的股东或者受前款规定的实际控制人支配的股东，不得参加前款规定事项的表决。该项表决由出席会议的其他股东所持表决权的过半数通过。"笔者认为，该款规定属于法律的强行性规范。而我国《公司法》第 22 条第 2 款规定："股东会或者股东大会、董事会的会议召集程序、表决方式违反法律、行政法规或者公司章程，或者决议内容违反公司章程的，股东可以自决议作出之日起 60 日内，请求人民法院撤销。"因此，在公司为公司股东或者实际控制人提供担保的场合下，若该股东或实际控制人参与了股东会或股东大会表决将导致股东会或股东大会决议被撤销。

〔2〕 最高人民法院 2019 年召开的第九次全国法院民商事审判工作会议纪要中明确指出，公司越权担保契约的性质为无权代表或无权代理。

法律行为时超越其代表权限。其二，客观上存在着法定代表人、负责人具有相应代表权限的权利外观。由于法定代表人、负责人在法人或者其他组织中具有法定的职务，因此其对外代表权的性质是一种职务代理权。[1]法定代表人、负责人的职务代理权是一种依其职务所具有的概括性代理权和外观性代理权，只要法定代表人、负责人具有相应职务，就推定其具有依其职务所应具有的一切代理权。故而，法定代表人、负责人具有法定代表人、负责人相应职务本身即可初步证明客观上存在着法定代表人、负责人具有相应代表权限的权利外观。其三，相对人主观上具有善意且无过失。所谓相对人主观上具有善意，是指相对人事实上不知道法定代表人、负责人欠缺相应代表权限。换言之，若相对人事实上知道法定代表人、负责人欠缺相应代表权限，则相对人主观上具有恶意而不构成表见代表。所谓相对人主观上无过失，是指相对人对于不知道法定代表人、负责人欠缺相应代表权限在主观上不具有过失。换言之，若相对人应当知道法定代表人、负责人超越其代表权限却因过失而不知道，则即使相对人事实上确实不知也不构成表见代表。关于相对人过失的认定标准问题，通说认为，相对人未尽到对法定代表人、负责人是否具有相应代表权限的合理和必要的审查义务即可认定为相对人有过失。关于相对人过失程度问题，学界有一定的争议，主要有无重大过失说、无轻微过失说、无一般过失说几种观点。笔者认为，无重大过失说对于相对人有利而对公司过分不利，无轻微过失说对公司有利但对相对人过分不利，这两种学说均不宜采纳；无一般过失说则较好地平衡和兼顾了相对人的利益和公司利益，应予采纳。[2]

而狭义的无权代表是指不符合表见代表之构成要件的无权代表行为，即法人或者其他组织的法定代表人、负责人超越其代表权限对外进行法律行为（如订立公司外部契约），且没有足以使相对人相信该法定代表人、负责人有相应代表权限的权利外观，未经法人或者其他组织追认，该法律行为对法人或者其他组织不发生效力，该法律行为的法律效果不应由法人或者其他组织承受。笔者认为，狭义的无权代表必须符合以下构成要件，第一，法人或者

---

〔1〕　我国《民法总则》在第七章代理之第二节委托代理部分的第170条第1款明确规定："执行法人或者非法人组织工作任务的人员，就其职权范围内的事项，以法人或者非法人组织的名义实施民事法律行为，对法人或者非法人组织发生效力。"从而正式确立了我国的职务代理制度，将代表制度科学地纳入代理制度范畴，正确揭示了代表与代理制度之间的种属概念关系。

〔2〕　参见王利明：《合同法研究》（第1卷），中国人民大学出版社2002年版，第563页。

其他组织的法定代表人、负责人超越其代表权限；第二，客观上不存在法定代表人、负责人具有相应代表权限的权利外观，或相对人主观上为恶意以及相对人主观上虽为善意但存在过失。笔者认为，在狭义无权代表的情形下实施的法律行为是一种效力待定的法律行为，若法人或者其他组织事后予以追认即事后授予代表权，则无权代表因事后授权而转变为有权代表，该法律行为对法人或者其他组织发生效力，法人或者其他组织应承受该法律行为的法律效果；若法人或者其他组织事后不予追认或拒绝追认即事后不授予代表权，则该法律行为对法人或者其他组织不发生效力，法人或者其他组织不应承受该法律行为的法律效果。

我国现行立法关于无权代表的规定较为粗疏且不全面，《合同法》第50条仅规定："法人或者其他组织的法定代表人、负责人超越权限订立的合同，除相对人知道或者应当知道其超越权限的以外，该代表行为有效。"《担保法解释》第11条规定："法人或者其他组织的法定代表人、负责人超越权限订立的担保合同，除相对人知道或者应当知道其超越权限的以外，该代表行为有效。"笔者认为，由于代表的实质是一种职务代理，无权代表究其实质仍是一种超越代理权限的职务代理行为。因此，无权代表可以参照适用我国现行立法对于无权代理的相关规定。具体而言，对于表见代表可以参照适用我国现行《合同法》第49条和《民法总则》第172条关于表见代理的规定，从而细致化和具体化表见代表的前述三个构成条件；对于狭义无权代表可以参照适用我国现行《合同法》第48条和《民法总则》第171条关于狭义无权代理的规定，从而赋予法人或者其他组织追认权以及赋予相对人催告追认权；赋予善意相对人撤销权和要求法定代表人、负责人履行契约债务或赔偿损害的权利；在相对人恶意或相对人虽善意但有过失时，则明确规定由相对人和法定代表人按照各自的过错承担责任。

(二) 对公司越权对外担保契约效力的类型化分析

1. 对第一种至第三种类型的公司越权对外担保契约效力的分析

根据我国《公司法》第16条第1款和第2款的规定，公司向公司股东或者实际控制人之外的他人提供担保，依照公司章程的规定，由董事会或者股东会、股东大会决议。公司向公司股东或者实际控制人提供担保的，必须经股东会或者股东大会决议。而关于这两个条款的性质，理论界看法不一。一种观点认为，这两个条款均属于法律的强行性规范，这种观点又可细分为效力性强行性规范说和管理性强行性规范说两种分支观点。前者认为，这两个条款均属于法律的效力性强行性规范，因此违反该效力性强行性规范的对外担保契约无效；后者认为，这两个条款均属于法律的管理性强行性规范，因此违反该管理性强行性规范的对外担保契约仍为有效。另一种观点认为，这两个条款均属于法律的任意性规范。还有一种观点认为，第1款属于法律的任意性规范，第2款属于法律的强行性规范。

笔者认为，首先，我国《公司法》第16条第1款和第2款的规定属于法律的强行性规范，公司章程或股东（大）会决议不得作出与之相冲突的规定，否则公司章程或股东（大）会决议的规定无效。主要理据在于，其一，公司为公司股东或者实际控制人之外的其他主体提供担保会造成公司承担较大的债务风险，属于关涉全体股东利益和公司整体利益的重要的公司经营管理决策事项，为保护全体股东利益和公司整体利益，该事项的决策权理应交由董事会或者股东（大）会这两个公司机关之一所享有和行使，未经董事会或者股东（大）会决议，公司法定代表人不享有代表公司订立对外担保契约的代表权。因此，在为公司股东或者实际控制人之外的其他主体提供担保的场合下，公司法定代表人未经董事会或者股东（大）会决议或者虽经董事会、股东（大）会决议但该决议无效、被撤销、不成立而代表公司订立对外担保契约属于超越法定代表权限的无权代表行为。其二，公司为股东尤其是大股东或者实际控制人提供担保，不仅会造成公司承担较大的债务风险，而且公司为股东尤其是大股东或者实际控制人提供担保属于关联交易，股东尤其是大股东或者实际控制人有可能滥用其对公司的控制权，通过关联交易损害中小股东的利益和公司整体利益。因而，公司为股东尤其是大股东或者实际控制人提供担保属于关涉公司中小股东利益和公司整体利益的重要的公司经营管理决策事项，为保护公司中小股东利益和公司整体利益，该事项的决策权理应交由股东（大）会享有和行使，该事项的决策权不属于公司法定代表人的对外代表权限，未经股东（大）会决议，公司法定代表人不享有代表公司订立为股东尤其是大股东或者实际控制人提供担保的对外担保契约的代表权。故而，在为股东尤其是大股东或者实际控制人提供担保的场合下，公司法定代表人未经股东（大）会决议或者虽经股东（大）会决议但该决议无效、被撤销、不成立而代表公司订立对外担保契约属于超越法定代表权限的无权代表行为。

质言之，我国《公司法》第16条第1款和第2款规定的立法目的在于对公司法定代表人的对外代表权限加以法定限制，以保护公司全体股东尤其是中小股东的利益和公司整体利益。为实现和贯彻以上立法目的，我国《公司法》第 16 条第 1 款和第 2 款的相关规定应属于法律的强行性规范，不得以公司章程或股东（大）会决议予以变更或排除。故而，前述第一种至第三种类型的公司越权对外担保契约均属于超越法定代表权限的无权代表行为。

其次，将法律的强行性规范分为效力性强行性规范和管理性强行性规范的做法并不科学和合理。一方面，此种做法有倒果为因的嫌疑和弊端。我国学界主流观点认为，根据法律的强行性规范是否对民事法律行为的效力有影响，可将法律的强行性规范分为效力性强行性规范和管理性强行性规范；民事法律行为内容或形式违反效力性强行性规范的才无效；民事法律行为内容或形式违反管理性强行性规范的，仅须承担相应的行政或刑事责任，而该民事法律行为仍为有效。此种做法实际上是先得出内容或形式违反强行性规范的民事法律行为的效力判断结果，然后再根据有效或无效的效力判断结果来认定相应的强行性规范是属于效力性强行性规范还是管理性强行性规范，即导致民事法律行为无效的是效力性强行性规范，不会导致民事法律行为无效的是管理性强行性规范。可见，这种做法具有倒果为因的逻辑错误，将法律的强行性规范区分为效力性强行性规范和管理性强行性规范对于判断内容或形式违反强行性规范的民事法律行为的效力起不到任何作用，效力性强行性规范和管理性强行性规范的区分不能作为判断内容或形式违反强行性规范的民事法律行为效力的标准。另一方面，将法律的强行性规范分为效力性强行性规范和管理性强行性规范与强行性规范的概念不相符合。所谓强行性规范是与任意性规范相对称的概念，前者是指不允许当事人以民事法律行为加以变更或排除适用，若当事人以民事法律行为加以变更或排除则该民事法律行为无效的法律规范，质言之，强行性规范是民事法律行为内容或形式违反该法律规范将导致其无效的法律规范；后者是指允许当事人以民事法律行为加以变更或排除适用，若当事人以民事法律行为加以变更或排除则该民事法律行为仍为有效的法律规范。质言之，任意性规范是指民事法律行为内容或形式违反该法律规范其仍为有效的法律规范。因此，一切强行性规范原则上都属对民事法律行为效力有影响的法律规范，强行性规范不宜也不能再区分为所谓的效力性强行性规范和管理性强行性规范。

学界通说认为，法律行为的有效要件为：（1）行为人主体适格。即行为人以自己名义独立实施法律行为应具备相应的行为能力、处分权限，行为人以他人名义实施法律行为应具备相应的代理权限或代表权限。（2）行为人意思表示真实、自由。（3）法律行为的内容或形式合法及合乎公序良俗。笔者认为，根据强行性规范内容的不同以及对法律行为效力影响程度的不同，强行性规范可以分为权能要求类型的强行性规范、意思表示真实自由要求类型的强行性规范和行为强制或禁止类型的强行性规范，这三类强行性规范分别对应于以上法律行为的三个有效要件。其中权能要求类型的强行性规范可简称为权能规范，是关于行为人主体适格要求的强行性规范。具言之，是指要求法律行为的行为人以自己名义独立实施法律行为应具备相应资格、能力和权限或者法律行为的行为人以他人名义实施法律行为应具备相应资格、能力和权限的强行性规范。违反此类强行性规范而实施的法律行为可称为不具备或欠缺相应资格、能力和权限而实施的法律行为，此类法律行为具体包括两类，第一类为行为人欠缺相应行为能力或处分权限而以自己名义实施的法律行为；第二类为行为人欠缺相应代理权限、代表权限而以他人名义实施的法律行为。此类法律行为因不具备行为人主体适格这一法律行为有效要件而不一定有效，其效力因相对人对行为人欠缺相应资格、能力和权限在主观上是否善意且无过失而有不同。若法律行为的相对人对于行为人欠缺相应资格、能力和权限在主观上为善意且无过失，为保护相对人的信赖利益以维护交易安全和便捷，该法律行为对行为人发生法律效力；若法律行为的相对人对于行为人欠缺相应资格、能力和权限在主观上为恶意或虽为善意但存在过失，则该法律行为处于效力待定状态，即法律行为是否对行为人或他人发生法律效力不确定，取决于第三人（包括无民事行为能力人或限制民事行为能力人的法定代理人、无权处分情形下的权利人）或他人事后是否追认以补授相应资格、能力和权限。第三人或他人事后予以追认的，该法律行为对行为人或他人发生法律效力；第三人或他人事后不予以追认的，该法律行为对行为人或他人不发生法律效力；在第三人或他人追认前，善意相对人还享有撤销权；善意相对人行使撤销权的，该法律行为因善意相对人撤销其意思表示而不成立。

其中意思表示真实自由要求的强行性规范可简称为意思规范，是指要求行为人以自己名义或为他人名义实施法律行为时其意思表示真实、自由的强行性规范，违反此类强行性规范而实施的法律行为可称为意思表示不真实、不自由的法律行为，此类法律行为因不具备意思表示真实自由这一法律行为有效要件而无效或可撤销。其中行为强制或禁止类型的强行性规范可简称为行为规范，是指强制为一定行为或禁止为一定行为的强行性规范，违反此类强行性规范而实施的法律行为可称为内容或形式违法的法律行为，此类法律行为因不具备内容和形式合法这一法律行为有效要件而原则上无效。

必须指出的是，内容或形式违反强行性规范的民事法律行为无效仅是一般原则，仍然存在着一些例外情形，以维护当事人意思自治和交易安全。违反强行性规范的民事法律行为的效力判断仍应诉诸个案性的利益衡量，不宜一概认定为绝对、自始、当然、确定无效，其效力判断仍应根据个案的特殊情境进行个案性的利益衡量。其一，根据个案的不同情境，违反强行性规范的民事法律行为不一定为狭义的无效，即绝对、自始、当然、确定无效这种严苛和僵化的效力瑕疵状态，也可能是可变更或撤销、效力待定等其他更为柔性和弹性的效力瑕疵状态。其二，我国《民法总则》应借鉴国外先进立法体例，对民事法律行为违反法律的强行性规定或公序良俗的效力认定采取原则无效加例外有效的灵活做法，以彰显意思自治和交易安全原则。例外情形可具体列举规定为"无效的原因已消除、无效无助于实现法律的强行性规定或者公序良俗的目的、无效将造成重大利益损失"，以授权法官在具体案件中针对不同案情，根据自由裁量权对违反法律的强行性规范的民事法律行为的效力作出弹性和灵活的判断。"无效的原因已消除"是指当事人已采取补救措施消除民事法律行为的无效状态，"无效无助于实现法律的强行性规定或者公序良俗的目的"是指民事法律行为无效无助于法律的强行性规定或者公序良俗追求的目的意旨和所欲保护的利益的实现；"无效将造成重大利益损失"是指民事法律行为无效所造成的利益损失重大，超过了法律的强行性规定或者公序良俗所保护的利益总和。

综上所述，笔者认为，一者，由于我国《公司法》第 16 条第 1 款和第 2 款的相关规定不得以公司章程或股东（大）会决议等公司意思自治方式予以变更或排除。因此，这两个条款的规定属于强行性规范。二者，由于我国《公司法》第 16 条第 1 款和第 2 款分别规定为公司股东或者实际控制人之外的他人提供担保须经董事会或者股东会、股东大会决议以及为公司股东或者实际控制人提供担保须经股东会、股东大会决议，这两个条款规定的实质并非是对公司为他人提供担保行为本身的限制或禁止，并不构成对公司对外担保之权利能力的限制和剥夺，而仅仅是对公司法定代表人对外代表权限的法定限制。因此，我国《公司法》第 16 条第 1 款和第 2 款的相关规定属于权能规范类型的强行性规范，而不属于行为规范类型的强行性规范。前述第一种类型至第三种类型的公司越权对外担保契约作为违反我国《公司法》第 16 条第 1 款和第 2 款的强行性规范的对外担保契约，其性质不是内容或形式违反行为规范类型的强行性规范的契约，而是违反权能规范类型的强行性规范的契约。

　　具体而言，违反我国《公司法》第 16 条第 1 款和第 2 款的强行性规范的对外担保契约属于法定代表人超越法定代表权限的无权代表情形下而订立的契约。故而，对于违反我国《公司法》第 16 条第 1 款和第 2 款的强行性规范的外担保契约效力的判断，不应根据民法关于内容或形式违反行为规范类型的强行性规范的民事法律行为的一般法理和相关规定进行分析，而应依据民法关于无权代表的一般法理和相关规定进行分析。详言之，第一种类型至第三种类型的公司越权对外担保契约违反的是法律对法定代表人代表权限的限制性规定，其不属于内容或形式违反法律强行性规范的民事法律行为，而属于超越法定代表权限的无权代表行为。若该无权代表行为符合表见代表的构成要件，则构成有权代表，对外担保契约有效而由公司承担；若该无权代表行为不符合表见代表的构成要件，则构成狭义无权代表，对外担保契约处于效力待定状态。如果公司事后以股东会决议或全体股东意思表示一致等方式予以追认，则对外担保契约有效而由公司承担。如果公司事后不以股东会决议或全体股东意思表示一致等方式予以追认，则对外担保契约无效；在公司追认之前，善意相对人还享有撤销权。善意相对人行使撤销权的，则对外担保契约无效。

　　值得注意的是，有观点认为，鉴于法律对于公司法定代表人代表权限的限制性规定属于国家法的强行性规范，而国家法规定具有高度的明示性和对外公开性，相对人对于已制定和公布的国家法事实上知悉或理应知悉，相对人事实上知悉或理应知悉而不知悉则构成主观上的恶意和过失，已不符合表见代表的构成要件，不属于表见代表行为，而属于狭义无权代表行为。[1]因此，相对人不能以自己不知道法律规定为由而主张构成表见代表，进而主张超越法定代表权限的公司越权对外担保契约有效；超越法定代表权限的无权代表行为不可能构成表见代表，而只能构成狭义无权代表。因此，超越法定代表权限的公司越权对外担保契约处于效力待定状态。若公司予以追认，则

---

〔1〕　参见王利明：《合同法研究》（第 1 卷），中国人民大学出版社 2002 年版，第 623~624 页。

超越法定代表权限的公司越权对外担保契约有效；若公司不予追认或拒绝追认，则超越法定代表权限的公司越权对外担保契约无效；并且相对人可以催告公司在一个月内予以追认，公司未作表示的视为拒绝追认；由于在超越法定代表权限的公司越权对外担保契约情形下，相对人不可能具有善意。因此相对人不享有对契约的撤销权，不能通过行使撤销权而使契约被撤销而无效。

对于以上观点笔者不予赞同，该观点混淆了相对人对国家法规定的知悉和相对人对法定代表人不具有相应代表权限的知悉这两个不同的概念。在超越法定代表权限的无权代表的场合，基于国家法的高度对外公开性和普适性，的确应认定相对人对于国家法有关公司法定代表人代表权限的限制性规定知悉，但不能绝对和一概认定或推定相对人对法定代表人不具有相应代表权限事实上知悉，从而认定或推定相对人具有恶意，并以此为由绝对和一概否认表见代表的成立。因为，法定代表人未经董事会或股东会决议或虽经决议但决议无效、被撤销、不成立的越权对外担保契约情形下，相对人仍有可能事实上不知道法定代表人不具有相应代表权限且对其不知道不具有过失。例如，法定代表人向相对人出示了伪造、变造等虚假的公司机关决议且相对人对该虚假的公司机关决议尽到了合理的审查义务时，仍可构成表见代表。因此，此种越权对外担保契约有效而应由公司承受。又如对外担保虽经董事会或股东会决议但决议存在无效、可撤销、不成立情形时，若相对人事实上不知道董事会或股东会决议存在无效、被撤销、不成立的情形且对其不知道不具有过失时，仍可构成表见代表。因此，此种情形下越权对外担保契约有效而应由公司承受。[1]

---

[1]《公司法解释四》第 6 条明确规定："股东会或者股东大会、董事会决议被人民法院判决确认无效或者撤销的，公司依据该决议与善意相对人形成的民事法律关系不受影响。"该条规定确立了决议无效及撤销判决对善意相对人不具有对抗力的规则。笔者认为，该条规定中的所谓善意相对人应解释为事实上不知道股东会或者股东大会、董事会决议存在无效、可撤销情形且对其不知道不具有过失的相对人；该条虽然仅规定了决议无效及撤销判决对善意相对人不具有对抗力，未规定决议不成立判决对善意相对人不具有对抗力，笔者认为，根据该条规定的立法目的和精神，该条规定可类推适用于决议不成立判决。最高人民法院 2019 年召开的第九次全国法院民商事审判工作会议纪要中明确指出，公司以相关股东大会、股东会、董事会决议是行为人伪造或者变造，相关决议在担保合同签订后被人民法院或者仲裁机构的生效法律文书撤销，或者被确认为不成立、无效等为由，主张担保合同对公司不生效力的，人民法院不予支持，但公司能够证明相对人在订立担保合同时明知决议具有不成立、无效事由的除外。

总之，超越法定代表权限的公司越权对外担保契约若符合表见代表的以下构成要件：（1）法定代表人超越了法定代表权限；（2）客观上存在法定代表人具有相应代表权限的权利外观；（3）相对人善意且无过失。相对人善意且无过失的具体判断标准为相对人事实上不知道法定代表人超越了法定代表权限且尽到了合理和必要的审查义务，即可构成表见代表，该代表行为有效，超越法定代表权限的公司越权对外担保契约有效而应由公司承受；超越法定代表权限的公司越权对外担保契约若不符合表见代表的构成要件，则构成狭义无权代表，超越法定代表权限的公司越权对外担保契约处于效力待定状态。若公司予以追认，则超越法定代表权限的公司越权对外担保契约有效；若公司不予追认或拒绝追认，则超越法定代表权限的公司越权对外担保契约无效；并且相对人可以催告公司在一个月内予以追认，公司未作表示的视为拒绝追认；契约在被公司追认之前，善意相对人还享有撤销权，善意相对人一旦行使撤销权，则超越法定代表权限的公司越权对外担保契约因被撤销而自始无效。

一个关键性的问题是，在超越法定代表权限的公司越权对外担保契约情形下，具体如何判断和认定相对人尽到了合理和必要的审查义务？笔者认为，其一，应结合法律对于法定代表人代表权限的限制性规定，来确定相对人合理和必要的审查义务的内容和范围。例如，根据我国《公司法》第16条第1款和第2款的规定，公司为股东或者实际控制人之外的他人提供担保，应依照公司章程的规定，由董事会或者股东会、股东大会决议。公司为股东或者实际控制人提供担保，必须经股东会或者股东大会决议。因此，法定代表人必须首先获得董事会或者股东会、股东大会决议的授权和同意后，才能代表公司与债权人订立担保契约。此时相对人应要求法定代表人出具和提交董事会或者股东会、股东大会决议，并对决议的内容以及被担保人是否具有公司股东或者实际控制人身份进行合理和必要的审查，才可视为其尽到了合理和必要的审查义务。

其二，应区分为公司股东或者实际控制人之外的主体提供担保与为公司股东或者实际控制人提供担保两种场合予以区别对待。在为公司股东或者实际控制人之外的主体提供担保的场合，由于我国《公司法》第16条第1款授权公司以公司章程规定由董事会或者股东会、股东大会作为就公司对外担保事项进行决议的机关，因此相对人除须要求法定代表人出具和提交董事会或者股东会、股东大会决议文件及对文件相关内容进行审查之外，还须要求法定代表人出具和提交公司章程，并对公司章程的相关规定进行审查。而在为公司股东或者实际控制人提供担保的场合，相对人只需要求法定代表人出具和提交股东会、股东大会决议文件及对文件相关内容进行审查。

其三，相对人的审查义务主要是一种形式性审查义务而不是实质性审查义务。相对人原则上只需就董事会或者股东会、股东大会决议文件的存在和相关内容以及被担保人的身份进行形式性审查，而无须对董事会或者股东会、股东大会决议的存在和内容的真实性、合法性和有效性以及被担保人的身份进行实质性审查。因为，严格和绝对要求相对人费时费力地去核查决议存在与内容及被担保人身份的真实性、合法性和有效性，一般而言，对于相对人要求过苛，且不利于交易安全和便捷，损及交易效率。故而，相对人无须就董事会或者股东会、股东大会决议是否存在导致其无效、可撤销或不成立的事由进行实质性审查，只需就董事会或者股东会、股东大会决议文件的存在及内容进行形式性审查。

其四，若公司章程中对于法定代表人签订对外担保契约有相应总括性授权规定或具体性授权规定的，法定代表人向相对人出具和提交了以上公司章程，相对人对公司章程中的相应授权性规定内容的真实性和合法性进行了形式性审查，即使相对人未要求法定代表人按照法律规定出具和提交董事会或者股东会、股东大会决议文件及对文件相关内容的真实性和合法性进行形式性审查，此种情形仍可视为相对人尽到了合理和必要的审查义务。因为，公司章程作为处于最高层级的公司内部自治规范，其与董事会或者股东会、股东大会决议之间是上位规范与下位规范的关系。故而，若公司章程预先对于法定代表人签订对外担保契约有总括性授权或具体性授权规定的，可视为公司已事先授予法定代表人签订对外担保契约的代表权限，原则上无须再以董事会或者股东会、股东大会决议的方式进行授权，法定代表人即享有代表公司签订对外担保契约的代表权限。

其五，应结合具体个案的不同情境，来确定相对人合理和必要的审查义务的内容和范围。在具体个案中，相对人身份的不同以及相对人对审查对象的实际知悉程度的不同均会影响其审查义务的内容和范围。一方面，应针对不同身份和地位的相对人予以区别对待。当相对人是公司股东尤其是大股东或者实际控制人、公司经理等高管人员等公司内部人时，其有能力也有机会获知公司的内部信息，通常情况下是公司内部信息知悉者。因此，对公司股东尤其是大股东或者实际控制人、高管人员等公司内部人身份和地位的相对人审查义务的要求应该较高，除承担形式性审查义务之外还需承担与其在公司中的身份和地位相符合的实质性审查义务；而非公司内部人身份和地位的相对人通常不是公司内部信息知悉者，对其审查义务的要求应该较低，原则上仅承担形式性审查义务。另一方面，应区分相对人对审查对象的实际知悉程度的不同予以区别对待。若相对人事实上对审查对象知悉程度较高，则对其审查义务的要求应相应较高；若相对人事实上对审查对象知悉程度较低且对知悉程度较低无过失，则对其审查义务的要求应相应较低。当然，公司须对相对人是否知悉审查对象以及知悉程度高低负举证责任。

2. 对第四种类型的公司越权对外担保契约效力的分析

对于前述第四种类型的公司越权对外担保契约即违反公司章程对担保总额及单项担保数额的限额规定（以下简称"公司章程担保限额规定"）的公司越权对外担保契约的效力问题，学界争议较大。一种观点认为，公司章程担保限额规定等公司章程规定构成对公司权利能力或者行为能力的限制，笔者将此种观点称为能力限制说。按照此种观点，违反公司章程担保限额规定的公司越权对外担保契约要么因公司欠缺民事权利能力而绝对无效，要么因公司欠缺民事行为能力而效力待定（其效力有无取决于公司是否追认以及善意相对人是否撤销）。另一种观点认为，公司章程担保限额规定等公司章程规定并不构成对公司权利能力或者行为能力的限制，而是对公司法定代表人代表权限的限制，笔者将此种观点称为代表权限制说。按照此种观点，违反公司章程担保限额规定的公司越权对外担保契约属于效力待定行为（其效力有无取决于公司是否追认以及善意相对人是否撤销）。由于能力限制说中的权利能力限制说易损害善意第三人的信赖利益从而危及交易安全与便捷，已渐渐被学界所摈弃。而能力限制说中的行为能力限制说和代表权限制说，均有利于保护善意第三人的信赖利益以维护交易安全与便捷。因此，行为能力限制说和代表权限制说为较多学者所认可。

笔者认为，学界以往对权利能力限制说、行为能力限制说和代表权限制说这三种学说的分析和评价基本遵循的是一种价值评判的角度和路径，对三种学说进行价值评估和价值判断，将善意第三人信赖利益保护和交易安全与便捷原则的维护作为首要和优先考虑的价值追求，有利于善意第三人信赖利益保护和交易安全与便捷原则维护的学说就是好的、对的，不利于善意第三人信赖利益保护和交易安全与便捷原则维护的学说就是坏的、错的，体现着一种逆向和单向的价值选择为重心的思维方式。这种做法固然有其合理和方便之处，但不免有纯实用主义之嫌疑和弊端——只要有用、就是真理，对各种学说缺乏深入的理论剖析和严谨的逻辑论证，使得对各种学说进行评析所依据的学理根底较为薄弱，相应的学说选择也就较为武断。笔者以下试图以民法和公司法的基本理论为依据，结合现代市场经济的发展态势和社会现实，以正向和多向的思维方式，从理论融贯性和价值优越性两个方面，对以上三种学说进行深入和精准的评论和解析。

（1）对能力限制说的评析

按照学界的观点，能力限制说分为民事权利能力限制说和民事行为能力限制说两种。姑且不论能力限制说的理论根基是否牢靠、论证思路是否严密，首先，笔者认为，传统大陆法系民法理论中的民事权利能力限制说这一用语不够准确，不能全面和周延地涵盖其两派观点。因对于法人本质所持立场的不同，传统大陆法系民法理论中的民事权利能力限制说又可细分为两派观点，第一派观点认为，公司章程担保限额规定等公司章程规定既构成对公司民事权利能力的限制，也构成对公司民事行为能力的限制。笔者认为，此派观点的准确用语应是民事权利能力和民事行为能力限制说，使用民事权利能力限制说这一用语不能完全和周密地表达和体现其全部内容；第二派观点认为，公司章程担保限额规定等公司章程规定仅构成对公司民事权利能力的限制，不构成对公司民事行为能力的限制。笔者认为，此派观点才是真正的民事权利能力限制说，民事权利能力限制说这一用语应该仅指此派观点。

其次，民事权利能力限制说两派观点的内容看似有理，实则存在矛盾。一方面，民事权利能力限制说中的第二派观点建基于错误过时的法人本质观之上，应予摈弃。民事权利能力限制说中的第二派观点是建基于法人拟制说的法人本质观，法人拟制说认为，法人本非实在的存在，只是因法律的拟制而成为民事主体，因此，法人无行为可言，法人只有民事权利能力，而无民事行为能力。[1]相应公司章程担保限额规定等公司章程规定只构成对公司民事权利能力的限制，而不构成对公司民事行为能力的限制。笔者认为，法人

---

〔1〕 参见梁慧星：《民法总论》，法律出版社 2007 年版，第 126 页。

拟制说不符合法人作为组织体是一种越来越重要的现实存在的社会事实，不应予以采纳。法人实在说的法人本质观更具现实性与合理性，应予采纳。根据法人实在说，法人作为组织体是一种社会的现实存在，其一经成立，即同时具有民事权利能力与民事行为能力及民事责任能力。法人的民事行为能力乃至民事责任能力与民事权利能力在成立时间和内容范围上均为一致，换言之，法人有多大范围的民事权利能力，就有多大范围的民事行为能力和民事责任能力。因此，法人章程规定若构成对其民事权利能力的限制，则也同时构成对其民事行为能力乃至民事责任能力的限制。同理，公司章程担保限额规定等公司章程规定若构成对公司民事权利能力的限制，其必将同时构成对公司民事行为能力和民事责任能力的限制。因此，民事权利能力限制说中的第二派观点不能成立。另一方面，民事权利能力限制说中的第一派观点虽然立足于法人实在说这一正确的法人本质观之上，但仍存在着其他方面的谬误。如前所述，公司民事权利能力和民事行为能力是法律赋予公司这一社会经济组织的一种法定资格或法定能力，其范围设定及其限制对于公司利益攸关，因此，公司的民事权利能力和民事行为能力范围设定及其限制只能由法律明文以强制性规范予以规定，不能由当事人以意思自治约定的公司章程加以设定及限制。要言之，法定性和强制性是公司民事权利能力和民事行为能力的本质特征，而约定性和自治性是公司章程的主要特征，公司章程的约定性和自治性特征与公司民事权利能力和民事行为能力的法定性和强制性之间内在矛盾、相互抵触，公司章程不能也不应构成对公司权利能力和民事行为能力的限制，公司民事权利能力限制说中的第一派观点也难以自圆其说。

最后，民事行为能力限制说违反民法基本原理。民事行为能力限制说认为，公司章程担保限额规定等公司章程规定不构成对公司民事权利能力的限制而仅构成对公司民事行为能力的限制，此种论述不符合民法关于法人本质和法人能力的基本理论。根据法人实在说，法人作为组织体是一种极其重要的社会现实存在，其民事行为能力应与社会中的具有完全行为能力的自然人的地位和价值相同甚至超过前者，因此，法人作为组织体其一经成立，当然和应该具有完全民事行为能力，其民事行为能力不会如自然人一样受年龄和精神健康状态的影响，因此不会发生无民事行为能力或限制民事行为能力问题。依据法人能力理论，一方面，法人的民事行为能力的范围与其依法享有的民事权利能力范围完全一致，公司章程担保限额规定等公司章程规定若构成对公司民事权利能力的限制，也同样构成对公司民事行为能力的限制。公司章程担保限额规定等公司章程规定在不构成对公司民事权利能力限制的前提下，却构成对公司民事行为能力的限制，从而造成公司民事行为能力的范围小于公司民事权利能力范围，这种情况不符合民法原理，应予驳斥。另一方面，法人的民事行为能力与其民事权利能力一样，法定性和强制性是其本质属性，因此，公司的民事行为能力同样不能由当事人以意思自治约定的公司章程加以设定及限制，只能由法律明文以强制性规范予以限制，公司章程担保限额规定等公司章程规定不能构成对公司民事行为能力的限制。

（2）对代表权限制说的评析

笔者赞成代表权限制说，由于公司章程的性质是全体受章程约束的公司内部成员参与创制的民间成文自治性规范，属于民间法的范畴，其特征在于创制主体与受约束主体的范围完全一致，受公司章程约束的一切公司内部成员均直接或间接地参与了公司章程的创制。因此，原则上公司章程只能对公司内部社会关系即公司内部成员之间以及公司内部成员与公司之间的社会关系予以调整和规范，原则上公司章程仅对自愿接受公司章程对其约束力的公司内部成员如股东、董事、监事、经理等高级管理人员具有约束力；原则上不能对公司内部成员与公司外部第三人以及公司法人本身与公司外部第三人之间的社会关系进行调整和规范，原则上公司章程对参与公司章程制定而自愿接受公司章程对其约束力的公司内部成员之外的第三人不具有约束力，除非此种调整和规范是使外部第三人处于纯受益地位和状态（如赋予外部第三人以某种权利而无须承担任何义务）。因此，公司章程原则上仅具有对内的法律约束力，不具有对外的法律约束力。故而，公司章程担保限额规定等公司章程规定仅是对公司法定代表人对外代表权限的限制，属于对公司法定代表人对外代表权限的意定限制范畴。

具体而言，笔者认为，前述第四种类型的公司越权对外担保契约即违反公司章程担保限额规定的公司越权对外担保契约属于超越意定代表权限的无权代表行为。由于公司章程作为民间成文自治性规范，属于民间法范畴，其不具有国家法的高度对外公开性，不能一概认定相对人事实上知悉公司章程的规定，因此不能绝对认定相对人主观上具有恶意。即使公司章程的相关内容和规定已由公司登记机关作为登记事项进行登记，也不宜推定相对人知悉而构成恶意，公司主张相对人恶意的应负举证责任。[1]故而，违反公司章程担保限额规定的公司越权对外担保契约作为超越意定代表权限的无权代表行为，其若符合表见代表的构成要件，则构成表见代表行为，该代表行为有效，违反公司章程担保限额规定的公司越权对外担保契约有效而应由公司承受。[2]其若不符合表见代表的构成要件，则构成狭义无权代表行为，违反公司章程担保限额规定的公司越权对外担保契约处于效力待定状态。具体而言，如果公司予以追认，则违反公司章程担保限额规定的公司越权对外担保契约有效。具体而言，公司可以修改公司章程、股东（大）会决议或全体股东意思表示一致等方式予以追认。如果公司不予追认或拒绝追认，则违反公司章程担保限额规定的公司越权对外担保契约无效；[3]且相对人可以催告公司在一个月内予以追认，公司未作表示的视为拒绝追认；契约被追认之前，善意相对人还享有撤销权，善意相对人一旦行使撤销权，则违反公司章程担保限额规定的公司越权对外担保契约因被撤销而自始无效。

在判断违反公司章程担保限额规定的公司越权对外担保契约是否构成表见代表时，相对人善意且无过失这一表见代表构成要件的认定是一个关键性问题。笔者认为，所谓相对人善意，是指相对人事实上不知道公司法定代表人违反了公司章程担保限额规定；所谓相对人无过失，是指相对人对于其不知道公司法定代表人违反了公司章程担保限额规定不具有过失即相对人尽到了合理和必要的审查义务。关于相对人的过失程度问题，学界主要有无重大过失说、无轻微过失说、无一般过失说几种观点。笔者认为，无重大过失说对于相对人有利而对公司过分不利，无轻微过失说对公司有利但对相对人过分不利，这两种学说均不宜采纳；无一般过失说较好地平衡和兼顾了相对人利益和公司利益，应予采纳。那么如何具体认定相对人尽到了合理和必要的

---

〔1〕　参见王远明、唐英：“公司登记效力探讨”，载《中国法学》2003年第2期。

〔2〕　我国民事立法对此做出了诸多回应，如最高人民法院《关于适用〈中华人民共和国合同法〉若干问题的解释（一）》[以下简称《合同法解释（一）》] 第10条规定："当事人超越经营范围订立合同，人民法院不因此认定合同无效。但违反国家限制经营、特许经营以及法律行政法规禁止经营规定的除外。"我国《民法总则》第61条第3款规定："法人章程或者法人权力机构对法定代表人代表权的限制，不得对抗善意相对人"，第170条第2款规定："法人或者非法人组织对执行其工作任务的人员职权范围的限制，不得对抗善意相对人。"

〔3〕　确切地说是部分无效，即超越公司章程担保限额部分的对外担保契约条款无效，未超越公司章程担保限额部分的对外担保契约条款仍为有效。

审查义务？笔者认为，其一，总体而言，在超越意定代表权限的无权代表的场合下，较之在超越法定代表权限的无权代表的场合下，对相对人审查义务的要求更低。因为，在超越意定代表权限的无权代表的场合下，是公司章程等公司内部民间成文自治性规范对于法定代表人代表权限进行了限制性规定，而公司章程等公司内部民间成文自治性规范作为民间法较之于国家法，不具有对外公开性或对外公开性明显不足。因此，在超越意定代表权限的无权代表的场合下，应适度减轻相对人的审查义务。当相对人事实上确实不知道公司章程对法定代表人代表权限有限制性规定时（相对人善意时），原则上可免除相对人对于公司章程的存在及内容的形式性审查义务；当相对人事实上知道公司章程对法定代表人代表权限有限制性规定时，才能要求相对人对于公司章程的存在与内容及其真实性、合法性负有合理和必要的审查义务。其二，相对人的审查义务主要是形式性的而不是实质性的。相对人原则上只需形式性地审查公司章程是否存在以及其相关内容，无须实质性地核实公司章程存在和内容的真实性与合法性。其三，应根据个案的不同情境，来具体认定相对人是否尽到了合理和必要的审查义务，重点考察在不同个案中相对人身份地位的不同以及对审查对象实际知悉程度的不同。一方面，应针对不同身份和地位的相对人予以区别对待。当相对人是公司股东尤其是大股东或者实际控制人、公司经理等高管人员等公司内部人时，其通常有能力也有机会知悉公司章程中对法定代表人代表权限的限制性规定。因此，可推定这些公司内部人知悉公司章程关于法定代表人代表权限的限制性规定，此时相对人只有在要求法定代表人出具和提交公司章程文件并对其内容进行形式性审查后，才可认定其尽到了合理和必要的审查义务。当相对人是公司股东尤其是大股东或者实际控制人、公司经理等高管人员等公司内部人之外的公司外部人时，其通常没有能力也没有机会知悉公司章程中对法定代表人代表权限的限制性规定。因此，不可推定这些公司外部人知悉公司章程关于法定代表人代表权限的限制性规定，此时原则上可免除相对人要求法定代表人出具和提交公司章程文件并对其内容进行审核的义务。另一方面，应按照相对人对审查对象的实际知悉程度的不同予以区别对待。若相对人事实上对审查对象知悉程度较高，则对其审查义务的要求应相应较高；若相对人事实上对审查对象知悉程度较低且对知悉程度较低不具有过失时，则对其审核义务的要求应相应较低。当然，公司须对相对人是否知悉审查对象以及知悉程度高低负举证责任。

三、相关案例之研究结论

（一）案例一至案例三之研究结论

案例一至案例三均属身兼股东身份的公司法定代表人未经股东（大）会决议擅自为自身债务代表公司签订担保契约的情形，其均属于超越法定代表权限的无权代表行为范畴。因为，一方面身兼公司股东身份的公司法定代表人擅自为自身债务代表公司签订担保契约，性质为法定代表人超越法定代表权限代表公司签订为公司股东提供担保的对外担保契约的无权代表行为。另一方面身兼公司股东身份的公司法定代表人擅自为自身债务代表公司签订担保契约，其性质又为法定代表人的关联交易行为。所谓关联交易行为，是指公司控股股东、实际控制人、董事、监事、法定代表人、经理等对公司具有直接或间接控制及影响关系的公司关联主体与公司之间的直接或间接交易行为。由于关联交易行为致使法定代表人等公司关联主体处于自身利益和公司利益的利益冲突之中，法定代表人等公司关联主体为了追求自身个人利益有可能损害公司利益，因此法定代表人的关联交易行为须经股东（大）会以决议授权或同意。法定代表人未经股东（大）会以决议授权或同意而进行关联交易行为，因超越法定代表权限而属于无权代表行为。若该无权代表行为符合表见代表的构成要件即相对人善意且无过失，则构成有权代表，对外担保契约有效并由公司承受；若该无权代表行为不符合表见代表的构成要件即相对人恶意或相对人虽为善意但存在过失，则构成狭义无权代表，对外担保契约处于效力待定状态。公司以股东（大）会决议或全体股东意思表示一致等方式予以追认的，则对外担保契约有效；公司不以股东（大）会决议或全体股东意思表示一致等方式予以追认的，则对外担保契约无效；在公司追认之前，善意相对人还享有撤销权。善意相对人行使撤销权的，对外担保契约因被撤销而自始无效。

1. 案例一之研究结论

具体而言，在案例一中，原告周清菊作为对外担保契约中的相对人和债权人，虽然其事实上不知道公司法定代表人刘利伟的股东身份，其主观上为善意；但因其未对本案中的被担保人和债务人即公司法定代表人刘利伟是否具有股东身份尽到合理和必要的形式性审查义务，如向公司法定代表人刘利伟询问是否具有股东或实际控制人身份，也未要求公司法定代表人刘利伟出具和提交股东会决议并对决议内容尽到合理和必要的形式性审查义务，可认定原告周清菊作为对外担保契约中的相对人和债权人未尽到合理和必要的形式性审查义务。因此，周清菊作为对外担保契约中的相对人其主观上存在过失，本案中的法定代表人超越法定代表权限订立对外担保契约的无权代表行为不构成表见代表，而构成狭义无权代表。由于在本案中，公司对该无权代表行为未以股东（大）会决议或全体股东意思表示一致等方式予以追认，因此该代表行为对被告创伟公司不发生效力，对外担保契约不应由被告创伟公司承受，被告创伟公司不应承担担保责任。

故而，原审法院以调解的方式确定由被告创伟公司对被告刘利伟的借款及本息承担连带清偿责任，其做法不正确也不合理。而再审一审和再审二审法院以我国《公司法》第16条第2款属于效力性强行性规范、本案中的对外担保契约违反了该效力性强行性规范为由，均认定本案中的对外担保契约无效，从而作出被告创伟公司对被告刘利伟的借款及本息不应承担保证担保责任的判决。笔者以为，再审一审和二审法院的判决结论虽然正确，但判决依据和理由完全错误。如前所述，将法律的强行性规范分为效力性强行性规范和管理性强行性规范犯了倒果为因的逻辑错误，一切强行性规范原则上都属对民事法律行为效力有影响的法律规范，强行性规范不宜再区分为所谓的效力性强行性规范和管理性强行性规范；更为关键的是，我国《公司法》第16条第2款虽然属于法律的强行性规范，不允许以公司章程等意思自治形式加以变更或排除，但其并非是对公司为他人提供担保行为本身的限制或禁止，并不构成对公司对外担保之权利能力和行为能力的限制和剥夺，而仅仅是对公司法定代表人对外代表权限的法定限制。因此，违反我国《公司法》第16条第2款的强行性规范的对外担保契约，其性质不是内容或形式违反法律强行性规范的民事法律行为，而是超越法定代表权限的无权代表行为。故而，对于违反我国《公司法》第16条第2款的强行性规范的对外担保契约效力的判断，不应根据民法关于民事法律行为有效条件的一般法理和相关规定进行分析，而应依据民法关于无权代表的一般法理和相关规定进行分析。再审一审和再审二审法院错误地将该案中的越权对外担保契约认定为内容或形式违反法律强行性规范的契约而判断其无效，虽无效判断结论正确，但理由和依据并不成立。

2. 案例二之研究结论

具体而言，在案例二中，原告徐志峰作为对外担保契约中的相对人和债权人，虽然其事实上不知道公司法定代表人吕小东的股东身份，主观上为善意；但因其未对本案中的被担保人和债务人即公司法定代表人吕小东是否具有股东身份尽到合理和必要的形式性审查义务，如向公司法定代表人吕小东询问是否具有股东或实际控制人身份，也未要求公司法定代表人吕小东出具和提交股东会决议并对决议内容尽到合理和必要的形式性审查义务，可认定原告徐志峰作为对外担保契约中的相对人和债权人未尽到合理和必要的形式性审查义务。因此，原告徐志峰作为对外担保契约中的相对人主观上存在过失，本案中法定代表人超越法定代表权限订立对外担保契约的无权代表行为不构成表见代表，而构成狭义无权代表。由于在本案中，公司对该无权代表行为未以股东（大）会决议或全体股东意思表示一致等方式予以追认。因此该代表行为对被告佳森公司不发生效力，对外担保契约不应由被告佳森公司承受，被告佳森公司不应承担担保责任。

故而，再审一审和再审二审法院均认定原告徐志峰作为对外担保契约中的相对人和债权人未尽到合理和必要的形式性审查义务，构成狭义的无权代表行为，在公司拒绝追认的情形下，法定代表人吕小东和对外担保契约中的相对人和债权人徐志峰应依照我国《民法总则》第 171 条第 4 款的规定，按照各自的过错承担责任。笔者认为，再审一审和再审二审法院的判决结论正确，判决依据和理由也基本成立；但是，再审一审和再审二审法院均以原告徐志峰作为对外担保契约中的相对人和债权人可以通过开放的全国企业信用信息公示系统查询到吕小东佳森公司股东的身份为由，而认定其对吕小东股东身份未尽到合理和必要的形式性审查义务。笔者对此不予赞成，为了确保企业的交易相对人和第三人事前判断交易风险，以维护交易安全和便捷。各国包括我国法律均规定企业负有在工商登记系统以及企业信用信息公示系统（如我国的全国企业信用信息公示系统）对社会公示其重要信息的义务。由于企业负有在工商登记系统以及企业信用信息公示系统对社会公示其重要信息的义务，而在工商登记系统以及企业信用信息公示系统查询企业重要信息是相对人和第三人的法定权利（其性质和类型为相对人和第三人的知情权）而非法定义务。因此相对人和第三人并不负有在工商登记系统以及企业信用信息公示系统查询企业重要信息的义务，企业相关重要信息已在工商登记系统以及企业信用信息公示系统公示也不能推定相对人和第三人对相关信息知情。故而，原告徐志峰作为对外担保契约中的相对人和债权人，并不负有在全国企业信用信息公示系统中查询吕小东佳森公司股东身份的义务，其未在该系统中进行相应查询不能认定为其未尽到合理和必要的审核义务。

至于再审二审法院关于区分权能规范与行为规范的观点，笔者认为，再审二审法院对该观点的表述大体正确但仍不够精准。再审二审法院认为，典型的权能规范如民法中限制行为能力人的规定。此类规范常使用"不得"这类法律用语，但这里的"不得"更多地意味着行为人"无权"为某行为，而不是行为违背法律所追求的价值而为法律所不能容忍。行为规范是"命令"当事人为或者不为一定行为的规范。权能规范与行为规范虽均属强制性规定，但判断民事法律行为是否有效，属于动用国家公权力去干涉私人生活，介入民事生活，从而为剥夺或限制公民的私人财产提供依据。因此，只有涉及公共利益的确认、保障或维护的行为规范才具有控制和评判法律行为效力的功能，权能规范则无此作用，其只是涉及有权处分和无权处分，有权代理和无权代理以及有权代表和无权代表之问题。

笔者认为，对权能规范与行为规范在理论上和适用上加以严格区分实属必要及合理；但并非只有行为规范才具有控制和评判法律行为效力的功能，权能规范与行为规范作为强行性规范均会影响法律行为的效力，均具有控制和评判法律行为效力的功能；并且两者对法律行为效力的影响方式和影响程度大为不同。权能规范涉及的是行为人主体适格要求方面的强行性规范，是要求行为人以自己的行为独立实施法律行为或行为人以他人名义实施法律行为具备相应资格、能力和权限的强行性规范，违反权能规范而实施的法律行为属于行为人超越权限而实施的法律行为，此类法律行为因不具备行为人主体适格这一法律行为有效要件而不一定有效，其效力因相对人对行为人超越权限主观上是否具有善意且无过失而有不同，当相对人善意且无过失时法律行为确定有效；当相对人恶意或相对人虽善意但存在过失时法律行为处于效力待定状态。而违反行为规范而实施的法律行为属于内容或形式违法而无效的法律行为，此类法律行为因不具备法律行为内容合法这一法律行为有效要件而原则上无效。

我国《公司法》第16条第2款"公司为公司股东或者实际控制人提供担保的，必须经股东会或者股东大会决议"这一规定属于强行性规范中的权能规范，违反该权能规范的对外担保契约属于法定代表人超越法定代表权限的无权代表行为，若相对人善意且无过失，则该对外担保契约确定有效而由公司承担；若相对人对于法定代表人超越法定代表权限主观上为恶意或相对人虽善意但存在过失，则该对外担保契约处于效力待定状态。在公司予以追认的情况下，该对外担保契约对公司发生效力而应由公司承受，公司应当承担担保责任。在公司不予以追认的情况下，该对外担保契约不对公司发生效力，公司不应承担担保责任。本案中由于公司未以股东（大）会决议或全体股东意思表示一致等方式予以追认，因此该对外担保契约对公司不发生效力而不应由其承受，该对外担保契约因欠缺公司的意思表示而不成立，公司不应承担担保责任。在对外担保契约因欠缺公司的意思表示而不成立的情形下，的确无须再就担保契约的意思表示是否真实自由、内容和形式是否合法进行审查从而对担保契约的效力进行判断。而且由于相对人对于法定代表人超越代表权限主观上为恶意或相对人虽善意但存在过失，因此在该种情形下没有缔约过失责任的判定和适用的可能和必要，相对人不能要求法定代表人就其信赖利益的损失承担缔约过失责任。

3. 案例三之研究结论

具体而言，在案例三中，原告姚启虎作为对外担保契约中的相对人和债权人，虽然其事实上不知道公司法定代表人汪陆军的股东身份，其主观上为善意；但因其未对本案中的被担保人和债务人即公司法定代表人汪陆军是否具有股东身份尽到合理和必要的形式性审查义务，如向法定代表人汪陆军询问是否具有股东或实际控制人身份，也未要求公司法定代表人汪陆军出具和提交股东会决议并对决议内容尽到合理和必要的形式性审查义务，可认定原告姚启虎作为对外担保契约中的相对人和债权人未尽到合理和必要的形式性审查义务。因此，原告姚启虎作为对外担保契约中的相对人和债权人其主观上存在过失，本案中的法定代表人超越法定代表权限订立对外担保契约的无权代表行为不构成表见代表，而构成狭义无权代表。由于在本案中，公司对该无权代表未以股东（大）会决议或全体股东意思表示一致等方式予以追认，因此该代表行为对被告金烁公司不发生效力，对外担保契约不应由被告金烁公司承受，被告金烁公司不应承担担保责任。在案例三中，一审法院和二审法院均以我国《公司法》第16条第2款属于管理性强行性规范、违反管理性强行性规范的民事法律行为仍有效为由，认定本案中的对外担保契约有效，从而作出被告金烁公司应承担担保责任的判决。笔者认为，一审法院和二审法院的以上判决结论不正确，判决理由及依据不成立。如前所述，一者，将强行性规范分为效力性强行性规范和管理性强行性规范犯了倒果为因的逻辑错误，一切强行性规范原则上都属对民事法律行为的效力有影响的法律规范，强行性规范不宜再区分为所谓的效力性强行性规范和管理性强行性规范；再者，我国《公司法》第16条第2款虽然属于法律的强行性规范，不允许以公司章程等意思自治形式加以变更或排除，但其并非是对公司为他人提供担保行为本身的限制或禁止，并不构成对公司对外担保之权利能力和行为能力的限制和剥夺，而仅仅是对公司法定代表人对外代表权限的法定限制。因此，违反我国《公司法》第16条第2款的强行性规范的对外担保契约，其性质不是内容或形式违反法律强行性规范的民事法律行为，而是超越法定代表权限的无权代表行为。故而，对于违反我国《公司法》第16条第2款的强行性规范的对外担保契约效力的判断，不应根据民法关于民事法律行为有效条件的一般法理和相关规定进行分析，而应依据民法关于无权代表的一般法理和相关规定进行分析。一审法院和二审法院错误地将该案中的越权对外担保契约认定为内容或形式违反法律管理性强行性规范的契约而判断其有效，其判决结论和判决依据及理由完全错误。

（二）案例四至案例五之研究结论

案例四至案例五均属公司法定代表人违反公司章程担保限额规定代表公司签订对外担保契约的情形，其均属于超越意定代表权限的无权代表行为范畴。如前所述，违反公司章程担保限额规定的公司越权对外担保契约属于超越意定代表权限的无权代表行为，该无权代表行为若符合表见代表的构成要件，则构成表见代表行为，该代表行为有效，违反公司章程担保限额规定的对外担保契约有效而由公司承受。该无权代表行为若不符合表见代表的构成要件，则构成狭义无权代表行为，违反公司章程担保限额规定的对外担保契约处于效力待定状态。具体而言，如果公司以修改公司章程、股东会决议或全体股东意思表示一致等方式予以追认，则违反公司章程担保限额规定的对外担保契约有效；如果公司不以修改公司章程、股东会决议或全体股东意思表示一致等方式予以追认或拒绝追认，则违反公司章程担保限额规定的对外担保契约无效；且相对人可以催告公司在一个月内予以追认，公司未作表示的视为拒绝追认；契约被追认之前，善意相对人还享有撤销权，善意相对人一旦行使撤销权，则违反公司章程担保限额规定的对外担保契约因被撤销而自始无效。

1. 案例四之研究结论

笔者认为，在案例四中，法院认定对外担保契约无效、A 公司无须承担担保责任的判决结论虽然正确，但判决理由及论证并不够充分和具体。详言之，在案例四中，A 公司为 C 公司的 200 万元付款义务向 B 公司提供连带保证责任，并签订了担保合同。作为担保人的 A 公司其章程明确规定，公司为其他企业提供担保不得超过注册资本的 20%，超过规定限额的必须经股东会 2/3 以上表决权通过。而 A 公司注册资本为 300 万元，按照 A 公司章程规定为其他企业担保不得超过其注册资本的 20% 即 60 万元，因此，该案例中的对外担保契约属于违反公司章程担保限额规定的对外担保契约，属于法定代表人超越意定代表权限的无权代表行为。

在该案例中，由于尚某某曾为 A 公司的股东和总经理，其同时又是作为对外担保契约中的相对人和债权人的 B 公司的股东和法定代表人，其对 A 公司章程担保限额规定事实上知悉或理应知悉，因此其对于 A 公司的法定代表人违反公司章程担保限额规定而代表 A 公司订立对外担保契约这一事实处于知悉状态或理应知悉状态，从而可认定作为对外担保契约中的相对人和债权人的 B 公司在主观上为恶意或虽为善意但存在过失。因此，该无权代表行为不符合表见代表的构成要件，属于狭义无权代表，该案例中的对外担保契约处于效力待定状态。由于 A 公司对该越权对外担保契约未以修改公司章程、股东会决议或全体股东意思表示一致等方式予以追认，因此该案例中违反公司章程担保限额规定的越权对外担保契约确定无效，A 公司无须承担担保责任。

2. 案例五之研究结论

笔者认为，在案例五中，一审法院和二审法院认定对外担保契约有效、新大公司应当承担担保责任的判决结论虽然正确，但判决理由存在实质性的错误。在该案例中，一审法院和二审法院判决的主要理由是《公司法》第 16 条第 1 款的规定是关于公司实施一定行为所应当遵循的内部程序性规范，仅公司及其内部机构应当遵照执行，故该条款属于管理性而非效力性规范，不应以此作为判断公司对外订立合同效力的依据。因此，违反公司章程担保限额规定的对外担保契约仍为有效。笔者认为，以上判决理由不成立。

具体而言，在案例五中，新大公司章程明确规定"法定代表人只依照董事会的具体决定、决议和指示行事""在任何财政年度里批准涉及总额超过50万美元或董事会不时确定的其他数额的任何担保协议，应有不少于三名董事投赞成票方可通过"。以上公司章程规定的实质是要求该公司对外担保契约的订立须经董事会决议批准，且当董事会批准总额超过50万美元或其不时确定的其他数额的担保契约时，应有不少于三名董事投赞成票方可通过。而新大公司董事会批准担保的决议只经过了两名董事投赞成票、一名董事投弃权票而予以通过。针对以上案情及事实，笔者认为，一者，如前所述，将强行性规范分为效力性强行性规范和管理性强行性规范犯了倒果为因的逻辑错误，一切强行性规范原则上都属对民事法律行为的效力有影响的法律规范，将强行性规范划分为所谓的效力性强行性规范和管理性强行性规范不能成立。我国《公司法》第16条第2款实属权能要求类型的强行性规范，违反此类强行性规范而实施的法律行为可称为不具备或欠缺相应资格、能力和权限而实施的法律行为，此类法律行为因不具备行为人主体适格这一法律行为有效要件而不一定有效，其效力因相对人对行为人欠缺相应资格、能力和权限在主观上是否善意且无过失而有不同。

二者，诚然公司章程担保限额规定以及对公司董事会表决通过公司对外提供担保事项的赞成票数的具体规定均属于公司及公司内部成员应当遵循的内部程序性规范，公司章程作为自愿受其约束的公司内部成员制定的公司成文自治性规范，并不属于国家法的强行性规范；但公司章程作为民间成文自治性规范，其对公司内部成员及公司均具有法律约束力。详言之，在相对人不知情而属于善意且无过失的情形下，由于法定代表人违反公司章程担保限额规定代表公司订立对外担保契约的无权代表行为构成表见代表，该代表行为有效而应由公司承受。因此此时公司章程的规定的确不应作为判断公司对外担保契约效力的依据，公司章程的规定不会影响公司对外担保契约的效力，公司对外担保契约有效。然而，在相对人知情而属于恶意或虽属善意但存在过失的情形下，由于法定代表人违反公司章程担保限额规定代表公司订立对外担保契约的无权代表行为属于狭义无权代表，对外担保契约处于效力待定状态。因此此时公司章程的规定也有可能作为判断公司对外担保契约效力的依据，公司章程的规定也有可能影响公司对外担保契约的效力。具体而言，若公司以修改公司章程、股东会决议或全体股东意思表示一致等方式予以追认，则对外担保契约确定有效；若公司不以修改公司章程、股东会决议或全体股东意思表示一致等方式予以追认，则对外担保契约确定无效。在对外担保契约被追认之前，善意相对人还享有撤销的权利；一旦善意相对人行使撤销权，则对外担保契约因被撤销而自始无效。

在该案例中，对外担保契约的担保总额高达人民币 2350 万元，已远远超过了新大公司章程规定的 50 万美元担保总额限制；且新大公司董事会批准该对外担保契约的决议只经过了两名董事投赞成票、一名董事投弃权票而予以通过。因此，该案例中的对外担保契约属于法定代表人超越意定代表权限的无权代表行为。由于在该案例中，新大公司法定代表人朱明在代表公司订立对外担保契约时提供了公司董事会批准担保的决议，并在担保函法人代表栏签名并加盖新大公司公章，客观上形成了法定代表人具有相应代表权限的权利外观；且该案例中的对外担保契约的相对人和债权人颜贻帆对公司章程担保限额等相关规定事实上不知情，并尽到了必要的审查义务从而对不知情不存在过失，故而对外担保契约中的相对人和债权人颜贻帆在主观上属于善意和无过失。因此，该案例中的无权代表行为符合表见代表的构成要件，该案例中的对外担保契约有效，新大公司应当承担担保责任。

REFERENCES

参考文献

一、中文专著及教材类

1. 张开平：《英美公司董事法律制度研究》，法律出版社 1998 年版。

2. 夏利民、包锡妹：《企业法》，人民法院出版社 1999 年版。

3. 王新、秦芳华：《公司法》，人民法院出版社 2000 年版。

4. 张艳：《商事代理法》，人民法院出版社 2000 年版。

5. 徐海燕：《英美代理法研究》，法律出版社 2000 年版。

6. 江平主编：《民法学》，中国政法大学出版社 2000 年版。

7. 史尚宽：《民法总论》，中国政法大学出版社 2000 年版。

8. 张燕喜：《德国企业与企业制度研究》，中国劳动社会保障出版社 2001 年版。

9. 王利明：《民商法研究》，法律出版社 2001 年版。

10. 陈丽洁：《公司合并法律问题研究》，法律出版社 2001 年版。

11. 王丽萍编著：《债法总论》，上海人民出版社 2001 年版。

12. 蒋大兴：《公司法的展开与评判——方法·判例·制度》，法律出版社 2001 年版。

13. 王泽鉴：《民法总则》，中国政法大学出版社 2001 年版。

14. 范健主编：《商法》，高等教育出版社、北京大学出版社 2002 年版。

15. 王利明：《合同法研究》（第 1 卷），中国人民大学出版社 2002 年版。

16. 董安生：《民事法律行为》，中国人民大学出版社 2002 年版。

17. 徐国栋：《诚实信用原则研究》，中国人民大学出版社 2002 年版。

18. 赵万一主编：《商法》，中国人民大学出版社 2003 年版。

19. 赵万一：《民法的伦理分析》，法律出版社 2003 年版。

20. 王利明：《民法总则研究》，中国人民大学出版社年 2003 年版。

21. 柯芳枝：《公司法论》，中国政法大学出版社 2004 年版。

22. 罗培新：《公司法的合同解释》，北京大学出版社 2004 年版。

23. 李永军主编：《商法学》，中国政法大学出版社 2004 年版。

24. 苏永钦：《私法自治中的经济理性》，中国人民大学出版社 2004 年版。

25. 钱玉林：《股东大会决议瑕疵研究》，法律出版社 2005 年版。

26. 杨立新：《侵权法论》，人民法院出版社 2004 年版。

27. 范健、王建文：《公司法》，法律出版社 2006 年版。

28. 中华全国律师协会民事专业委员会编：《公司法律师实务——前沿、务实与责任》，法律出版社 2006 年版。

29. 徐孟洲主编：《信托法》，法律出版社 2006 年版。

30. 赵志钢：《公司集团基本法律问题研究》，北京大学出版社 2006 年版。

31. 刘俊海：《新公司法的制度创新：立法争点与解释难点》，法律出版社 2006 年版。

32. 甘培忠：《企业与公司法学》，北京大学出版社 2007 年版。

33. 曹兴权：《公司法的现代化：方法与制度》，法律出版社 2007 年版。

34. 梁慧星：《民法总论》，法律出版社 2007 年版。

35. 覃有土主编：《商法学》，中国政法大学出版社 2007 年版。

36. 冯果、彭真明主编：《企业与公司法》，中国法制出版社 2007 年版。

37. 黄茂荣：《法学方法与现代民法》，法律出版社 2007 年版。

38. 叶林：《公司法研究》，中国人民大学出版社 2008 年版。

39. 刘俊海：《公司法》，中国法制出版社 2008 年版。

40. 史际春：《企业和公司法》，中国人民大学出版社 2008 年版。

41. 耿林：《强制规范与合同效力——以合同法第 52 条第 5 项为中心》，中国民主法制出版社 2009 年版。

42. 韩忠谟：《法学绪论》，北京大学出版社 2009 年版。

43. 刘坤编著：《意思自治视角下的公司章程法律制度解读》，中国法制出版社 2010 年版。

44. 王欣新主编：《企业和公司法学》，中国人民大学出版社 2010 年版。

45. 吴庆宝主编：《权威点评最高法院公司法指导案例》，中国法制出版社 2010 年版。

46. 沈贵明：《股东资格研究》，北京大学出版社 2011 年版。

47. 朱慈蕴：《公司法原论》，清华大学出版社 2011 年版。

48. 王保树主编：《商法》，北京大学出版社 2011 年版。

49. 杨立新：《侵权责任法》，法律出版社 2011 年版。

50. 李可：《法学方法论原理》，法律出版社 2011 年版。

51. 范健、王建文：《商法学》，法律出版社 2015 年版。

52. 李志刚：《公司股东大会决议问题研究——团体法的视角》，中国法制出版社 2012 年版。

53. 王利明：《法学方法论》，中国人民大学出版社 2012 年版。

54. 刘志刚：《法律规范的冲突解决规则》，复旦大学出版社 2012 年版。

55. 苏永钦：《寻找新民法》，北京大学出版社 2012 年版。

56. 李晓霖：《论股东资格确认：以有限责任公司为视角》，中国社会科学出版社 2013

年版。

57. 中华全国律师协会公司法专业委员会编著：《律师公司业务前沿问题案例及评析》，北京大学出版社 2013 年版。

58. 朱羿锟：《商法学》，北京大学出版社 2006 年版。

59. 赵旭东主编：《公司法学》，高等教育出版社 2015 年版。

60. 唐英：《公司章程司法适用研究》，法律出版社 2016 年版。

61. 王利明：《民法总则》，中国人民大学出版社 2017 年版。

62. 王林清：《公司纠纷裁判思路与规范释解》（上下），法律出版社 2017 年版。

63. 唐英：《公司法与保险法若干理论前沿问题研究》，法律出版社 2019 年版。

二、中文论文类

1. 王志诚："论公司员工参与经营机关之法理基础"，载王宝树主编：《商事法论集》（第3卷），法律出版社 1999 年版。

2. ［美］M. V. 爱森伯格："公司法的结构"，载王保树主编：《商事法论集》（第3卷），张开平译，法律出版社 1999 年版。

3. 汤欣："论公司法与合同自由"，载《民商法论丛》（第16卷），金桥文化出版有限公司 2000 年版。

4. 胡玉鸿："关于'利益衡量'的几个法理问题"，载《现代法学》2001 年第4期。

5. 贾生华、陈宏辉："利益相关者的界定方法述评"，载《外国经济与管理》2002 年第5期。

6. 江平："中国民法典制订的宏观思考"，载《法学》2002 年第2期。

7. 赵旭东："设立协议与公司章程的法律效力"，载《人民法院报》2002 年1月11日，第3版。

8. 温世扬、廖焕国："公司章程与意思自治"，载王保树主编：《商事法论集》（第6卷），法律出版社 2002 年版

9. 唐英："公司章程性质探析"，载《吉林省经济管理干部学院学报》2003 年第2期。

10. 杨震："论我国公司法人治理结构制度的完善"，载《中国法学》2003 年第1期。

11. 唐英："公司高级职员劳动关系略论"，载《吉林财税高等专科学校学报》2003 年第2期。

12. 王远明、唐英："公司登记效力探讨"，载《中国法学》2003 年第2期。

13. 胡玉鸿："试论法律位阶划分的标准——兼及行政法规与地方性法规之间的位阶问题"，载《中国法学》2004 年第3期。

14. 朱慈蕴："公司章程两分法论——公司章程自治与他治理念的融合"，载《当代法学》2006 年第5期。

15. 王爱军："论公司章程的法律性质"，载《山东社会科学》2007年第7期。

16. 宋从文："公司章程的合同解读"，载《法律适用》2007年第2期。

17. 唐英："禁止权利滥用原则浅析"，载《贵州民族学院学报（哲学社会科学版）》2009年第5期。

18. 钱玉林："公司章程'另有规定'检讨"，载《法学研究》2009年第2期。

19. 张景峰："官方法与民间法视野下的公司章程"，载《甘肃政法学院学报》2009年第5期。

20. 黄建文："公司章程解释方法的若干思考"，载《求索》2009年第12期。

21. 雷桂森："公司章程规定的司法适用审查"，载《人民司法》2009年第19期。

22. 陈界融："股东协议与公司章程若干法律问题比较研究"，载《北京航空航天大学学报（社会科学版）》2011年第3期。

23. 常健："论公司章程的功能及其发展趋势"，载《法学家》2011年第2期。

24. 董淳锷："商事自治规范司法适用的类型研究"，载《中山大学学报（社会科学版）》2011年第6期。

25. 钱玉林："作为裁判法源的公司章程：立法表达与司法实践"，载《法商研究》2011年第1期。

26. 潘文杰："隐名投资人转为显名股东须具备法定条件"，载《人民司法》2012年第16期。

27. 赵磊："公司诉讼中的法律解释——以隐名股东法律问题为例"，载《西南民族大学学报（人文社会科学版）》2013年第2期。

28. 赵忠奎："公司章程'另有规定'与司法裁定的适用"，载《经济法论坛》2013年第1期。

29. 单云娟等："公司不正当地阻却隐名股东显名应承担赔偿责任"，载《人民司法（案例）》2015年第16期。

30. 李竺芸："隐名股东股权转让研究——以股东资格确认为切入点"，载《吉林工商学院学报》2015年第2期。

31. 郭宁华等："隐名股东不能提起解散公司之诉"，载《人民司法（案例）》2016年第5期。

32. 邬林晓等："公司隐名股东的出资义务及其责任承担"，载《法制与社会》2016年第24期。

33. 张馨元："公司中隐名股东与显名股东的股东资格论述"，载《现代国企研究》2016年第14期。

34. 戚乾文："公司'隐形投资人'——隐名股东的资格认定问题探析"，载《吉林金融研究》2017年第7期。

三、中文译著类

1. ［德］马克斯·韦伯：《经济与社会》（上卷），林荣远译，商务印书馆 1997 年版。

2. ［日］千时正士：《法律多元——从日本法律文化迈向一般理论》，强世功等译，中国政法大学出版社 1997 年版。

3. ［美］A.L. 科宾：《科宾论合同》（上），王卫国等译，中国大百科全书出版社 1997 年版。

4. ［英］A.G. 盖斯特：《英国合同法与案例》，张文镇等译，中国大百科全书出版社 1998 年版。

5. ［古罗马］优士丁尼：《法学阶梯》，徐国栋译，中国政法大学出版社 1999 年版。

6. ［美］玛格丽特·M. 布莱尔：《所有权与控制——面向 21 世纪的公司治理探索》，张荣刚译，中国社会科学出版社 1999 年版。

7. ［韩］李哲松：《韩国公司法》，吴日焕译，中国政法大学出版社 2000 年版。

8. ［加］布莱恩·R. 柴芬斯：《公司法：理论、结构和运作》，林华伟等译，法律出版社 2001 年版。

9. ［德］迪特尔·梅迪库斯：《德国民法总论》，邵建东译，法律出版社 2000 年版。

10. ［英］约翰·斯科特：《公司经营与资本家阶级》，张峰译，重庆出版社 2002 年版。

11. ［德］卡尔·拉伦茨：《德国民法通论》，王晓晔等译，法律出版社 2003 年版。

12. ［德］卡尔·拉伦茨：《法学方法论》，陈爱娥译，商务印书馆 2003 年版。

13. ［英］约瑟夫·拉兹：《法律体系的概念》，吴玉章译，中国法制出版社 2003 年版。

14. ［美］E. 博登海默：《法理学：法律哲学与法律方法》，邓正来译，中国政法大学出版社 2004 年版。

15. ［日］大村敦志：《民法总论》，江溯、张立艳译，北京大学出版社 2004 年版。

16. ［美］Ian R. 麦克尼尔：《新社会契约论》，雷喜宁、潘勤译，中国政法大学出版社 2004 年版。

17. ［美］乔迪·S. 克劳斯，蒂文史·D. 沃特主编：《公司法和商法的法理基础》，金海军、罗培新译，北京大学出版社 2005 年版。

18. ［美］弗兰克·伊斯特布鲁克，丹尼尔·费希尔：《公司法的经济结构》，张建伟、罗培新译，北京大学出版社 2005 年版。

19. ［美］莱纳·克拉克曼等：《公司法剖析：比较与功能的视角》，刘俊海等译，北京大学出版社 2007 年版。

20. ［美］罗斯科·庞德：《法理学》（第三卷），廖德宇译，法律出版社 2007 年版。

21. ［德］齐佩利乌斯：《法学方法论》，金振豹译，法律出版社 2009 年版。

22. ［奥］尤根·埃利希：《法律社会学基本原理》，叶名怡、袁震译，中国社会科学出版社 2009 年版。

23. ［德］汉斯·布洛克斯、沃尔夫·迪特里希·瓦尔克：《德国民法总论》，张艳译，中国人民大学出版社 2012 年版。

24. ［奥］凯尔森：《法与国家的一般理论》，沈宗灵译，商务印书馆 2013 年版。

25. ［德］维尔纳·弗卢梅：《法律行为论》，迟颖译，法律出版社 2013 年版。

四、外文文献类

1. Lucian Arye Bebchuk, "Limiting Contractual Freedom in Corporate Law: The Desirable Constrains On Charter Amendments "", *Harward Law Review*, Vol. 102, No. 8, 1989, pp. 1820-1860.

2. Frank H. Easterbrook, Daniel R. Fischel, *The Economic Structure of Corporate La*w, Harvard University Press, 1991.

3. Adolf A. Berle, Gardiner C. Means, *The Modern Corporation and Private Property*, The Macmillan Company, 1991.

4. Eeward P. Welch, Andrew J. Turezyn, *Folk on the Delaware General Corporation Law*, Little, Brown and Company, 1993.

5. Sheikh, Saleem, *Corporate Social Responsibilities Law and Practice*, Cavendish Publishing LimitedGaunt, Incorporated, 1996.

6. Charles R. T. O'Kelley, Robert B. Thompson, *Corporations and Other Business Associations: Cases and Material*, Aspen Law & Business, 1999.

7. Lewis D. Solomon, Alan R. Palmiter, *Corporations: Examples and Explanations*, CITIC Publishing House, 2003.

8. Steven Shavell, *Foundations of Ecomomic Analysis of Law*, Belknap Press, 2004.

9. Bartosz Brozek, Jerzy Stelmach, *Methods of Legal Reasoning*, Springer Publisher, 2006.

10. James A. Holland, Julian S. Webb, *Learning Legal Rules: a Students' Guide to Legal Method and Reasoning*, Oxford University Press, 2006.

11. Ronald Dworkin, *Justice in Robes*, The Belknap Press of Harvard University Press, 2006.

12. Wilson Ray Huhn, *The Five Types of Legal Argument*, Carolina Academic Press, 2008.

13. Aleksander Peczenik, *On Law and Reason*, Springer Publisher, 2008.

14. Jane C. Ginsburg, *Legal Methods: Cases and Materials*, Foundation Press, 2008.

15. Penner, Karl, *The Institutions of Private Law and Their Social Function*, Transaction Publishers, 2009.

16. Joseph Raz, *The Authority of Law: Essays on Law and Morality*, Oxford University Press, 2009.

17. Raz, Joseph, *Legal Method*, Palgrave Macmillan, 2009.

18. Raz, Joseph, *The Concept of Legal System*, Oxford University Press, 2009.

19. Raz, Joseph, *Bet ween Authority and Interpretation*: *On the Theory of Law and Practical Reason*, Oxford University Press, 2009.